U0447264

本书是国家社会科学基金西部项目"时空观视角下的汉长安城遗址保护与民生发展协同性研究"（批准号：17XKG005）的最终成果

本书受中国—葡萄牙文化遗产保护科学"一带一路"联合实验室资助项目"文化强国视阈下汉长安城遗址保护利用与民生协同发展研究"（批准号SDYY2204）资助出版

汉长安城遗址保护
与民生发展协同性研究

以时空观为视角

陈稳亮 著

中国社会科学出版社

图书在版编目（CIP）数据

汉长安城遗址保护与民生发展协同性研究：以时空观为视角 / 陈稳亮著. -- 北京：中国社会科学出版社，2025.8. -- ISBN 978-7-5227-4969-3

Ⅰ．K878.34

中国国家版本馆 CIP 数据核字第 2025MN8961 号

出 版 人	季为民
责任编辑	郭　鹏
责任校对	刘　俊
责任印制	李寡寡

出　　版	中国社会科学出版社
社　　址	北京鼓楼西大街甲 158 号
邮　　编	100720
网　　址	http://www.csspw.cn
发 行 部	010-84083685
门 市 部	010-84029450
经　　销	新华书店及其他书店
印　　刷	北京明恒达印务有限公司
装　　订	廊坊市广阳区广增装订厂
版　　次	2025 年 8 月第 1 版
印　　次	2025 年 8 月第 1 次印刷
开　　本	787×1092　1/16
印　　张	19
字　　数	278 千字
定　　价	108.00 元

凡购买中国社会科学出版社图书，如有质量问题请与本社营销中心联系调换
电话：010-84083683

版权所有　侵权必究

前　言

　　大遗址系指我国文化遗产类型中规模特大、价值突出的大型文化遗址、遗存和古墓葬，它们占地广、面积大，除具有文物属性以外，还具有其所在区域自然与社会属性。近年来，快速城镇化所伴生的城乡建设使得中国的文化遗产尤其是那些地处人类经济活动密集区域的大遗址的保护与其所在区域的民生发展之间产生明显博弈。

　　汉长安城遗址位于西安市西北角，面积 37.8 平方公里，是中国现存范围最大、保存最完整、遗迹最丰富的一处统一王朝的都城遗址，对其科学保护与合理利用意义重大。2014 年 6 月，作为丝绸之路最早东方起点的汉长安城未央宫遗址成功申报世界遗产。与此同时，遗址区内现存的 33 个村落中十多万人口（包括 5.4 万原住民）的社会稳定与民生发展更是该区域全面推进乡村振兴的关键。

　　近年来，汉长安城遗址保护与村落发展的形势愈趋复杂：一方面，各村发展因受到文物保护、城市扩张、世界遗产申报、景区建设、外来人口涌入等诸多外部因素的交叠影响，村落和遗址或无关联或负关联；另一方面，政府和社会对文化和生态愈发重视，遗址区村落也成为新近一系列文旅和环保政策实施的重地，愈发频繁且不期而至的整治行动使得村落面临转型阵痛。

　　有鉴于此，作者基于二十年来对遗址区民生问题的跟踪，在时空观的视域下借鉴"社会生态系统、韧性、多尺度分析"等与人地系统可持续相关的理论与方法对汉长安城遗址区村落系统渐次展开以下探索：

首先，借助文献厘清了本研究相关的基本概念、国内外研究动态和基础理论。相关概念主要对"大遗址、城郊型遗址"进行了界定，对"村落、聚落、乡村社区、城中村"等概念进行了辨析；研究综述主要对"国际遗产保护文件对于遗产地民生问题的关注、国内大遗址民生问题研究、汉长安城遗址保护与利用"三方面进行了梳理与述评；基础理论主要包括"时空观、社会生态系统、韧性、多尺度分析"等相关理论和方法。

其次，结合汉长安城遗址保护与民生发展的现状，在时空观的指针下，分别展开时间视角下的遗址区村落发展历程和对比研究以及空间视角下的遗址区村落分类和典型村落对比研究。时间对比研究中选用2005年末和2018年初五个相同村落居民满意度和保护态度的相关问卷进行了对比研究，而空间对比研究则基于民生需求结构的理论框架从居住、休闲、情感、就业、参与权利五个面向对五个典型村落进行了全方位的对比分析。

再次，针对时空研究所测度与对比的结果，一方面从不同空间层面展开机理研究，包括宏观层面的文物保护政策限制、世界遗产地申报、乡村振兴战略实施、环境保护，还包括中观层面的城市化、非户籍人口影响以及微观层面的乡村社区发展和景区开发。另一方面，从"国家—地方—社区—个体"等系列层面探讨了不同焦点所需要协同的重点问题。包括国家文化公园建设与"聚落发展和搬迁"，城市发展与乡村发展，遗址区环境提升与村落人居环境建设，遗址利用与居民发展就业。在此基础上，借助多尺度分析方法对遗址区各要素之间的相互作用的轨迹和驱动力以及系统演化趋势进行分析并据此进行了治理模式探讨。

最后，分别通过"韧性理论应用特征与本研究需要解决的核心问题切合性分析"和"基于盆地模型的遗址区村落系统分析"论证了韧性理论对于"遗址保护与民生发展协同研究"的适用性。分别通过"韧性管理导向的协同策略任务论证"和"韧性属性特征视角下的遗址区村落相关事件判识与分析"探索了韧性理论在协同对策中的应用。在此基础上,分别以"鲁棒性、连通性、冗余性、自组织性、学习性、适用性、多样性"韧性属性特征为理论引导和框架组织,对遗址保护与民生发展进行了策略研究。

目　录

第一章　绪论 ……………………………………………………（1）
　第一节　研究缘起 …………………………………………………（1）
　第二节　研究范围与对象 …………………………………………（7）
　第三节　研究方法 …………………………………………………（10）
　第四节　研究内容与框架 …………………………………………（11）

第二章　基础理论 ………………………………………………（15）
　第一节　相关概念解析 ……………………………………………（15）
　第二节　研究综述 …………………………………………………（21）
　第三节　理论基础 …………………………………………………（46）

第三章　汉长安城遗址保护与民生发展现状 …………………（74）
　第一节　汉长安城遗址区发展概况 ………………………………（74）
　第二节　遗址保护与利用概况 ……………………………………（75）
　第三节　遗址区民生发展概况 ……………………………………（78）
　第四节　本章小结 …………………………………………………（89）

**第四章　时间视角下的汉长安城遗址区民生发展历程与
　　　　　对比研究** ………………………………………………（90）
　第一节　汉长安城遗址保护与民生发展的历程分析 ……………（90）

第二节　汉长安城遗址保护与民生发展的对比研究 …………… (98)
　　第三节　本章小结 ………………………………………………… (112)

第五章　空间视角下的汉长安城遗址区民生发展对比研究 …… (113)
　　第一节　不同阶段产生的不同类型村落 ………………………… (113)
　　第二节　五个典型村落民生发展状况的空间对比研究 ………… (115)
　　第三节　本章小结 ………………………………………………… (155)

第六章　汉长安城遗址保护与民生发展的问题诊断 …………… (156)
　　第一节　不同层面的影响因素分析 ……………………………… (156)
　　第二节　不同焦点（空间层面）所需要协同的重点问题 ……… (170)
　　第三节　本章小结 ………………………………………………… (174)

第七章　多尺度分析视角下的汉长安城遗址保护与民生发展 … (175)
　　第一节　汉长安城遗址区作为社会生态系统所需关注的
　　　　　　尺度问题 ………………………………………………… (175)
　　第二节　汉长安城遗址区的多尺度分析 ………………………… (177)
　　第三节　基于多尺度分析的汉长安城遗址治理模式探讨 ……… (187)
　　第四节　本章小结 ………………………………………………… (190)

第八章　韧性视角下的汉长安城遗址村落系统发展 …………… (192)
　　第一节　适用性研究 ……………………………………………… (192)
　　第二节　应用性研究 ……………………………………………… (201)

第九章　基于韧性属性特征的汉长安城遗址保护与民生发展
　　　　　协同策略研究 ………………………………………… (234)
　　第一节　基于鲁棒性的遗址保护与民生发展协同对策研究 …… (234)
　　第二节　基于连通性的遗址保护与民生发展协同对策研究 …… (237)

目 录

　　第三节　基于冗余性的遗址保护与民生发展协同对策研究 …… (241)

　　第四节　基于适应性的遗址保护与民生发展协同对策研究 …… (244)

　　第五节　基于自组织性的遗址保护与民生发展协同
　　　　　　对策研究 ……………………………………………… (247)

　　第六节　基于学习性的遗址保护与民生发展协同对策研究 …… (250)

　　第七节　基于多样性的遗址保护与民生发展协同对策研究 …… (252)

第十章　总结与展望 ……………………………………………… (255)

　　第一节　主要结论 ………………………………………………… (255)

　　第二节　研究展望 ………………………………………………… (257)

参考文献 …………………………………………………………… (259)

附件1　汉长安城遗址保护区居民生活现状调查问卷 …………… (282)

附件2　汉长安城遗址区内村落居民民生需求调查问卷 ………… (286)

后　记 ……………………………………………………………… (294)

第一章 绪论

第一节 研究缘起

大遗址（规模特大、价值突出的大型文化遗址、遗存和古墓葬）占地广、面积大，除具有文物属性以外，还具有其所在区域自然与社会特征的区域属性。近年来，快速城镇化所伴生的城乡建设使得中国的文化遗产尤其是那些地处人类经济活动密集区域的大遗址的保护与其所在区域的民生发展之间产生明显博弈。

汉长安城遗址位于西安市西北角，面积37.8平方公里，是中国现存范围最大、保存最完整、遗迹最丰富的一处统一王朝的都城遗址（图1-1）。2014年6月，作为丝绸之路最早东方起点的汉长安城未央宫遗址成功申报世界遗产。汉长安城遗址保护区包括西安市未央区的汉城、未央宫与六村堡三个街道的33个行政村，户籍人口5.4万人（实际居住人口已超过10万人）。作为中国大遗址的突出代表，汉长安城遗址长年来由于保护的限制，其社会经济发展水平、居民生活质量与周边地区存在一定的差距；同时居民日常生产、生活活动也对遗址构成严重威胁，遗址区长期存在着"保护限制发展，发展破坏保护"的局面[①]，如何实现遗址保护与民生发展的并举业已成为汉长安城遗址可持续保护亟待解决的关键课题。

---

① 陈稳亮：《大遗址保护与区域发展的协同——基于〈汉长安城遗址保护总体规划〉的探索》，西北大学出版社2015年版，第1页。

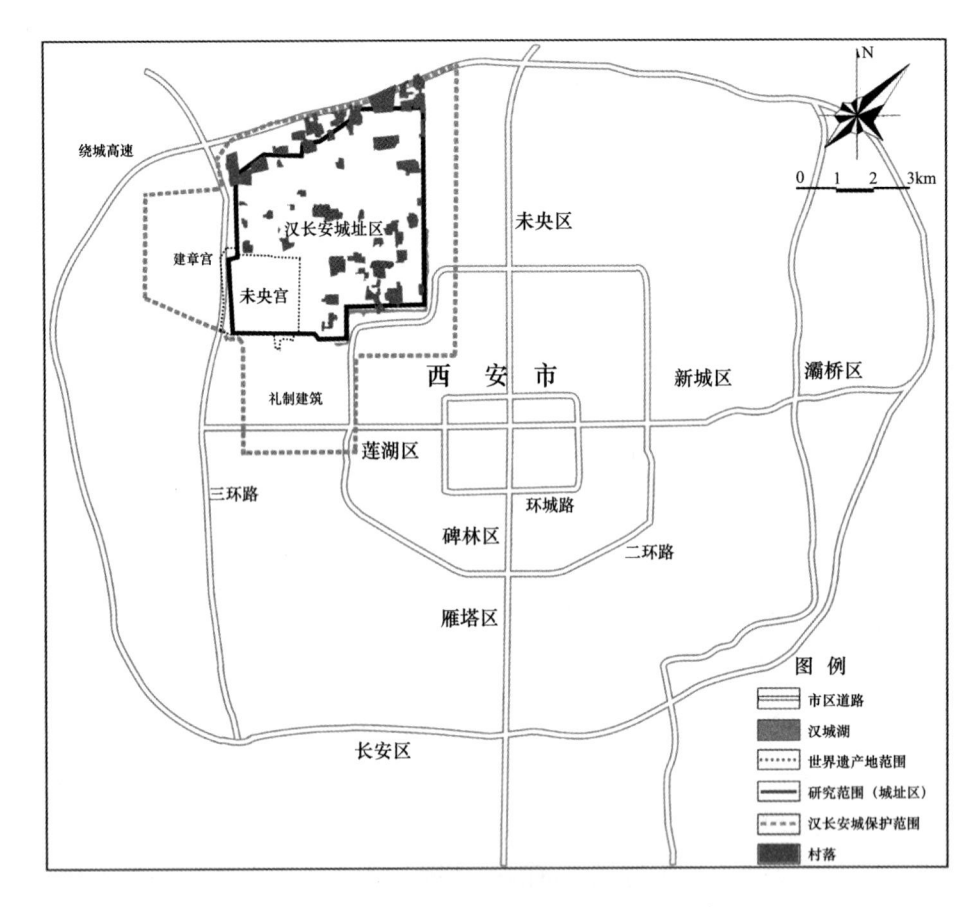

图 1-1　汉长安城遗址区及其村落的区位

来源：作者自绘。

笔者自 2004 年攻读硕士研究生阶段就开始接触《汉长安城遗址保护总体规划》的编制工作，并负责遗址区村落社会经济发展评估专项。通过以上实践，笔者深切感触到汉长安城遗址区社会经济与周边区域存在的明显差距。为能进一步了解遗址区的区域社会经济发展状况，笔者及相关课题研究成员深入遗址区，对 55 个行政村进行了"关于居民生活质量与遗址保护态度"的问卷调查，并依据问卷结果进行了一系列关于居民生活质量和保护态度的对比研究和关联分析。在此基础上，笔者完成了题名为《汉长安城遗址保护与区域发展研究——基于居民生活质量与保护态度的视角》的硕士学位论文。为能继续大遗址保护规划的研究，笔者于 2007 年，考入西北大学文博学院开始攻读考古学及博物馆学专业（文化遗产保护规划方向）的博士学位，并有幸在陕西省文物局西北大学文化遗产保护规划中心的学习与工作中继续参与《汉长安城遗址保护总体规划》的后期修改与协调工作。这一阶段，通过多次亲历规划沟通与协调过程，笔者对汉长安城遗址保护规划编制工作的各项环节有了更为全面的了解。在此基础上，2010 年作者完成了题名为《大遗址保护与区域发展的协同——基于〈汉长安城遗址保护总体规划〉的探索》的博士学位论文。

2010 年，作者进入高校继续从事城乡历史遗产保护规划的研究和教学工作。由于工作单位毗邻汉长安城遗址区，笔者有幸每年召集城乡规划和建筑学的本科生对遗址区村落进行调研。自 2013 年开始，每年都有城乡规划专业学生去遗址区的各个村落进行调研，目前课题组已掌握了近 10 年来 33 个村落的居民问卷数据和访谈记录。自 2018 年的第一位研究生毕业以来，近五年来作者每一届研究生的硕士论文选题均与汉长安城的民生问题相关。对汉长安城近二十年的跟踪研究，使得汉长安城遗址的村落成为作者的学术阵地。求学和工作期间发表的多数文章和主持并完成的所有省部级以上课题都与汉长安城遗址乡村聚落的民生问题有关。回顾数十年的发展历程，在文物保护与城市发展的共同影响下，汉长安城遗址区村落始终未能协调好自身发展和遗址保护的共生问题。"结合遗址区新问题和新动向，利用适用性的理论和方法来协同遗址保护与民生发展"也成为本课题研究的缘起。

一　时空观的引入

汉长安城作为城郊型大遗址，近年来受西安市城市扩张及未央宫遗址"申遗"等内外部因素影响，遗址区外来人口增多，原住民进一步融入城市，各个村镇居民生计状况也因其区位差别而出现显著分异。一些地处遗址区腹地的村落，面临村庄凋敝、活力缺失，人口老龄化与贫困化加剧等现象；一些村镇则因毗邻主城区或交通干道，而渐变为外来人口云集、环境恶化的城中村；一些因"申遗"而整体外迁的村镇更被世界遗产未来的发展彻底边缘化。实际上，受城市空间增长、未央宫遗址"申遗"等内外部因素影响，汉长安城遗址区原有的55个行政村已出现"搬迁型、传统乡村型、城中村型和畸形商贸型"等多类并存的实况。

有鉴于此，2017年作者依托多年对汉长安城遗址区民生问题的跟踪以及对多数村落资料和对各类问题的掌握，开始有了做分区研究和时间对比研究的计划。具体包括：对遗址区民生问题进行空间上的分区研究；对各类村镇民生问题进行动态分析；对现时的民生问题与矛盾，结合"过往的资料及研究成果"和"遗址区未来的发展轨迹"进行比较研究及趋势判断。

研究过程中发现，"空间分区"不单是不同村落单元的分区，还包括不同空间层级。于是结合一些社会学研究方法的学习，便有了在对遗址的保护与利用展开变焦分析的计划。试图在不同尺度选取适当的分析界面对遗址区民生问题进行考察与剖析，从"国家—地方—社区—个体"等系列层面对遗址保护与民生发展的协同现状进行系统评估。具体包括在国家尺度剖析"一带一路"战略下丝路起点世界遗产保护与聚落搬迁的协调问题；在地方尺度探索新型城镇化背景下遗址价值外溢与区域发展互动进而惠及遗址区居民的多元共生问题；在社区尺度探索生态文明导向下遗址环境整治与特色村镇人居环境营造的空间耦合问题；在个体尺度探索"精准扶贫"目标下遗址利用与居民就业及参与的衔接问题。基于以上研究准备，笔者以《时空观视角下的汉长安城遗址保护与民生发展协同性研究》为题申请了国家级课题，并有幸获得了国家社科基金西部项目的资助。

二 系统认知和多尺度分析方法的尝试

2017年9月，作者带着课题到英国伦敦大学学院（UCL）访学，通过与国外学者的交流以及对国外论文研读，发现对于人地矛盾突出并容易产生"公地悲剧"的区域（自然保护区、旅游地、湿地、流域等）

的治理研究,社会生态系统、多尺度分析方法已成为近年来国外管理学和生态学研究领域模拟与解析"复杂性问题"的有效分析工具。以此为导引,2018年,团队对典型村落调研中发现,跨尺度要素的影响不论在遗址区层面还是在村落层面均发挥着关键作用。作为一个复杂的社会生态系统,汉长安城遗址和村落均存在不同空间、不同时间和不同维度(社会、经济、生态、文保、管理)的跨尺度作用。时空分析,不能是静止或孤立于某一空间尺度、某一时间节点或单一维度,而是应该从系统的视角来看各层级的关联,以及不同维度的关联,不同时间前后向的关联。因此,基于时空视角对遗址区保护与利用的政策与事件展开多尺度分析尤为必要。与此同时,2018年后受城市发展和未央宫"申遗"、汉城湖开发等遗址相关事件和一系列生态与社会治理攻坚行动的冲击,各村发展在更大程度上受到文物保护、城市扩张、世界遗产申报、景区建设、环境整治等诸多外部因素的交叠影响与耦合作用,遗址区各类"空间单元"实质上处于不同尺度管理要素和跨时空尺度变量的嵌套之中(图1-2)。不同村落在动态演化中呈现出明显的异质性景观并暴露出差别化的多元复杂问题。遗址区村落的这些新动向进一步印证了遗址区及其村落"受到跨尺度相互作用"的社会生态系统特征。

三 韧性理论导入与探索

时空观作用为遗址区问题提供了一个更广更深的视野,视角拓展至不同空间层级和动态。而社会生态系统将村落作为子系统这一嵌套结构的认知,则将系统观点植入遗址区村落。多尺度分析方法在揭示系统跨尺度影响机理的同时,对于影响因素的把握更为客观。一方面,多尺度适合现有复杂问题之间的关联,另一方面,多尺度也揭示了这些复杂问题需要更多地惠及自身而且协调到其他要素的系统性策略。

多尺度分析源自韧性理论的适应性循环,而国外对其揭示现象的应对研究中,包含有一些韧性属性特征(如适应性、连通性、学习性、多样性)等。对于遗址区村落而言,多尺度分析可以说提供了一把钥

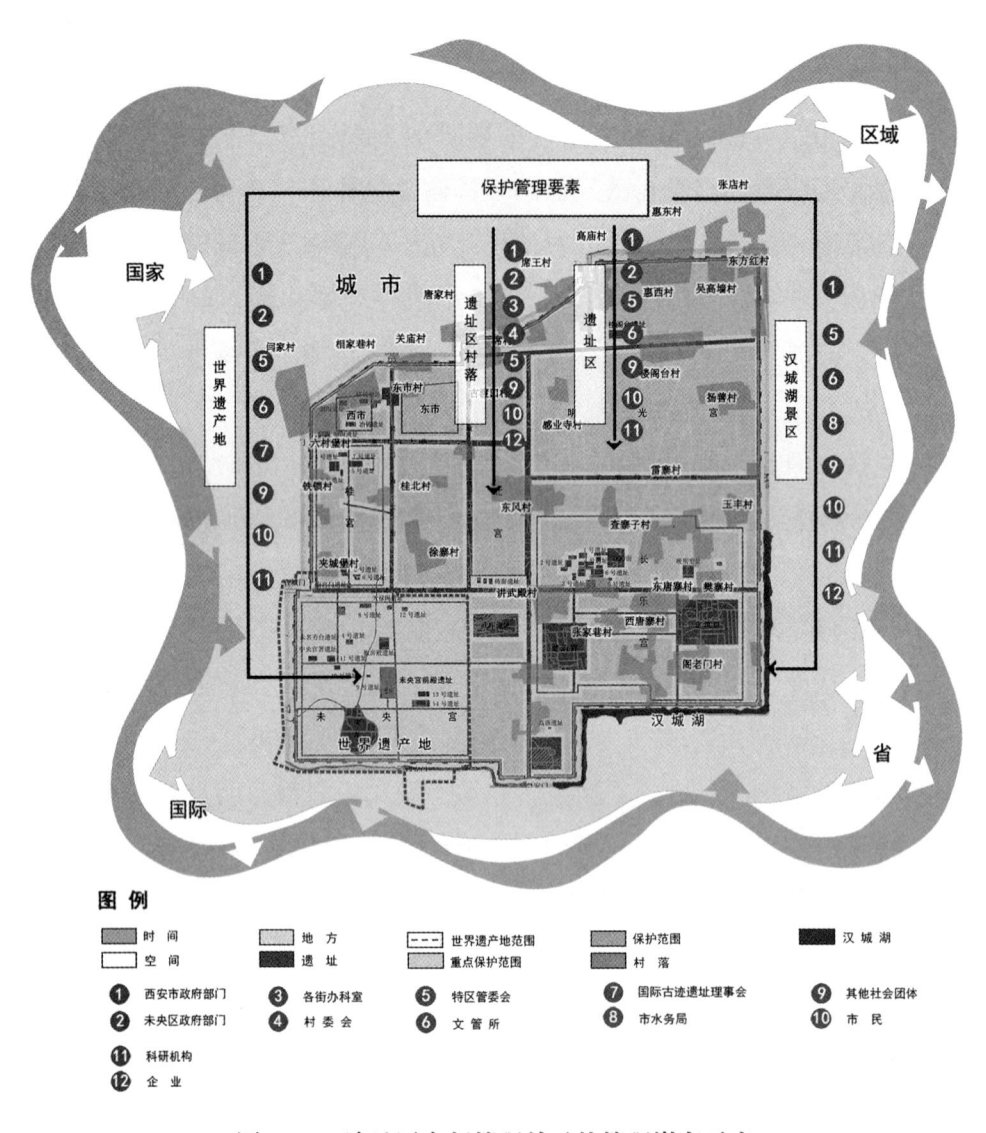

图 1-2　遗址区空间管理单元的管理嵌套示意

来源：作者自绘。

匙。更多的是对遗址区村落指明需要关注和协同的时空范围和经济社会维度，也为村落系统适用的策略研究指明了方向和路径。在此基础上，若想全面深入地解决具体问题，基于韧性属性特征的策略仍然是适用的。有鉴于此，作者将以韧性属性特征为策略框架来解决时空观和多尺度分析所发现的问题。

第一章 绪论

四 新机遇与挑战下的时空观研究

近年来,遗址区保护与利用又迎来新的契机。2020年8月27日国家文物局印发《大遗址利用导则(试行)》。2021年9月3日,中共中央办公厅、国务院办公厅印发了《关于在城乡建设中加强历史文化保护传承的意见》。由此可见,汉长安城遗址区面临着前所未有的保护利用环境与政策支持。与以上政策相呼应,2021年10月汉长安城遗址区更被西安未央区确立为助力其高质量发展五大片区之一(汉长安城片区——以未央宫国家遗址公园为核心总面积约36平方公里,形成文创活力带、特色旅游带,打造"文化之芯"),汉长安城遗址区未央宫遗址公园和汉城湖景区在城市文化和生态建设中将发挥越来越重要的作用。2022年9月22日,国家文物局、陕西省人民政府合作共建汉长安城国家大遗址保护特区。与此同时,遗址区也面临着环保政策阵痛后的非户籍人口流动与闲置空间招租现象,部分区域还在进行着城中村环境整治、农地置换、文化旅游等尝试。应该说以上政策和事件为遗址区带来了更多的机遇和挑战,而如何在进一步理清汉长安城遗址区各个村镇存在的"旷日持久、日趋复杂、且差异愈益明显"的民生问题的层次与实质的基础上,将这些外部机会和多尺度影响因素较好和村落发展结合是本研究试图探索的重要命题。为此,本研究将在时空观指导下,以时空分区研究及其多尺度机理研究为基础,基于社会生态系统理论和韧性属性特征的启发,对遗址区遗址保护与民生发展协同展开策略性研究。

第二节 研究范围与对象

一 研究范围

依据《汉长安城遗址保护总体规划(2009—2025)》,汉长安城遗址主要包括城址区、建章宫遗址区、礼制建筑遗址区三个部分(图

7

1-3），总面积约为75.02平方公里。而本书的研究范围是位于西安市西北角，一直以来民生问题比较突出的汉长安城城址区（保护范围约37.8平方公里），包括长乐宫、未央宫、桂宫、北宫、明光宫、武库等遗迹，整体格局保存完整，价值突出，规模宏大。汉长安城遗址区原有55个行政村，后经2012年的"申遗"搬迁和2019年的行政调整，目前城址区内现存33个行政村，分别隶属于西安市未央区的未央宫、汉城、六村堡三个街道（图1-4）。

图1-3　汉长安城遗址范围

来源：根据《汉长安城遗址总体保护规划（2009—2025）》改绘。

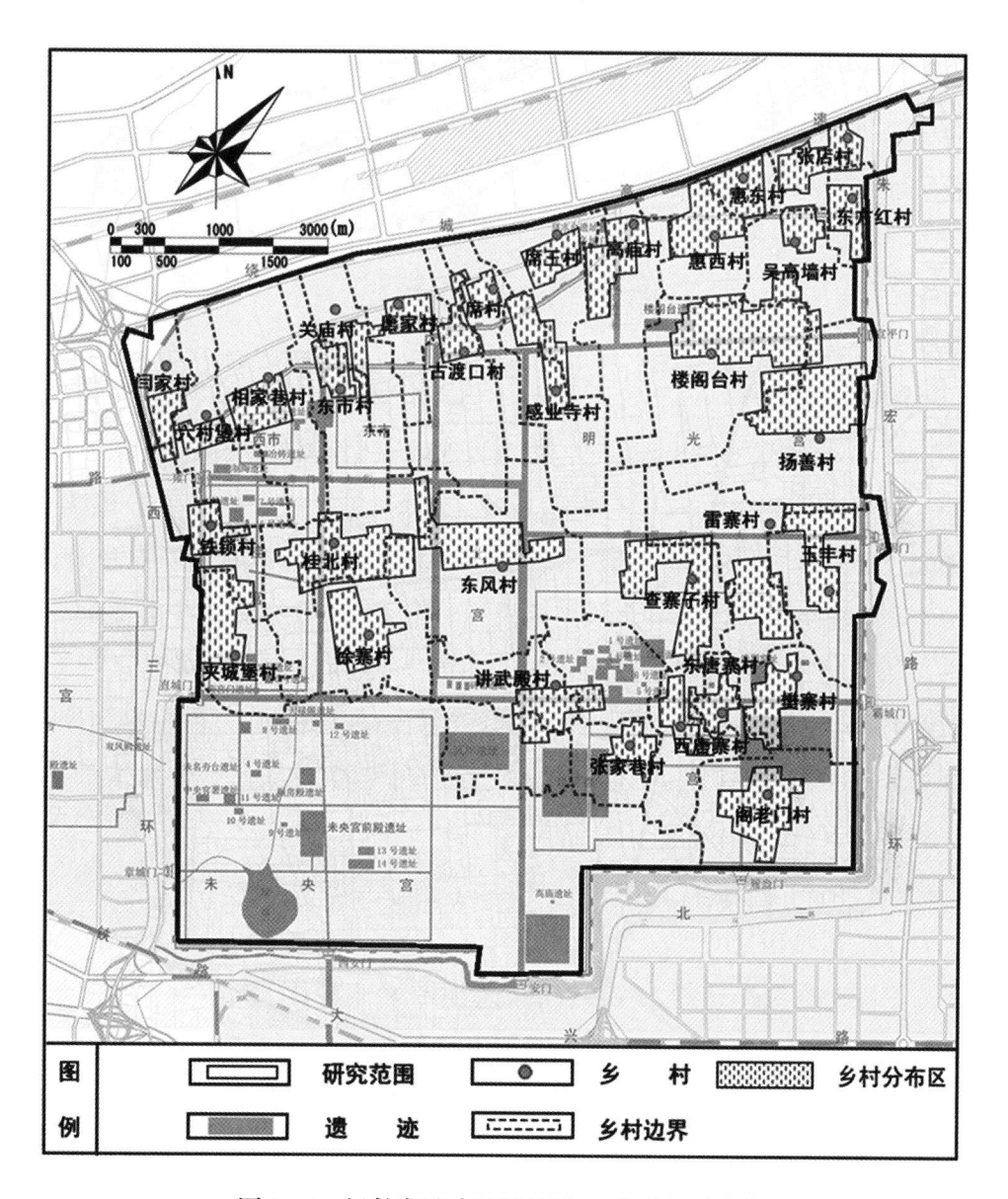

图 1-4 汉长安城遗址城址区 33 个行政村分布

来源：作者自绘。

二 研究对象

本研究主要关注汉长安城遗址区的遗址保护、利用和遗址区村落的发展及其民生状况。除了对汉长安城未央宫国家考古遗址公园和汉城湖

9

景区的遗址展示利用状况和文化旅游效益进行研究之外，研究重点将以遗址区内不同类型的村落为研究单元，以居民为核心的相关利益主体作为主要研究对象。居民包括原住民和外来人口，村落主要是现今汉长安城城址区内的33个未搬迁村落。

第三节 研究方法

一 文献分析

对"国际遗产地民生问题、国内大遗址民生问题、汉长安城遗址保护与利用"等相关文献进行跟踪，重点对"时空观、社会生态系统、韧性、多尺度分析"等理论和方法相关的概念、观点与模型进行梳理，为本研究中的时空研究和多尺度分析、对策研究提供理论指导和文献支撑。随着研究的展开，进一步对"韧性"基本内涵和经典模型进行理解和创新，并重点对韧性属性特征的相关文献进行梳理，为本研究遗址区村落相关事件的韧性判识与分析、遗址保护与民生发展协同对策研究提供文献支撑。

二 质性研究

在实地研究中，深入汉长安城遗址区的各个村落，以各村居民、村镇干部、外来人口、地方精英、政府专员等相关人士为调查对象，运用问卷调查、半结构访谈、叙事分析、案例剖析等质性研究方法，将与遗址保护、村落发展相关的"可信材料和信息"进行收集、归纳、研判。在此基础上，析取出与"多尺度分析模型所需"以及与"韧性属性特征高度相关"的典型事件和政策信息。

三 时空研究

在现状研究阶段，结合作者团队近二十年关注遗址区民生问题的问卷资料，在时间维度，选用2005年末和2018年初典型村落居民满意度

第一章　绪论

和保护态度,并进行了对比研究和量化分析;在空间维度,从居住、休闲、情感、就业、参与权利五个面向,对汉长安城遗址区内典型村落居民的生活满意度进行测度和对比。在机理研究阶段,借助多尺度分析的相关理论,对遗址区典型事件和政策分别开展跨空间尺度、跨时间尺度、跨时空尺度的模型分析,在此基础上建构了多尺度时空轴分析模板。该模板分别以空间层级(如居民个体—村落—遗址区—城市—国家)和时间序列(如1990—2000—2010)为横纵轴建立时空分析框架,将主要事件和政策信息按照文保、生态、经济、社会等不同面向分维后代入时空坐标轴进行时空定位与关联分析。

四　变焦分析

从不同尺度选取适当的分析界面对遗址区民生问题进行考察与剖析,从"国家—地方—社区—个体"等系列层面对遗址保护与民生发展的协同现状进行系统评估,在全面、完整、精准认知的基础上掌握民生问题的类型与层次。在多尺度分析中,为了客观清晰地透视系统多尺度之间的相互作用,笔者结合"申遗"前后遗址区社会生态系统的复杂程度,分别以遗址区和村落为焦点,对"申遗"前后遗址区社会生态系统展开具体的多尺度分析。

第四节　研究内容与框架

本研究共分为十章内容。除却第一章的"绪论"和最后一章的"结论和展望"外,主要分为基础研究、现状研究、机理研究、对策研究四部分(见图1-5)。

第一部分是基础研究,该部分主要包括本研究的第二章研究基础一个章节。该部分涉及相关概念、研究综述和基础理论三部分。相关概念部分主要对"大遗址、城郊型遗址"进行了界定,同时对"村落、聚落、乡村社区、城中村"等概念进行了辨析。研究综述部分主要从"国

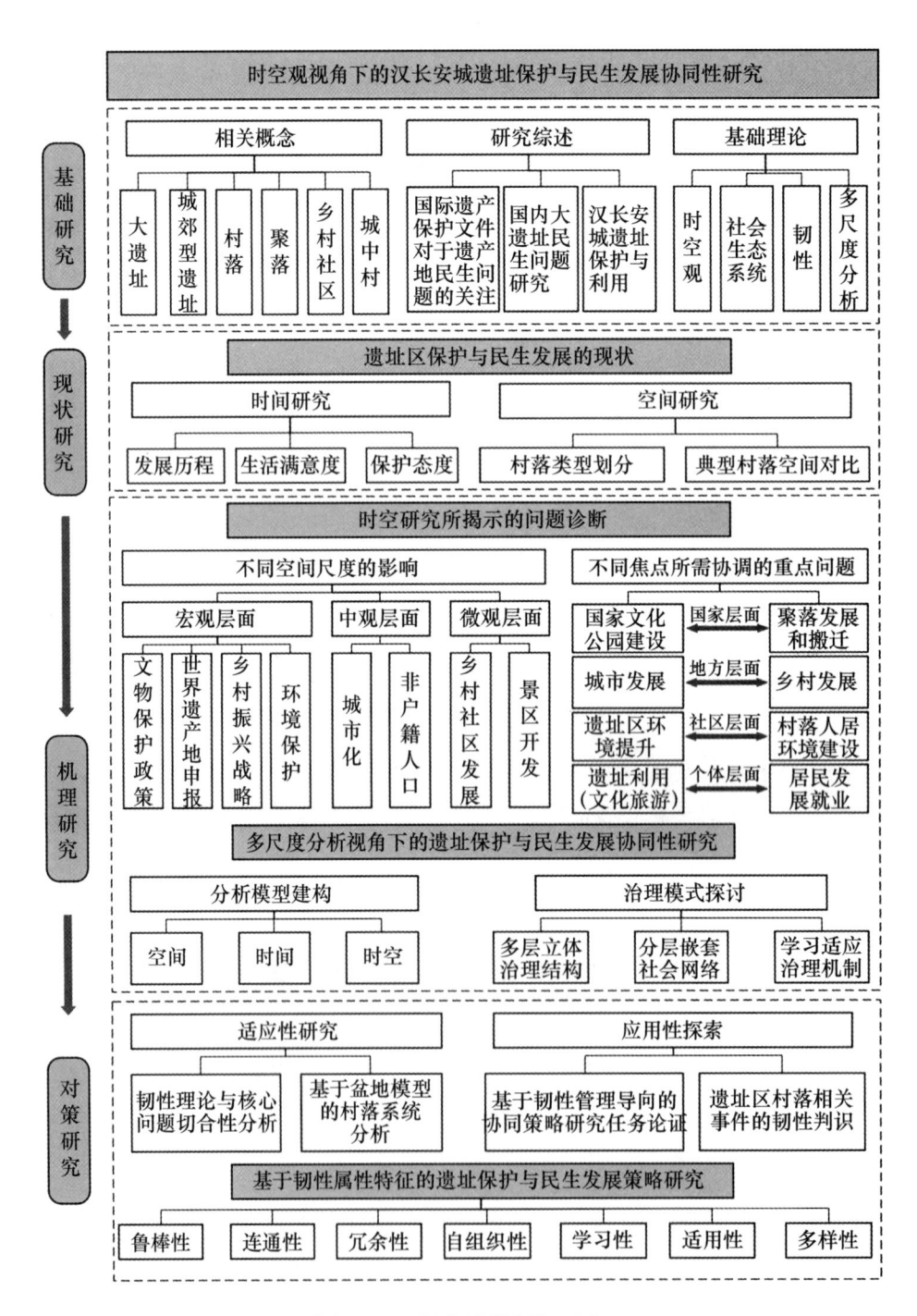

图 1-5 研究结构框架示意

来源：作者自绘。

第一章　绪论

际遗产保护文件对于遗产地民生问题的关注，国内大遗址民生问题研究、汉长安城遗址保护与利用"三方面展开。基础理论部分主要包括"时空观"、社会生态系统、韧性、多尺度分析等相关理论和方法。

第二部分是现状研究，该部分包括本研究的第三、四、五章三部分内容。其中第三章主要是结合最新的田野考察和访谈，对遗址区遗址保护与民生发展的现状进行了总结。在此基础上，在时空观的导向下，分别展开了第四章的时间视角下的遗址区村落发展历程和对比研究以及第五章空间视角下的遗址区村落分类和典型村落对比研究。时间对比研究中选用2005年末和2018年初五个相同村落居民满意度和保护态度的相关问卷进行了对比研究，而空间对比研究则基于民生需求结构的理论框架从居住、休闲、情感、就业、参与权利五个面向的22项咨询对扬善、阁老门、夹城堡、讲武殿、徐寨五个典型村落进行了全方位的对比分析。

第三部分是机理研究，该部分包括第六、七两个章节的内容。其中，第六章对时空研究所揭示的问题进行了诊断。一方面，从不同空间层面展开机理研究。主要有：宏观层面的文物保护政策限制、世界遗产地申报、乡村振兴战略实施、环境保护，中观层面的城市化、非户籍人口影响，微观层面的乡村社区发展和景区开发。另一方面，从"国家—地方—社区—个体"等系列层面探讨了不同焦点所需要协同的重点问题。包括国家文化公园建设与"聚落发展和搬迁"，城市发展与乡村发展，遗址区环境提升与村落人居环境建设，遗址利用（文化旅游）与居民发展就业。第七章则是基于第六章机理研究所揭示的跨尺度影响，基于多尺度分析方法从空间、时间、时空三个层面进行多尺度分析模型建构，并分别从遗址区层面和村落层面进行模型尝试后，基于多尺度分析结果对遗址区村落进行了治理模式探讨。

第四部分是对策研究，主要包括第八、九两章。其中第八章主要从适用性研究和应用性研究两方面论证了韧性理论与"遗址村落系统发展"的切合性。首先，分别通过"韧性理论应用特征与本研究需要解

13

决的核心问题切合性分析"和"基于盆地模型的遗址区村落系统分析"论证了遗址区保护与民生发展协同为什么能用韧性理论这一适用性问题。在此基础上分别通过"韧性管理导向的协同策略研究任务论证"和"韧性属性特征视角下的遗址区村落相关事件的韧性判识与分析",回答了韧性理论如何在本研究中应用。第九章则是基于第八章的研究成果,基于韧性属性特征进行了汉长安城遗址保护与民生发展协同的策略研究,这些属性特征包括鲁棒性、连通性、冗余性、自组织性、学习性、适用性、多样性。

第二章 基础理论

第一节 相关概念解析

一 大遗址

大遗址是建立在遗址概念基础上的相对概念,是中国独有的概念。早于20世纪60年代,《文物保护管理暂行条例》的颁布加之"大型古遗址"专题会议的召开,使得大型古遗址作为中华文明史迹的主体逐渐被公众所认知[①]。"大遗址"这一概念是苏秉琦先生在20世纪80年代讨论"古城、古文化、古国"时提到的,国家文物局于20世纪90年代初期在河北南戴河首次召开了关于大遗址的会议。1995年在西安召开的全国文物工作会议上,时任国务委员的李铁映同志特别强调了"大遗址"的保护,他要求对全国重点文物保护单位中的大遗址、古墓葬群、大型石窟寺和古建筑群体,根据需要分别制定专项保护法规[②]。

1997年3月,国务院在《关于加强和改善文物工作的通知》中第一次明确提出"大遗址"这一说法,即古文化遗址特别是大型遗址。并强调了应将该类遗址的保护工作纳入当地城乡建设和土地利用规划。

进入21世纪,一些专家与学者对"大遗址"这一已被我国文化遗

[①] 王璐:《以价值"延续性"为导向的新时代大遗址利用理念方法与活化路径》,《中国文化遗产》2022年第4期。

[②] 苏秉琦:《太湖流域考古问题——1984年11月17日在太湖流域古动物古人类文化学术座谈会上的讲话》,《东南文化》1987年第1期;中国文化遗产研究院编著:《大遗址保护行动跟踪研究》,文物出版社2016年版。

产保护领域公认的术语进行了概念界定。孟宪民[①]认为，大遗址不仅是文物分类意义上的大型古遗址、古墓葬或大型古文化遗址的简称，更包括与地理环境相关联的遗址及包含有文物、建筑群的遗址群体综合系统，是文化意义上的完整体现。喻学才[②]认为，大遗址并非考古学的学术概念，而是依据文化遗产分布地域广的特征命名的，专指相对于一般遗址而言范围大、占地广、价值高的大型古文化遗址。

在我国宏观经济超速增长的背景下，文化遗产保护事业蓬勃发展，关于大遗址保护与规划的专项研究日益增多，专家和学者们对于大遗址的保护也有了更为深刻的认知。陈同滨[③]认为，大遗址是我国从遗产保护和管理工作角度提出的一个重要概念，专指中国文化遗产中规模特大、文物价值突出的大型考古文化遗址与古墓葬。大遗址由遗存本体和相关环境组成，具有遗存丰富、历史信息量大、现存景观宏伟，且年代久远、地域广阔、类型众多、结构复杂等特点。陆建松[④]认为，大遗址是指大型古文化遗址，由遗存及其相关环境组成，在中国考古学文化上具有重大意义。在中国历史上占有政治、文化、经济、军事等重要地位的古代都城、原始聚落、宫殿、陵墓和墓葬群、宗教遗址、交通设施遗址、水利设施遗址、手工业遗址、军事设施遗址、其他建筑遗迹均可被视作大遗址。其面积有几十万平方米、几百万平方米，甚至几十平方公里、几百平方公里。

在2007年7月召开的"中国大遗址保护研讨会"上，大遗址的概念界定成为首要议题。傅清远[⑤]指出，大遗址用于专指中国文化遗产中规模和文化价值突出的文化遗址，是遗存本体和与其相关联的环境载体

[①] 孟宪民：《梦想辉煌：建设我们的大遗址保护展示体系和园区——关于我国大遗址保护思路的探讨》，《东南文化》2001年第1期。

[②] 喻学才：《遗址论》，《东南大学学报》（哲学社会科学版）2001年第2期。

[③] 陈同滨：《中国大遗址保护规划的多学科研究》，徐嵩龄《文化遗产的保护与经营：中国的实践与理论进展》，社会科学文献出版社2003年版，第184—203页。

[④] 陆建松：《中国大遗址保护的现状、问题及政策思考》，《复旦学报》（社会科学版）2005年第6期。

[⑤] 傅清远：《大遗址考古发掘与保护的几个问题》，《考古》2008年第1期。

第二章 基础理论

共同构成的综合体。具有遗存丰富、历史信息含量大、不可替代、不可再生的价值和地位。张忠培[①]在对大遗址进行界定的基础上，强调了大遗址的"大"主要体现在：相对规模"大"，综合价值"大"，面临问题"大"，保护难度"大"。而这一观点后来也被许多学者认同[②]。

近年来，随着我国城乡建设的进一步推进，大遗址在国民经济社会发展中的作用被进一步提升。于2016年实施的《大遗址保护规划规范》中对大遗址的描述是：列入国家文物局大遗址项目库的全国重点文物保护单位，一般包括在中国文明与文化史上不同发展时期的重要遗址遗迹，大遗址由遗址本体与相关环境组成，具有遗存丰富、历史信息蕴涵量大、现存景观宏伟，以及年代久远、地域广阔、类型众多、结构复杂等特点[③]。2020年试行的《大遗址利用导则》将大遗址界定为"系指列入国家大遗址保护项目库，具有规模宏大、价值重大、影响深远的大型聚落、城址、宫室、陵寝、墓葬等遗址、遗址群"。除界定外，还专门提及大遗址利用应遵循"坚持保护第一、注重文化导向、服务社会民生、实现可持续发展"的基本原则，确保文物本体及其环境安全，采取多种方式科学阐释文物价值，提升文物保护管理和利用水平，协调文物保护、文化传承与地方经济社会发展、民生改善、环境提升的关系[④]。

结合以上界定，作者认为，从特征与价值层面分析，大遗址的概念为：历史上重要的大面积文化遗址，具有遗存丰富、历史信息蕴涵量大、景观宏伟、地域广阔、且以土质遗址为主等特征。从保护与管理方面则有以下认知：大遗址类型众多、结构复杂，并与周边自然、人文环

---

① 张忠培：《中国大遗址保护的问题》，《考古》2008年第1期。
② 张颖岚：《秦始皇帝陵文化遗产地资源管理对策研究》，博士学位论文，西北大学，2008年；所萌：《城市边缘区大遗址保护规划研究》，硕士学位论文，中国城市规划设计研究院，2008年；金田明子：《城市大遗址区整体保护与更新研究》，硕士学位论文，西北大学，2009年。
③ 孙华：《我国大型遗址保护问题的思考》，《中国文化遗产》2016年第6期。
④ 李颖科：《文化遗产保护以人为本：意涵、目的及路径——遗产多重价值的实现与转化》，《中国文化遗产》2023年第2期。

境相关联,相比于其他文化遗产,它具有明显的区域性和脆弱性。因此,大遗址管理涉及问题多,保护难度大。然而,在生态文明背景下,大遗址利用逐渐被倡导,其在未来我国城乡建设的高质量发展和民生改善中势必将发挥重要作用。

二 城郊型大遗址

2010 年,作者在其博士学位论文中,依据遗址不同的地理位置及其经济发展程度将大遗址分为城市型大遗址、城郊型大遗址、村落型大遗址和荒野型大遗址四类(表 2-1),并一直将汉长安城城址区作为城郊型大遗址的突出代表。

表 2-1　　　　　　　　　　基于区位的大遗址分类

类型	定义
城市型大遗址	遗址部分与全部已被城市建成区所占压,遗址区经济发达,当下所面临的保护问题是如何在新一轮的城市更新与开发中,控制大遗址区域及其周边的建设强度,进而通过产业结构的优化,使遗址免受新一轮的毁坏
城郊型大遗址	遗址处于城郊或城乡接合区域,一些遗址已被城乡建设所破坏,并受到来自遗址区居民生产生活的影响。遗址区经济水平一般,但处于一个快速增长期。由于该区域正在进行城市化,因而当下所面临的保护问题是在城市快速蔓延的形势下,如何协调遗址保护与区域经济增长的矛盾
村落型大遗址	遗址处于农村腹地,遗址受到的威胁主要来自于遗址区农民生产生活的破坏、以及文物盗掘等犯罪活动的影响。遗址区经济不发达,城镇化速度缓慢,当下所面临的保护问题是如何协调大遗址保护与新农村建设的关系,探求两者的双赢
荒野型大遗址	遗址处于远离人类经济活动的偏远区域,其保护受自然因素破坏较为明显,近年来,大范围生态退化和复合性环境污染对遗址原有的环境影响较大。当下所面临的保护问题是如何加强大遗址保护技术与管理措施,使遗址安全得到保障,并通过大尺度的生态治理改善遗址的保护环境

来源:作者自绘。

十多年来，西安市北郊的城市建设一直在扩张，外来人口不断涌入房租较为低廉的遗址区村落，汉长安城遗址区靠近朱宏路一线出现了很多的城中村，因此，有一些学者开始将其定义为城市型遗址的代表[①]。实际上，现在遗址区村落和城市的关联已十分紧密。考虑到遗址区多数村落还保留着基本农田，遗址区仍处于城乡接合区域，即便是出现人口倒挂现象的城中村也依然显现着城乡交错地带的经济社会特征。为此，笔者认为，虽然汉长安城遗址已被西安市城市所包围，甚至于在遗址区西南和东南分别被城市的遗址区公园和景区所渗透，但其37.8平方公里的大部分区域尤其是中部以及北部的居民点仍以村落形态为主，加之环境整治后遗址区所呈现出的闲置和混乱景观，不难发现遗址区村落仍显现着突出的城市边缘区特征。据此，笔者仍将本研究的对象界定为城郊型大遗址区。

三 遗址区村落、乡村聚落和乡村社区

笔者团队开展过很多工作，对与汉长安城遗址区民生发展相关的村落、聚落、乡村社区、城中村的概念进行过专门分析。例如，冀剑雄的硕士论文《汉长安城遗址周边乡村聚落韧性发展研究》对村落、农村、聚落、乡村、城中村、乡村聚落及社区等概念进行了归纳与总结（表2-2）[②]。此外，张岩在研究韧性时用了乡村社区的概念[③]，而周飞、刘文辉等在讨论遗址区典型村落发展和闲置用地问题时用了村落的概念[④]。

[①] 王新文、高建洁、付晓萌：《城市型大遗址社会价值研究》，《城市发展研究》2020年第9期。

[②] 冀剑雄：《汉长安城遗址周边乡村聚落韧性发展研究》，硕士学位论文，长安大学，2020年。

[③] 张岩：《社区抗逆力视角下汉长安城遗址农村社区研究》，《城市建筑》2019年第13期。

[④] 周飞：《汉长安城遗址区民生发展的现状、问题与策略研究》，硕士学位论文，长安大学，2018年；刘文辉：《汉长安城遗址区村落闲置空间活化利用研究》，硕士学位论文，长安大学，2021年。

表 2–2　　　　　　　　　遗址区居民点相关概念辨析

名称	定义
村落	村落是农村人群的聚居地，可称为自然村落或行政村落，以户为组成单位、以土地为经营对象，以相对稳定的人口所形成的具有居住、生产及生活功能的人类聚居的基本空间组合单元
农村	农村指集镇以外的地区
聚落	所谓聚落，就是人类各种居住地的总称，由各种建筑物、构筑物、道路、绿地、水源地等物质要素组成。聚落一般分为乡村聚落和城市聚落
乡村	除城市建成区以外的所有地方，包括集镇和农村。一般来说不包括没有人类活动或人类活动较少的荒野和无人区
乡村聚落	亦指农村聚落，主要是指非城市人口的聚居地或住区，既包括乡村中的单家独院，也包括由多户人家聚居在一起的村落（村庄）和尚未形成城市建制的乡村集镇，有时还包括建于野外和自然保护区的科学考察站以及城市以外的别墅区或度假村
社区	社区是指以一定地理区域为基础的社会群体。至少包括以下一些特征：有一定的地理区域，有一定数量的人口，居民之间有共同的意识和利益，并有着较密切的社会交往
城中村	从地域角度上讲已被纳入城市范畴的局部地区，就其社会属性而言，却仍属于传统的"农"村社区的矛盾现象，是一种特殊的社区

来源：该表引自参考文献冀剑雄《汉长安城遗址周边乡村聚落韧性发展研究》，硕士学位论文，长安大学，2020年。

辛士午结合攻读硕士期间（2018—2020）三年深入遗址区居民点长时间的追踪调查，在辨析聚落、村落、城中村、乡村社区的概念、特征、发展等基础上，发现遗址区居民点目前以城中村和村落的形态、形式存在的居多，然而辛士午也认为不论是城中村还是村落均不能代表汉长安遗址区居民点的本质，并将汉长安城遗址区居民点以聚落作为统称[①]。由此可见，从空间属性而言，聚落包含的范围更全，同时就社会意义而言，作为人类的居民点，聚落具体来说是与一定的生产、生活方

---

① 辛士午：《汉长安城遗址区聚落空间治理研究》，硕士学位论文，长安大学，2021年。

式相适应的人类聚居和生活的场所。

此外,从社会属性而言,乡村社区概念对于本研究也有一定的启示意义。然而一方面,考虑到作为村落社会结构单元缩影的乡村社区的特征在汉长安城遗址区居民点中不能进行完整的表达。另一方面,本研究具体内容由于牵涉韧性研究,因此乡村社区概念也有所体现。考虑到本文韧性还较多地涉及"社区和村落单元"以外的整个村落系统甚至更广域的范围,因此没有将乡村社区作为本书专门的研究对象。

由于本书关注的是民生问题,牵涉到与现代居民相关的许多内容,涉及居民满意度、乡村振兴、城中村改造等多项内容。因此,基于以上团队所开展的工作,本书中仍旧沿用与这些关注议题更为切合的现代"村落"作为基本概念。需要说明的是,在本书所提及的村落系统以及个体村落研究中均会考虑到聚落、乡村社区、城中村这些概念的属性特征及其关注重点。

第二节 研究综述

一 国际遗产保护文件对于遗产地民生问题的关注

经过对国际遗产保护文件的梳理和总结,不难发现,西方社会对遗产保护的认知较早,肇始于1877年。就文件的类型而言:国际上遗产保护的相关政策文件包括法律文件、宪章、宣言和建议(表2-3)。就文件的数量而言,随着近、现代化的发展,国际遗产保护领域活动愈发频繁,尤其在战后,遗产保护的相关政策文件的数量呈现出逐步增长的态势,并在20世纪90年代达到峰值(图2-1)。

表2-3　　　　　国际上遗产保护的相关政策文件的类型

类型	具体内容
法律文件	指国际政府间组织制定的法律文件(具有法律约束力),需要得到成员国政府的批准

续表

类型	具体内容
宪章	通常是为了获得最佳实践结果而制定的规范和建议，一般是由专家组制定的，例如联合国教科文组织或国际古迹遗址理事会
宣言	通常倡导某些原则，是由专家组制定的，例如教科文组织或国际古遗址理事会得到相关负责组织的批准
建议	类似于章程，但通常产生于专家会议，没有相同级别的组织批准

来源：作者自绘。

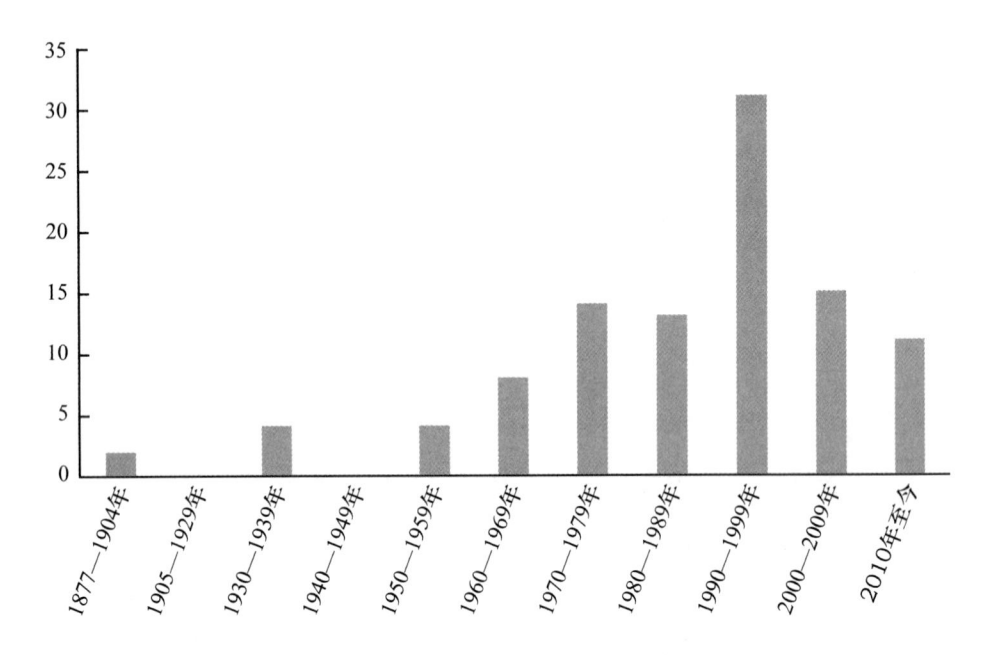

图 2-1　1877 年至今国际遗产文件数量统计

来源：作者自绘。

经过研究团队对这些文件的梳理，发现"对于与遗产相关的区域、环境、社区、人"的相关文件经历了以下四个阶段。

第一阶段：1950—1979 年。

20 世纪 80 年代之前，文化遗产地周边的环境开始受到关注。1954 年 5 月 14 日的海牙公约《第二议定书》，尊重地方文化财产、尊重文化知识①。1964年5月25日—31日ICOMOS第二届大会制定的《威尼斯宪章》强调了历史古迹的要领不仅包括单个建筑物，而且包括一种独特的文明、一种有意义的发展或一个历史事件见证的城市或乡村环境②。1975年10月21日—25日的欧洲建筑遗产大会出台的《阿姆斯特丹宣言》也提及建筑遗产不仅包括个人的建筑及其周围环境，也包括具有历史或文化意义的城镇或村庄③。

1976年，联合国教科文组织通过的《关于历史地区的保护及其当代作用的建议》，在定义历史和建筑地区的基础上，将其环境定义为对这些地区的动态、静态景观发生影响的自然或人工背景，或者是在空间上有直接联系或通过社会、经济和文化的纽带相联系的自然或人工背景④。该建议在总则中提出了历史地区及其周围环境应被视为相互联系的统一体，人类活动、建筑物、空间结构及周围环境这类统一体有效的组成部分均对整体具有不可忽视的意义。

通过这些文化遗产保护文件，可以发现，与遗产相伴而生甚至于在空间上存在叠压关系或者在意义上存在关联的遗产周边的区域、环境、城市、乡村是遗产保护的重要内容，这也为"社区与居民等遗产地民生要素受到关注"提供了重要前提。

第二阶段：1980—1999年。

20世纪80年代之后，遗产环境中的具体的人开始受到关注，1987年10月ICOMOS第八届大会关于保护历史城镇与城区的《华盛顿宪章》就明确提出，历史城镇和城区的保护首先涉及它们周围的居民，居民的参与对保护计划的成功起着重大的作用，应加以鼓励⑤。1994年

---

① UNESCO, *The Hague Conventions*, May 14, 1954.

② ICOMOS, *The International Charter for the Conservation and Restoration of Monuments and Sites*, May 25 – 31, 1964.

③ Council of Europe, "The Declaration of Amsterdam", *Congress on the European Architectural Heritage*, October 21 – 25, 1975.

④ UNESCO, *Recommendation Concerning the Safeguarding and Contemporary Role of Historic Areas*, November 26, 1976.

⑤ ICOMOS, *Charter for the Conservation of Historic Towns and Urban Areas*, October 1, 1987.

《奈良文件》扩展了遗产基本要素"真实性"评估参考标准,这种真实性包含多样的社区属性,《奈良文件》强调"社区"在遗产保护中的作用,并提及了(社区)在自身的需求与其作为文化社区的要求之间达成平衡的基本精神①。1999年9月11日在澳大利亚通过的《巴拉宪章》提出,"场所(Place)"概念,相关性、相关场所、相容性用途等关键词也无不显现着对遗址地场所、社区、居民等遗产地要素的关注②。《巴拉宪章》的第二十四条"保存相关性和意义"提及,应当尊重、保存、而不是抹杀人类和遗产地之间的重要关联;应当探寻并利用各种机会以诠释、纪念并颂扬这种关联。《巴拉宪章》第二十六条"应用流程"指出,应当为与遗产地及其管理相关的集体或个人提供机会,参与并协助了解遗产地的文化重要性。在适当的情况下,应给予他们参与遗产地保护与管理的机会。

该阶段,国际遗产保护领域从关注环境、区域和物质空间逐渐开始关注社区、场所和居民,遗产区域的社区及其场所不仅是遗产社会价值的重要体现,更是构成其真实性和完整性不可或缺的核心组成部分。居民和社区在遗产地展示和治理的重要性也被提及。

第三阶段:2000—2011年。

21世纪以来,随着国际遗产保护领域对于非物质文化遗产的认知以及遗产环境概念的界定,"遗产地居民与遗产的关系"在更宽泛的视域被进一步理解与阐释。2000年在波兰克拉科夫,ICOMOS通过的《克拉科夫宪章》指出,有关建筑遗产保护与恢复在管理上应适当调控,允许居民有效参与监管过程,同时指出,加强培训教育、提高公众参与意识十分重要③;2001年11月2日联合国教科文组织第31届会议《世界文化多样性宣言》中提及,人权是文化多样性的保障,文化

---

① ICOMOS, *The Nara Document on Authenticity*, November 1-6, 1994.
② Australia ICOMOS, *The Burra Charter: The Australia ICOMOS Charter for Places of Cultural Significance*, September 11, 1999.
③ ICOMOS, *Krakow Charter*, October 26, 2000.

权利将促进文化多样性的提升，人人应享有文化多样性[①]。2003年联合国教科文组织通过的《保护非物质文化遗产公约》，承认社区（包括生活在其中的群体和个人）对于非物质文化遗产的保护、传承和再创造十分重要[②]。2004年在美国路易斯安那州纳奇托什通过的《纳奇托什遗产景观宣言》强调，社区必须充分参与、保护和维持遗产景观，需要让强有力的社区参与发出多种声音来保护和管理遗产景观，尊重贯穿于遗产景观的当地居民的生活传统和足迹[③]。

2005年10月17日—21日ICOMOS第15届大会发表的《西安宣言——关于古建筑、古遗址和历史区域周边环境的保护》，重新定义了古建筑、古遗址和历史区域的周边环境，将"遗产环境"拓展至"创造和形成了环境空间以及当前动态的文化、经济、社会背景"，其中遗产地居民及其生产生活也被视作遗产社会人文环境的重要构成[④]。2007年6月28日在第31届世界遗产大会上，世界遗产委员会将世界遗产战略从"4C"（可行度Credibility、保护Conservation、能力建设Capacity-building、宣传Communication）上升为"5C"，增加了"社区Community"概念并强调当地民众对世界遗产及其可持续发展的重要性。"2008年10月4日国际古迹遗址理事会批准《文化遗产地阐释与展示宪章》，该宪章解释和展示了"七项原则"，其中，"文脉和背景环境"强调了遗产地文化、社会和环境等所有方面的意义和价值；"真实性"强调了遗产阐释设计应尊重遗产社区和当地居民的文化实践和尊严；"可持续"更提及了阐释性项目应提供教育、培训和就业机会，为遗产地利益相关者提供公平的、可持续的经济、社会和文化利益[⑤]。2010年9月

---

① UNESCO, *Universal Declaration on Cultural Diversity*, November 2, 2001.

② UNESCO, The Convention for the Safeguarding of the Intangible Cultural Heritage, June 2, 2003.

③ ICOMOS, Natchekosh Heritage Landscape Declaration, March 25–27, 2004.

④ ICOMOS, Xian Declarationon the Conservation of the Settingofheritage Structures, Sites and Areas, October 17–21, 2005.

⑤ ICOMOS, The Icomos Charter for the Interpretation and Presentation of Cultural Heritage Sites, October, 4 2008.

4 日国际古迹理事会新西兰国家委员会通过的《保护文化遗产地——新西兰宪章》指出，宪章的重要目的是为参与文化遗产保护和管理的社区、组织和个人提供指导[①]。

2011 年 11 月 10 日联合国教科文组织大会通过的《关于历史性城市景观的建议书》，在引入景观视角强调城市遗产系统价值的基础上，重点阐释了遗产的物质空间与（影响其形成、支撑其演变的）社会、文化、经济背景之间的联系，倡导在关联视角下关注特定文化背景下社区与物质遗产之间的联系，并通过促进两者的交互，延续并加强场所精神[②]。同年，国际古迹遗址理事会颁布了《关于历史城镇和城区维护和管理的瓦莱塔原则》，在强调历史城镇"活态遗产"特征和动态管理必要性的基础上，倡导建立历史城镇变化与当代文化、社会和经济创新的联系，并坚信"维护历史价值的最佳方式在于将其融入当代人的社会、文化和经济生活并使之活态传承"[③]。

该阶段遗产地居民和社区的作用已从"遗产重要构成"发展到"遗产战略目标"再发展到"遗产永续保护与发展的抓手"。遗产与居民的联系愈趋紧密，居民之于遗产保护与利用的价值也日益突出。

第四阶段：2012 年至今。

近十年来，对文化遗产与民生问题的关注持续升温。2012 年 11 月 16 日，"世界遗产与可持续发展：本地社区的作用"成为世界遗产委员会庆祝《保护世界文化和自然遗产公约》诞生 40 周年活动的主题，此举进一步凸显出对遗产地民众的关注以及遗产保护与当地社会经济发展协同的重要意义。"2014 年 10 月 22—25 日在日本奈良县举行《奈良真实性文件》二十周年纪念国际会议"，在闭幕时通过了纪念奈良会议 20

[①] ICOMOS, *Charter for the Protection of Cultural Heritage Values*, September 4, 2010.

[②] UNESCO, *Recommendation on the Historic Urban Landscape Adopted by the General Conference at Its 36th Session*, November 10, 2011.

[③] ICOMOS, *The Valletta Principles for the Safeguarding and Management of Historic Cities, Towns and Urban Areas*, November 28, 2011.

周年的《关于遗产实践、文化价值和真实性的概念的回顾性文件》①，继承了《奈良文件》在关注社区方面的基本精神，并基于20年遗产保护实践总结出了利益相关者的"复杂性"，提出遗产地可持续发展理念应兼顾经济利益和社会利益、文化价值、遗产演变、社区需求和管理需要。2017年12月11日—15日在印度德里举行的ICOMOS第19届大会《关于遗产与民主的德里宣言》强调，遗产属于全民，历史的遗产和活力是吸引创意产业、企业、人口和游客的首要来源，也为经济增长和繁荣提供了环境②。

2022年3月《国际古迹遗址理事会（ICOMOS）国际文化遗产旅游宪章：通过负责任和可持续的旅游管理，加强文化遗产保护及社区韧性》确认，文化遗产保护和负责任的文化旅游规划及管理必须系统地识别和监测旅游对遗产地、目的地和社区的影响；强调文化旅游必须以保证社区韧性、社区适应能力和公平的利益分享为其基本目标；强调应从大众旅游转向以文化遗产为中心的更可持续、更负责任和以社区为中心的旅游；在以上认识和目标下确立了7项准则（其中，准则4提出，鼓励人们接触与参加对旅游业中被利用的公共文化和自然遗产资源的参与性治理，承认和增加社区、原住民和传统所有者的权利；准则7更强调，通过能力建设、风险评估、战略规划和适应性管理，提高社区和文化遗产的韧性）③。

应该说，遗产对当代经济社会的意义和价值在近十年来被进一步放大，在此导向下，遗产的综合价值（在经济社会发展中尤其是旅游发展中遗产社区的保护、参与、治理及其发展等）均被关注，而在这

---

① 徐桐：《奈良+20：关于遗产实践、文化价值和真实性概念的回顾性文件》，《世界建筑》2014年第12期。

② ICOMOS, *Delhi Declaration on Heritage and Democracy* (DRAFT 2017 - 12 - 14), December 11 - 15, 2017.

③ ICOMOS, *ICOMOS International Charter for Cultural Heritage Tourism* (2021): *Reinforcing Cultural Heritage Protection and Community Resilience Through Responsible and Sustainable Tourism Management*, October 27 - November 3, 2022.

一过程中对复杂环境的适应和遗产地社区韧性也被遗产保护界所重视。

二 国内大遗址民生问题研究综述

2014年作者发表论文《大遗址保护研究中民生问题研究综述》，该文从居民和遗址的关系作为切入点，重点从"居民与遗址的彼此制约"和"居民与遗址间的相互协同"展开综述。其中：居民与遗址的彼此制约主要提及了居民破坏问题和遗址区保护政策束缚而引发的居民不富裕现象；而居民与遗址间的相互协同，则重点对"居民搬迁安置、居民发展、居民如何参与遗址保护和利用等议题"相关论点进行了总结和梳理。应该说，当时对民生问题的综述较好反映了遗址与其所在区域居民之间复杂的关联，同时也观察到了一些新的动向，例如，提及了"以遗址为触媒，城市与居民互动的理想图景，构成了城市与遗址协同发展进而惠及居民的良性环路"。

近年来，特别是党的十九大后，文化遗产保护领域对于人民性愈发重视，让文化遗产"活"起来，利用文化遗产推动城乡高质量发展的声音不绝于耳，文化遗产保护领域对于遗产保护中的原住民、社区等民生问题更为重视。吕舟在解读43届世界遗产大会观察报告序中提出："包容性和公平；提高所有利益相关方，特别是地方社区生活质量和福祉的潜力；维护、尊重原住民和地方社区有效和公平地参与"是世界遗产所面临的新挑战[①]。杜金鹏倡导，统筹协调文物保护与经济发展、城乡建设、民生改善的关系，考古遗址公园和遗址博物馆应发展考古创意产业，推动经济发展，提升人民生活水平和生活质量进而回报社会[②]。单霁翔认为，文化遗产与当地居民有着天然的历史、文化和情感联系，必须尊重和维护民众与文化遗产之间的关联和情感，保障民众的

---

① 吕舟：《面对新挑战的世界遗产（43届世界遗产大会观察报告序）》，《自然与文化遗产研究》2020年第2期。
② 杜金鹏：《新世纪中国考古新常态》，《华夏考古》2017年第4期。

知情权、参与权、监督权和受益权①。贺云翱则提出，应千方百计促进文化遗产资源的社会化利用，使其成为促进文化经济持续发展和人民群众生活品质不断提高的核心资源和主要动力②。

与此同时，大遗址作为重要的与城乡居民生活息息相关的文化遗产类型，其遗址区民生问题也日益受到学界的关注。王新文在大遗址社会价值中重点提及了民生问题③，刘卫红基于自身多年来编制大遗址保护规划的实践经验、在《大遗址保护规划：对象、使命和内容框架》、《大遗址保护人地系统规划》等论著均重点提及与民生相关的"环境保护与治理、人口与聚落调控、土地利用调控、基础设施调控"等大遗址人地系统规划的内容④。纵览大遗址保护与利用的相关文献，对民生问题都多有涉及。一方面，在更新、更为复杂的形势下，对遗址保护利用和民生发展的协同问题进行更为深入的探究，如一些欠发达的乡村地区关注乡村振兴和遗址保护的关系。另一方面，这些文献也不落遗址和居民二元关系的窠臼，开始从更系统的视角和更新的形势下来研究大遗址保护中的民生问题，如一些城郊型和城市型遗址，更侧重于探讨城市—遗址—居民三者间的系统关联。

（一）乡村地区遗址保护与乡村振兴的矛盾与协同问题研究

首先，随着近年来脱贫攻坚和乡村振兴战略的实施，在一些民生问题较为突出的欠发达的乡村地区，遗址保护与民生发展的矛盾与协同问题被进一步关注。代表性的研究包括：吴冲在社会空间视角下对大遗址区乡村地域功能结构的研究中认为，各村庄实施差异化发展定位是遗址区良性发展的前提。实施多层次、多节点、差异化的资源利用模式，推

---

① 单霁翔：《全球视野下中国文化遗产保护新发展》，《当代中国与世界》2022年第1期。
② 贺云翱：《让文化遗产"活起来"》，《大众考古》2022年第2期。
③ 王新文、高建洁、付晓萌：《城市型大遗址社会价值研究》，《城市发展研究》2020年第9期。
④ 刘卫红、曹金格：《大遗址保护规划：对象、使命和内容框架》，《东南文化》2022年第1期；刘卫红、田润佳：《大遗址保护理论方法与研究框架体系构建思考》，《西北大学学报》（哲学社会科学版）2021年第1期。

动各功能片区的空间联系与辐射,确保遗址资源的外溢价值能够充分转化是实现大遗址区乡村经济社会可持续发展的关键。其中他还重点提及了旅游道路这类大遗址区道路系统的建设对于文化资源价值外溢辐射以及实现产业联动具有重要意义[①]。权东计在协调秦东陵保护和军王村的发展时,进行了遗址保护与乡村规划协同决策支持模型的构建及其结果分析,重点提出:文化方面应充分利用秦东陵历史文化遗产资源和军王村乡村民俗文化资源;空间方面应通过营建配套完善的特色乡村建筑、建设突出地域特色的田园综合体和协调乡土民俗景观与大遗址文化景观配置;产业方面应"在优化传统产业时注重融合现代旅游服务业和信息智慧产业,增加本地就业者的数量等遗址区保护和村庄发展的协同策略"[②]。骆晓红对大遗址保护中推进乡村振兴的路径进行了探讨,以良渚遗址的港南村为例,从经济社会组织等不同层面提出,应推动乡村土地使用权流转,将美丽经济和文化经济结合;应建立乡村社会价值体系和集体情感记忆;应把大遗址保护纳入村规民约中,通过研究学会、公益基金会、民主议政圆桌会,遗址保护恳谈会等组织扩大社会参与,应推进共建共享等遗址保护中的乡村振兴策略[③]。张颖以汉甘泉宫遗址区为例提出了偏僻农村腹地的大遗址景观资源保护与乡村旅游开发对策:明确差异性、特质性的乡村旅游开发,并以此为导向提高和完善基础设施与配套设施进而惠及居民[④]。而刘军民在对西部欠发达地区大遗址保护利用与区域发展的协同性研究时,以甘泉宫遗址为例分析了甘泉宫遗址与其所在的陕西省淳化县协同发展的现状和问题,在此基础上,认为创设具有历史内涵和地域特色的文化旅游项目不仅能有效实现遗址保护

---

① 吴冲、余压芳、张建新:《社会空间视角下大遗址区乡村地域功能结构研究——以关中5处大遗址区为例》,《人文地理》2022年第4期。

② 权东计、倪俣婷、焦陇慧等:《遗址保护与乡村规划协同决策支持模型的构建与应用——以秦东陵遗址区军王村为例》,《中国软科学》2020年第S1期。

③ 骆晓红:《大遗址保护中推进乡村振兴的路径探讨——以良渚遗址的保护为例》,《南方文物》2018年第1期。

④ 张颖、刘智磊:《偏僻农村腹地的大遗址景观资源保护与乡村旅游开发对策——以汉甘泉宫遗址区为例》,《安徽农业科学》2015年第34期。

与区域发展的相互协同，更有利于居民的就业、产业和生活环境改良①。

此外，许龙以柳孜村运河遗址为例，观察到土地是其经济效益的重要甚至唯一来源，居民更倾向短时间内由土地经济带来的地方效益，而难于顾及文物保护而产生的长期收益②。范承泰以山东地区为例探讨农村地区遗址保护利用问题时主张，农村地区遗址保护利用要成为助推农村经济发展的新动力，主张遗址文物保护工程、考古工作和文物看护等农村地区遗址保护工作与扶贫开发相结合：贫困县高青县在陈庄考古遗址公园开工建设时，优先雇佣当地有一定劳动能力的贫困群众；狄城遗址、店子遗址等考古发掘工作的开展，有力助推当地困难群众脱贫工作，既解决了遗址保护工作的民工需求，又给当地贫困农民解决了部分就业问题③。

(二) 城市型或城郊型的遗址保护与民生问题的协同研究

由于地处城市区域，遗址所面临的区域环境更为复杂，相关文献更多重点探讨遗址区保护、遗址区所在区域发展以及民生的发展。大遗址民生问题关注的视角，已从单纯的遗址和民生二元矛盾或协同，过渡到借助遗址区所在的区域环境来平衡两者关联。一些城市型或城郊型的遗址民生问题更侧重：通过遗址在城市中功能的发挥，释放遗址功能，进而促进民生的改善。如居民服务于遗址旅游和相关产业；遗址环境效应促发周边城市品质提升进而使其搬迁、安置与补偿得到较好保障。此外，在该过程中，城市要素渗入遗址区，也会引发村民直接和城市发生关联，并产生遗址区居民与城市的互动。

张定青以西安城区为例，在探寻城市遗址保护与利用的多元价值实

---

① 刘军民、徐晶晶：《大遗址保护利用与区域发展的协同性研究——以西部欠发达地区为例》，《城市问题》2014年第12期。
② 许龙：《新型城镇化背景下遗址型乡村发展建设矛盾、动力与规划策略刍议——以柳孜村运河遗址为例》，《小城镇建设》2016年第5期。
③ 范承泰：《农村地区遗址保护利用问题的思考——以山东地区为例》，《中国文化遗产》2017年第2期。

现路径时注意到，遗址保护与利用的多元价值在环境、经济、文化、社会维度均可为城市发展发挥作用，而在该过程中遗址区居民更容易享有高品质城市景观、休憩广场及城市绿地，并获得更多的就业机会和更多的文化，由此产生获得感和幸福感[1]。王新文在城市型大遗址社会价值研究一文中注意到，遗址的价值内涵应从城市尺度进一步展开讨论，而事实上如大明宫遗址公园这类在城市尺度发挥其价值的大遗址，既推动了城市空间的重构，重塑了城市片区的空间价值体系，同时也日益通过其触媒效应诱发了周边区域的基础设施重建、居住和商业的发展、文化设施的布局，使遗址所在的区域日益成为一个功能完善的区域[2]；而城市文化公园属性及其符号化表征也使得大明宫遗址区的"道北人"在公园的记忆空间中找到了共同记忆和共同社区意识，该模式对区域提振和居民生活环境的改善显然不是传统城市更新能够比拟的。依照大明宫和曲江池遗址的思路，朱剑以周镐京遗址及周边地区为例，在对大遗址的保护与开发策略进行研究时，也是从城市整体的视角来定位，而遗址公园、遗址博物馆、遗址展示区、文化相关产业聚集区、遗产廊道、森林公园、旅游景区、历史文化农业园区这些基于城市与片区尺度的开发模式和建设定位也成为了"遗址区村庄改造，建设镐京文化小镇；发展都市农业，适当增加文化娱乐、旅游度假用地，进而增强片区活力，平衡相关利益者的权益"的关键前提[3]。

张馨的大遗址片区特色生态城市建设相关研究认为，西安在经济生态和社会生态增速放缓的过程中，自然生态和文化生态仍有很大的提升空间。西安大遗址众多，文化生态在特色生态城市建设中将起到举足轻重的作用。针对不同区域、不同特点的大遗址，实施遗址绿化公园、遗

---

[1] 张定青、赵一青、竺剡瑶：《城市遗址保护与利用的多元价值实现路径——以西安城区为例》，《现代城市研究》2022年第7期。
[2] 王新文、张沛、张中华：《城市更新视域下大明宫遗址区空间生产实践检讨及优化策略研究》，《城市发展研究》2017年第2期。
[3] 朱剑：《大遗址的保护与开发策略研究——以周镐京遗址及周边地区为例》，《中外建筑》2016年第5期。

址农业园区、遗址历史文化园区等载体示范工程的建设，在突出每个遗址特色的同时，又能够与周边环境相融合，营造良好的城市环境①。实际上，对于以环境为抓手的生态建设策略，对于城市近郊区，居民在城市工作或以农业为生的生计方式下，建立农业生态园改善其环境，本身就是对于遗址区环境的改善，在某种意义上就是对其整体生活质量的提升。

此外，从遗址区民生改善方面来看，在重点关注经济和产业、生态和景观的同时，也包括居民的权益、社区地方依恋、场所精神等多个维度。例如，权东计十分关注杜陵与社区之间的共生关系，遗产保护对社区发展发挥的作用，社区参与对遗产保护发挥的作用，场所认同营造、场所依恋程度、社会联系程度、社区责任感等等，并将其作为研究杜陵遗产、社区内部的共生机制的重要指标，据此从功能、情感、文化、经济4个共生维度，提出可以增强共生关系的遗产、社区生活圈营造策略②。

王璐在以价值"延续性"为导向的新时代大遗址利用理念方法与活化路径研究中，结合编制《大遗址利用导则（试行）》实践指出，《导则》倡导以"人"与"价值意义"为目标导向，"多方参与，开放共享；以'价值利用'为主，兼顾'相容使用'；服务民生，融合发展等"理念，为遗址区已开展的民生发展工程提供了学理基础。从延续性、包容性和衍生出的可读性、有效性、参与性、共享性、透明性、适应性、一体性、动态性等保护利用原则，以及"古今一体、保用一体、物我一体、城乡一体、时空一体"的大遗址利用目标，还有"多样态"、跨尺度、多层级的大遗址利用规划技术等，为未来遗址区民生发展提供了理念、方法和技术上的指引③。

---

① 张馨、裴成荣：《大遗址片区的特色生态城市建设研究——以西安市为例》，《生态经济》2018年第5期。

② 权东计、任宜欣、朱海霞：《共生视角下的大遗址区遗产社区生活圈营造策略研究——以杜陵遗产社区为例》，《中国软科学》2021年第S1期。

③ 王璐：《以价值"延续性"为导向的新时代大遗址利用理念方法与活化路径》，《中国文化遗产》2022年第4期。

（三）小结

纵览近 10 年大遗址保护中民生问题的相关文献，2014 年笔者论文中提及的新动向、新趋势在近年来的新研究中得到了更多的关注和实践——如前文提及的城市、遗址、居民三者关联的研究。此外，对遗址区民生问题的探讨已不单专门聚焦于遗址区居民本身，而是更多地关联社区、区域、空间、景观、环境等等，在更为复杂的时空环境影响下，新近研究显然更为系统和可操作。此外，从成果表达形式看，随着大明宫、良渚等大遗址对民生工程的相关实践，一些研究也从更多的"将来时"的对策建议和愿景分析，开始向"进行时"的经验探讨过渡——如良渚遗址、大明宫、曲江池这类的"过去时和进行时的经验解析和理论阐释"。

由以上研究可以看出，大遗址保护与民生发展的协同关涉方方面面，其中王璐从延续性、包容性及其衍生出可读性、有效性、参与性、共享性、透明性、适应性、一体性、动态性等保护利用原则[①]。朱晓渭提及的"让大遗址的保护、利用与城市发展之间的关系进一步紧密，大遗址深深嵌入到城市自然—经济—社会系统之中"[②]。同时，一些国内外保护区、旅游地甚至包括遗址区，都引入基于韧性理论框架的社会生态系统研究。例如，张璐也对唐十八陵遗址区尝试进行了社区韧性的研究[③]。实质上，从人地系统可持续发展的视角来看大遗址保护和民生发展的协同是一个带有多尺度性、动态性、多元性和交互性及不确定性特征的系统问题，遗址区社会生态系统的研究在未来十分必要，这一认知也成为实现两者协同的关键。

---

① 王璐：《以价值"延续性"为导向的新时代大遗址利用理念方法与活化路径》，《中国文化遗产》2022 年第 4 期。
② 朱晓渭：《基于考古遗址公园的城市文化生态系统研究——以西安市为例》，《人文地理》2011 年第 2 期。
③ 张璐：《基于 DPSIR 结构模型的唐十八陵大遗址区的社区恢复力研究》，硕士学位论文，西北大学，2016 年。

三 汉长安城保护与利用研究现状与评价

作为中国大遗址的典型代表，汉长安城遗址长年来一直存在遗址保护与民生发展的矛盾问题。由于地处西安市近郊，20多年来，汉长安城遗址区村落发展和西安市城市的扩张以及经济社会的变迁这些时空要素紧密相关，汉长安城遗址保护与民生发展的协同问题也一直是学界关注的热点。笔者自2004年开始进行汉长安城遗址区民生发展的专项研究后，对遗址区的村落发展、居民生计状况已跟踪了20年。对于汉长安城遗址区民生问题的研究，作者认为可划分为以下四个阶段。

（一）第一阶段：（1997—2004年）以规划研究为基础的遗址区经济社会状况改良研究

20世纪90年代末，以赵荣教授领衔的西北大学城市与资源学系研究团队便对《汉长安城遗址保护区遗址保护与产业发展的协调研究》和《大遗址保护利用与区域经济协调发展模式——以陕西为例》等相关性课题展开研究。在此基础上，西北大学城市与资源学系的相关研究团队着手编制《汉长安城遗址保护与利用总体规划》，汉长安城遗址保护与利用研究的最早一批学术成果多来自于规划编制研究团队。

1999年，刘科伟对汉长安城遗址区内社会经济特征展开透视，观察到遗址区经济与周围区域存在悬差，遗址区现行的重保护、轻利用的"限制"型保护政策被视作是引致这一窘况的内在动因[①]。为缓解遗址保护与区域发展间的冲突，学者们见仁见智，赵荣在论证汉长安城遗址保护区发展观光农业必要性与区位优势的基础上，提出了遗址区发展观光农业的主要方向[②]。杨海娟也从自身资源禀赋与区域社会需求

---

① 刘科伟、牛栋：《汉长安城遗址保护与开发利用的现状、问题及对策探讨》，《经济地理》1999年第5期。

② 赵荣、李宝祥：《发展观光农业与汉城遗址保护》，《经济观察》1999年第1期。

两方面分别论证遗址区农业产业结构升级的必要性，并在观光农业的基础上提出了都市农业的生产经营模式，以促进居民生活的改良①。权东计借鉴汉长安城规划思想和布局手法，在探究遗址分布概况、构成要素及特征的前提下，力求利用旅游业的发展带动地方经济的振兴②。

以上对策试图通过遗址自身功能的释放带动区域整体经济社会水平的提升。一方面，这些对策对于遗址区具有适用性和战略性。一些对策现今已变现。另一方面，在当时西安市未央区的经济社会水平的制约下，尤其是《汉长安城遗址区保护总体规划》没有正式获批并颁布前，以上思路与构想很难在当时落地。与此同时，随着21世纪以来西安市城市化的快速发展，汉长安城遗址居民的生活质量与周边区域的差距逐步扩大，遗址保护与居民生产生活发展的矛盾成为汉长安城遗址保护与区域发展矛盾的一个重要表征。

(二) 第二阶段：(2005—2009年) 开启对遗址区居民深度调查，民生问题研究进入机制探索阶段

2001年，第一轮编制的《汉长安城遗址保护与利用总体规划》由于保护范围、规划措施等问题，未能通过国家文物局的评审。2004年7月，《汉长安城遗址保护总体规划》编制工作重新启动，西北大学的科研人员（包括硕博士生）通过参与《汉长安城遗址保护总体规划》编制，开始注意到遗址区居民生产生活发展对于遗址保护的重要作用。

陈稳亮通过对遗址区55个村落的居民生活满意质量及其保护态度与配合意愿的综合调查，首次从居民主观满意度对比性分析和相关性分析的视角对汉长安城遗址民生问题进行研究。遗址保护与居民发展的矛

---

① 杨海娟、周德翼：《西安汉城遗址保护区内发展都市农业的设想》，《西北大学学报》（自然科学版）2002年第1期。
② 权东计、霍小平：《大遗址保护与旅游业可持续发展初探——汉长安城保护与利用规划》，《西北建筑工程学院学报》（自然科学版）2001年第4期；权东计、朱海霞：《汉长安城保护与利用发展战略研究》，《经济地理》2003年第3期。

盾被进一步揭示和具体化①。张祖群依据实地对遗址保护状况的勘察资料，认为在快速城市化背景下，相比于自然破坏因素，人为破坏业已成为胁迫汉长安城遗址保护的主要因素，突出了居民日常土地利用活动对遗址的破坏②。赵宇鸣随即对居民这种外部性破坏行为从经济学视角进行了阐释与分析③。为协调遗址保护与居民发展的矛盾，余洁通过对"农户个体或村集体组织出租土地用于非农生产，而造成文物保护用地流转"的破坏趋势分析④，从补偿机制、财税政策、就业政策、文化产业链、组织管理机构等方面提出了一系列遗址区的保护对策和惠民政策⑤。张宏通过对汉长安城遗址内聚落发展现状、趋势及其消极影响的分析，对遗址区居民聚落搬迁这一关涉居民利益的关键问题进行了专门化的研究⑥。唐龙以土地问题为导向，在揭示"遗址区现行管理体制存在的问题是影响遗址保护和发展的重要原因"这一事实的基础上，提出了统筹大遗址保护与利用并进行综合化管理的相关政策建议⑦。樊海强为实现大遗址保护与利用的相互促进、遗址与居民协调发展，为遗址区设计了"遗址保护区＋建设控制区＋文化产业园区"这一保护与利用新模式，并建议通过汉长安城保护与利用总体规划对该模式的空间组织、发展策略和保障体系进行探索⑧。

---

① 陈稳亮、张祖群、赵荣：《大遗址保护的 PRED 协调发展案例与模式——基于汉长安城的实证与思考》，《城市规划》2006 年第 7 期；陈稳亮、杨新军、赵荣：《城郊大型遗址区农村居民生活质量研究——以汉长安城遗址保护区为例》，《规划师》2007 年第 2 期。

② 张祖群、陈稳亮、赵荣等：《大遗址保护中的破坏因素——汉长安城案例与思考》，《建筑知识》2005 年第 2 期。

③ 赵宇鸣、赵荣：《大遗址保护中的外部性影响及其消除》，《西北大学学报》（哲学社会科学版）2006 年第 1 期。

④ 余洁、唐龙：《城郊区大遗址保护用地流转的制度分析——以西安市汉长安城遗址区为例》，《城市发展研究》2008 年第 5 期。

⑤ 余洁、唐龙、潘秋玲：《汉长安城遗址区发展方略》，《城市问题》2009 年第 3 期。

⑥ 张宏：《大遗址保护中聚落搬迁研究——以汉长安城为例》，《上饶师范学院学报》2009 年第 1 期。

⑦ 唐龙、余洁：《大遗址保护中的土地问题》，《中国文化遗产》2008 年第 4 期。

⑧ 樊海强、袁寒：《大遗址保护与利用互动发展新模式——汉长安城保护与利用总体规划》，《规划师》2008 年第 2 期。

以上研究表明，遗址区社会经济的发展与居民的保护行为日益被重视。学者们逐渐意识到对居民生计问题的关注是破解大遗址保护这一难题的关键，并以保护与利用的协调、遗址与居民的互动作为遗址保护研究的基点，从空间布局、土地利用、聚落搬迁、管理组织等专项提出一些很有见地的建议。应该说，该阶段的成果奠定了遗址保护与民生问题研究的重要基础。而赵宇鸣、余洁、唐龙等学者的成果均涉及到遗址区民生发展机制问题。

(三) 第三阶段：（2010—2018年）围绕"申遗"，遗址区村落发展出现分异

2009年，《汉长安城遗址保护总体规划（2009—2025）》通过国家文物局审批。2010年8月，通过陕西省人民政府的审批，正式颁布实施。汉长安城遗址于2012年启动其未央宫遗址（丝绸之路起点之一）的联合"申遗"工作，10个村子被搬迁。2011年，汉城湖景区开园，从总规划通过到2018年，随着西安市城市进一步北拓，城市要素对遗址村落的影响更加显著。该阶段学界对遗址区民生问题研究体现于以下几点。

首先，是参与总体规划工作人员对于历时十多年终于得以颁布的《汉长安城遗址保护总体规划（2009—2025）》理论提炼和总结与进一步的探索。比如，陈稳亮结合其编制汉长安城遗址保护总体规划的实践与研究，从规划视角对遗址区的民生问题进行了系统的调研与规划策略研究[①]。刘卫红专门开展大遗址区土地利用管理分析[②]，并借鉴田园城市理论，提出"以田园乡村景观为本底、产业集聚、多业共生"的汉长安城遗址保护与发展新模式[③]。

---

① 陈稳亮：《大遗址保护与区域发展的协同》，博士学位论文，西北大学，2010年；陈稳亮、赵达：《大遗址保护与区域发展的协调性规划探索——以汉长安城遗址保护总体规划为例》，《城市发展研究》2012年第4期。
② 刘卫红：《大遗址区土地利用管理分析》，《中国土地》2011年第9期。
③ 刘卫红：《田园城市视域下的汉长安城遗址保护利用模式研究》，《西北大学学报》（自然科学版）2017年第2期。

第二章 基础理论

其次，是对该时段遗址区保护与利用新动向的洞察与跟踪。其一是对于城市化影响的揭示。2014年，陈稳亮突破居民与遗址二元关系，从遗址、居民、城市三个方面展开居民融入汉长安城遗址的对策研究，开创了遗址区民生研究的区域观①。值得注意的是，随着城市要素和遗址区村落各种要素日益紧密的联系，遗址区内外来人口在这一阶段进一步增加。与此同时，由于大遗址保护特区实质上归口于未央区政府，因此大遗址保护特区在管理效能上的作用难以充分发挥，这也进一步引致了这一阶段遗址区非正规产业和违规建设活动进一步增加。张立新认为，城市化的冲击与胁迫是大遗址区人地系统脆弱性产生的根本原因②。刘卫红较早注意到，遗址区建设用地侵蚀或大量占压大遗址区用地；遗址区出现大量占用遗址区土地的工矿企业③。近年来，学者们先后注意到，遗址区以批发、零售、仓储、汽修为主的产业虽然数量较多，但规模小、缺乏统一规划、不成系统、技术水平低，有杂乱无章之感；遗址区违章企业污染较严重，对遗址破坏大④；新增建筑在原有房屋上加盖，超过了规划应有的高度⑤。这些联系在一定程度上缓解了居民的经济压力，并提升了其生活质量的满意度⑥，然而却为遗址区的遗址安全和历史风貌与生态环境带来了严重威胁。其二是对未央宫遗址区搬迁问题的跟踪。包括陈稳亮对遗址区村落近地搬迁后和遗址的协同性讨论⑦、吴铮争对遗址区核心利益主体的博弈性分析⑧以及周剑虹、王

---

① 陈稳亮、孙圣举、高忠等：《共生还是绝离？——居民融入汉长安城遗址保护与发展问题探究》，《城市发展研究》2014年第11期。
② 张立新、杨新军、陈佳等：《大遗址区人地系统脆弱性评价及影响机制——以汉长安城大遗址区为例》，《资源科学》2015年第9期。
③ 刘卫红：《大遗址区土地利用管理分析》，《中国土地》2011年第9期。
④ 吴亚娟：《汉长安城遗址区产业发展现状与策略研究》，硕士学位论文，西北大学，2015年。
⑤ 裴梦斐：《汉长安城遗址区未搬迁居民问题研究》，《秦汉研究》第10辑，陕西人民出版社2016年版。
⑥ 周飞：《汉长安城遗址区民生发展的现状、问题与策略研究》，硕士学位论文，长安大学，2018年。
⑦ 陈稳亮、励娜：《大遗址保护与新农村建设的协同——以汉长安城遗址区周家河湾村新农村规划为例》，《规划师》2011年第1期。
⑧ 吴铮争：《基于博弈论的汉长安城遗址保护策略研究》，《城市问题》2012年第11期。

建新对于城中村还是新农村的遗址区村落发展模式辨析①。其三是对未央宫遗址区和汉城湖景区这类热点区域的保护利用与民生发展的关注。其中包括多位研究者对于未央宫遗址②及其周边村落③的关注；也有部分学者注意汉城湖景区开发对周边阁老门村的影响④。其四是随着城市向北发展，也为遗址区带来大量的外来人口，村落住房负担加大，随之而来的建筑加盖、违章建筑数量大量增加。扬善村、徐寨村等遗址区村落存在大量的仓储物流、加工制造、汽修等与遗址区发展背道而驰的非正规产业⑤。

最后，对于遗址区在多重时空要素影响下的复杂问题的揭示。例如，周飞以五个典型村子为例发现遗址区村落存在城中村型、景区型、腹地型、封闭型、交通节点型等多元化、分异性现象；而吴亚娟对于产业动态性的认知⑥，以及刘卫红对考古遗址动态性的揭示则凸显了遗址区时间维度上的不确定性⑦。

总体而言，在该阶段，结合汉长安城遗址的异质性、复杂性和不确定性，学界对于遗址区民生问题的研究在方法和深度上均有大幅提升。在研究方法上，学者们开始应用多学科理论与分析技术（博弈论、增

---

① 周剑虹、王建新：《解决大遗址区居民问题的"城中村"模式与"新农村"模式》，《西北大学学报》（哲学社会科学版）2011年第3期。

② 郑育林、张立：《西安"大遗址保护特区"的构想与建设路径》，《西安交通大学学报》（社会科学版）2010年第4期；孔若旸：《大遗址保护的环境视野——以汉长安城未央宫遗址区为例》，《建筑与文化》2017年第7期；段春娥：《论汉长安城遗址的保护与开发——从遗产地社区居民参与视角谈起》，《秦汉研究》第12辑，西北大学出版社2018年版；苏卉：《文化遗址资源的价值认知及价值提升研究——以陕西汉长安城遗址为例》，《科学·经济·社会》2017年第1期。

③ 李文竹：《大遗址保护与村镇发展的矛盾与协同——以汉长安城遗址保护区内北徐寨为例》，《建筑与文化》2017年第4期。

④ 周飞：《汉长安城遗址区民生发展的现状、问题与策略研究》，硕士学位论文，长安大学，2018年。

⑤ 周飞：《汉长安城遗址区民生发展的现状、问题与策略研究》，硕士学位论文，长安大学，2018年。

⑥ 吴亚娟、权东计、邹辉：《汉长安城遗址区产业发展模式探究》，《安徽农业科学》2014年第8期。

⑦ 刘卫红：《大遗址区土地利用管理分析》，《中国土地》2011年第9期。

第二章 基础理论

长极理论、质性研究方法、景观价值分析及 GIS 技术）来探索遗址区核心利益主体行动的本质；人地系统脆弱性空间分异原因及形成机制[1]；居民景观感知价值在空间分布的规律性及其与相应的物质景观基础的关联[2]；不同人群间的地方感差异和态度差别[3]。一方面，说明汉长安城具备承载这些高水平研究的典型学术问题；另一方面，也突显出这一时期，遗址区保护与民生发展的现实关联更为复杂，遗址区村落的异质性、多元性和发展的不确定性的特征越发显著。此外，从成果形式上，在该阶段，西北大学和西安建筑科技大学也有更多硕博士生将自己学位论文的选题聚焦于汉长安城遗址区的民生问题——一些研究分别从"生态博物馆"视角[4]、人地系统视角[5]、社区居民参与视角[6]对遗址保护与民生发展矛盾进行揭示，一些成果则在遗址区文化资源价值[7]、产业布局[8]、产业发展[9]、居民点布局[10]、特区管理体制[11]等方面做了更为系统和深入的研究。以上学位论文的研究也进一步说明遗址区的复杂问题

---

[1] 张立新、杨新军、陈佳等：《大遗址区人地系统脆弱性评价及影响机制——以汉长安城大遗址区为例》，《资源科学》2015 年第 9 期。

[2] 陈幺、赵振斌、张铖等：《遗址保护区乡村居民景观价值感知与态度评价——以汉长安城遗址保护区为例》，《地理研究》2015 年第 10 期。

[3] 赵振斌、褚玉杰、郝亭等：《汉长安城遗址乡村社区意义空间构成》，《地理学报》2015 年第 10 期。

[4] 王晓敏：《"生态博物馆"视角下的汉长安城遗址空间环境保护研究》，博士学位论文，西安建筑科技大学，2016 年。

[5] 张立新：《大遗址区人地系统脆弱性及其影响机制研究》，硕士学位论文，西北大学，2014 年。

[6] 刘晓萌：《不同发展阶段的文化遗产类景区社区居民参与研究》，硕士学位论文，西北大学，2016 年。

[7] 袁梦帆：《大遗址区文化资源价值评估及提升研究》，硕士学位论文，西安建筑科技大学，2017 年。

[8] 赵楠：《大遗址保护区域产业布局研究》，硕士学位论文，西北大学，2018 年。

[9] 吴亚娟、权东计、邹辉：《汉长安城遗址区产业发展模式探究》，《安徽农业科学》2014 年第 8 期；贺钰涵：《汉长安城遗址保护与文化产业集群协同发展研究》，硕士学位论文，西北大学，2017 年。

[10] 马世文：《汉长安城遗址区居民点空间布局规划研究》，硕士学位论文，西北大学，2017 年。

[11] 裴梦斐：《汉长安城国家大遗址保护特区管理体制研究》，硕士学位论文，西北大学，2017 年。

需要进行更为深入的探究。

（四）第四阶段：（2018年至今）遗址区村落面临的新的困难和机遇

2018年，针对总体规划实施中面临诸多困境及其在管理欠缺下的非正规企业、违章建设难以制止，还有外来人口持续涌入等问题，相继展开了环境整治、环境整治回头看、大棚房整治，这些行动在整治遗址环境的同时，也给遗址区村落带来了较大冲击。与此同时，随着全国上下对文化遗产保护和利用工作的日益重视，汉长安城遗址区的展示利用工作也得到有序开展。一些景区开始进行不同探索，这进一步提升了遗址区村落和城市的空间连通和经济社会关联，而遗址区村落在2018年后的分异也进一步明显。

2018年，以周飞对五个不同类型的典型村落的研究为肇始，一些研究者对不同类型村落开展调研，这些依托于调研报告的研究成果，虽然尚缺乏一些理论深度，但信息性和时效性较强，在一定程度上反映了2018年环境整治之后不同类型村落的现状[①]。以上研究也成为该阶段许多研究的基础。

2018年，经历了一些环保政策冲击后，遗址区一些村落一时难以适从，进入了一个新的阵痛期，一些非正规企业和违章建筑被拆除后留下大量的闲置用地。阳洁璐结合汉长安城遗址内闲置用地现状，从类型、主体、时间、空间4个方面解析遗址区内的闲置用地特征；透过微观、中观、宏观3个层级诊断汉长安城遗址区闲置用地的生成原因，并据此结合战术城市主义理论与实践，探索适应性的汉长安城遗址区闲置用地活化利用策略[②]。刘文辉更在其学位论文中，对汉长安城遗址区村

[①] 刘婧荣、陈稳亮：《基于社会冲突理论下的遗产社区发展模式探究——以汉长安城内讲武殿社区为例》，《城市建筑》2019年第16期；唐丽娟：《在地文化视角下汉长安城扬善村优化策略研究》，《城市建筑》2020年第5期；刘文辉、陈稳亮：《社区抗逆力视野下的遗产社区保护研究》，《城市建筑》2019年第14期；辛士午、颜鲁祥：《基于汉长安城遗址现代村落空间耦合的发展研究——以阁老门村为例》，中国城市规划年会论文，重庆，2019年10月；季佳慧：《汉长安城遗址区阁老门村保护与发展协同策略研究》，硕士学位论文，长安大学，2019年。

[②] 阳洁璐、陈稳亮、姚岚：《基于战术城市主义理论的汉长安城遗址区闲置用地研究》，《现代城市研究》2022年第9期。

落闲置空间活化利用进行了系统研究[①]。左文妍在利益博弈视角下也对汉长安城遗址闲置用地进行了关注[②]。

该阶段，未央宫遗址区进入旅游开发阶段。2021年2月，西安市将汉长安城未央宫遗址公园的建设运营交由曲江新区管委会负责。与此同时，遗址区也进行了一些主题性汉文化景点旅游开发的尝试。景区开发与村落的关联问题在该时段也受到一些学者的关注。随着世界遗产地未央宫遗址公园渐渐从环境整治阶段进入遗址展示和遗址旅游阶段，学者们对于该景区的关注也越发明显。杨建宇对汉长安城国家考古遗址公园景观修复与再生策略研究[③]，陈丽娟对汉长安城未央宫考古遗址公园使用状况调查与功能研究[④]，均提及了未央宫遗址公园现时对遗址区村落惠及有限，对居民就业带动不足的现象。而针对遗址区其他一些不同规模的景区和村落的关联性研究，一些靠近景区的村落成为焦点。季佳慧、辛士午对汉城湖景区周边的阁老门村进行研究[⑤]，金晨对汉长安城遗址区东部四个村落可持续发展进行研究[⑥]。这些研究均揭示了村落与汉城湖景区连通性不强的窘况。此外，辛士午、刘婧荣等对于宣平里景区和楼阁台村、未央宫遗址公园和讲武殿村关联的关注[⑦]，刘想想在研

[①] 刘文辉：《汉长安城遗址区村落闲置空间活化利用研究》，硕士学位论文，长安大学，2021年。

[②] 左文妍、陈稳亮：《利益博弈视角下的汉长安城遗址闲置用地研究》，《山西建筑》2022年第15期。

[③] 杨建宇：《汉长安城国家考古遗址公园景观修复与再生策略研究》，《城市建筑》2021年第31期。

[④] 陈丽娟：《汉长安城未央宫考古遗址公园使用状况调查与功能研究》，硕士学位论文，西安建筑科技大学，2020年。

[⑤] 辛士午、颜鲁祥：《基于汉长安城遗址现代村落空间耦合的发展研究——以阁老门村为例》，中国城市规划年会论文，重庆，2019年10月；季佳慧：《汉长安城遗址区阁老门村保护与发展协同策略研究》，硕士学位论文，长安大学，2019年。

[⑥] 金晨：《景观生态学视角下汉长安城遗址区村落的可持续发展研究——以东部四村落为例》，《建筑与文化》2022年第2期。

[⑦] 辛士午：《汉长安城遗址区聚落空间治理研究》，硕士学位论文，长安大学，2021年；刘婧荣、陈稳亮：《基于社会冲突理论下的遗产社区发展模式探究——以汉长安城内讲武殿社区为例》，《城市建筑》2019年第16期。

究玉丰村时提及"村庄创造性开发玉女门商业步行街后期乏力"[①],也均在一定程度上反映出景区自身的开发存在可持续问题,景区开发对于村落的惠及还十分有限。

相比闲置用地问题和"旅游开发与村落关联性不强"这些问题。2018年后,遗址区保护与利用研究中对遗址区文化产业和村落(社区)发展两方面研究也有较多发展。实质上,"产业和社区研究"与"闲置用地问题和旅游开发问题"也存在一定关联,某些策略更是对以上两类问题的破解。

首先,在产业层面,针对闲置用地和景区开发问题,产业突破十分必要。西北大学朱海霞和权东计教授团队继续为汉长安城大遗址产业集群建言献策,代表性成果包括朱海霞的后疫情时代基于特色文化空间构建的大遗址文化产业集群空间规划机制研究[②],焦陇慧对汉长安城遗址文化产业集群的空间规划与布局策略研究[③]。此外,李亚娟通过构建合理、有限度的乡村旅游项目设置来探讨汉长安城遗址保护视角下乡村旅游开发[④]。

其次,在村落和社区发展层面,一些学者为村落发展提出建议。翟斌庆从城市形态学理论视角,探讨了汉长安城遗址区的历史形态演变及其对遗址区村落的保护与再利用启示[⑤];茹彤以六村堡村为例,应用文化空间基因方法提出六村堡村具体的空间设计策略以及遗址村落发展的

[①] 刘想想、陈稳亮:《元治理视域下汉长安城遗址区玉丰村社区治理探究》,《小城镇建设》2021年第10期。

[②] 朱海霞、庄霆坚、权东计等:《后疫情时代基于特色文化空间构建的大遗址文化产业集群空间规划机制研究》,《中国软科学》2020年第S1期。

[③] 焦陇慧:《基于特色文化空间构建的大遗址文化产业集群空间规划布局策略研究》,硕士学位论文,西北大学,2021年;焦陇慧、朱海霞、倪俣婷等:《文化产业集群的空间规划与布局策略研究——以汉长安城遗址区为例》,《资源开发与市场》2020年第3期。

[④] 李亚娟:《汉长安城遗址保护视角下的乡村旅游开发》,《辽宁农业科学》2019年第1期。

[⑤] 翟斌庆、徐博:《汉长安城的历史形态演变与遗址区村落保护》,《中国园林》2019年第6期。

内驱动力的优化策略[①]。应该说这些研究为汉长安城遗址村落文化传承与文化空间的完整化重现提供了较好的思路方法与案例参考。此外，辛士午对于村落保护与发展提出了"物质——历史空间与非物质——生态空间"的协调作为核心的汉长安城遗址现代村落空间耦合的发展模式[②]；李帆提出了按照村落类型（靠近遗址区、协调地带、临近城市）分不同模式进行村落整治改造的策略[③]。刘婧荣、唐丽娟等基于社会冲突理论、在地文化视角分别对讲武殿、扬善等典型村落发展模式与优化策略进行了探索[④]。

这些研究能否落地或是在实施过程中更易操作，仍是常年关注汉长安城民生问题的学者面对的难题。毕竟，汉长安城遗址区民生发展策略在实践过程中因各种不确定因素而多被束之高阁。

需要注意的是，在该阶段，西安市的高校继续对遗址区民生问题进行关注，除了西北大学和西安建筑科技大学对其进行跟踪之外，长安大学依托比邻遗址区的区位优势和常年来对民生问题跟踪，产出了一些不同层次和不同形式的研究成果。

（五）小结

有关汉长安城民生问题研究，呈现出发文量逐年攀升的势头，研究团队和研究的面向也在提升，这在一定程度上说明这个问题值得深入探讨。然而，与多年来理论的繁荣相比，现实中多数见仁见智的策略难于实现。近年来一些长期进行跟踪的研究者试图从遗址区村落本身的属性进行更深层次的认知，"这些村落民生问题复杂、多元且存在空间上的

[①] 茹彤：《汉长安城遗址村落文化空间基因修补与优化研究》，硕士学位论文，西安建筑科技大学，2021年。

[②] 辛士午、颜鲁祥：《基于汉长安城遗址现代村落空间耦合的发展研究——以阁老门村为例》，中国城市规划年会论文，重庆，2019年10月。

[③] 李帆、肖蓉、王晓敏：《西安汉长安城遗址区村落整治改造策略研究》，《城市建筑》2019年第36期。

[④] 刘婧荣、陈稳亮：《基于社会冲突理论下的遗产社区发展模式探究——以汉长安城内讲武殿社区为例》，《城市建筑》2019年第16期；唐丽娟：《在地文化视角下汉长安城扬善村优化策略研究》，《城市建筑》2020年第5期。

异质性和时间上的动态性和不确定性"遗址保护与民生发展存在不同空间、不同时间和经济、社会、文化、生态等不同维度的跨尺度扰动①。也有更多学者注意到遗址区村落系统的社会生态属性②，开始展开遗址区韧性研究的尝试③。

实际上，本课题申请时这些问题已现端倪。因此，从时空观视角探求遗址保护与民生发展协同得以引起学界的关注和资助，而随着课题的展开，作者越发感触到：基于时空观视角及其既定的时空研究方法发现的现象和问题需要用动态、适应、灵活的韧性对策来应对，为此本研究拟基于社会生态理论和韧性视角展开时空观视角下的汉长安城遗址区保护与民生发展系统研究。

第三节 理论基础

一 时空观

（一）时空观概念演进与内涵特征

时空观是哲学的重要论题，是认识论的基础，时间和空间更是人类认识的起点。汉长安城遗址复杂多元的民生问题，如果离开了对其空间、时间情境特征的关联性分析，就难于准确地判定问题的实质、根源和解决办法。

对于时空观，从事社会科学的诸多研究者们更倾向于时空观属性、演进历程、内涵变迁的研究。景天魁认为，第一个建立在近代力学基础上的称得上是"科学的"（或"绝对的"）时空观是牛顿力学的时空观。文艺复兴后伴随钟表等计时仪器、现代地图的出现，使得精确化的测度时间和测量空间成为现实，这也使得"牛顿力学的时空观"因其所描述

---

① 陈稳亮、冀剑雄、宋孟霖：《多尺度视域下的大遗址治理模式研究——基于汉长安城遗址的实证分析》，《城市规划》2021年第4期。
② 冀剑雄、陈稳亮：《大遗址乡村社区的韧性发展研究——以汉长安城遗址区阁老门村为例》，中国城市规划年会论文，重庆，2019年10月。
③ 冀剑雄：《汉长安城遗址周边乡村聚落韧性发展研究》，硕士学位论文，长安大学，2020年；张岩：《社区抗逆力视角下汉长安城遗址农村社区研究》，《城市建筑》2019年第13期。

线性时间、抽象空间更接近人们的日常体验，而被认为是第一个称得上是"科学的"（或"绝对的"）时空观[1]。相比"自然时空观"（包括牛顿的绝对时空观和爱因斯坦的相对时空观），许多学者也注意到了"社会时空观"（马克思社会时空观、列斐弗尔社会时空观）的当代价值与意义[2]。

洪波认为马克思将时空观置于实践唯物主义基础之上，社会时空揭示了时空观的社会历史内涵，勾勒出人活动于其中的整体性世界图景，它表征着人类实践活动的持续性和规模度[3]。郑震认为时空转向已经成为当代西方社会学思想变革的一个标志性特征[4]。辛宇、王升平等学者专门对沃勒斯坦时空观念等进行了研究，并认同其"时间和空间的概念是世界藉以影响和解释社会现实的社会变量，时间和空间作为构成社会对象的内在因素和自己的理论分析的内在变量，是作为认识和研究社会现象的重要手段"的观点[5]。景天魁认为时空社会学作为一门前景无限的新兴学科，既具有对象性研究的特点，也具有方法论功能，其基础性、通用性可广泛渗透到其他各个领域、各个学科。社会时空作为视角和方法，没有哪一个社会科学学科不适用，许多社会科学学科也已经在应用[6]。

（二）时空观在人文社科领域应用

在理论应用上，一方面人文社会科学的学者开始以时空为视角审视前沿与热点问题。例如，蔡定昆基于时空视角研究区域发展、吴娅丹基

---

[1] 景天魁：《时空社会学：一门前景无限的新兴学科》，《人文杂志》2013年第7期。
[2] 任德新、楚永生、陆凯旋：《时空观视角：国家治理体系和治理能力现代化的阐释》，《江苏社会科学》2017年第4期；徐明：《统筹发展和安全的时代阐释——基于马克思主义社会时空观视角》，《人民论坛·学术前沿》2022年第18期；翟媛丽、袁颖：《时空的社会视角及其当代意义》，《北京交通大学学报》（社会科学版）2014年第2期；刘扬：《列斐伏尔空间文化批判理论的再认识》，《文艺理论与批评》2016年第3期。
[3] 洪波：《全球化时代人类命运共同体的时空景观》，《理论导刊》2022年第4期。
[4] 郑震：《时空社会学的基本问题——迈向当代中国社会的研究路径》，《人文杂志》2015年第7期。
[5] 辛宇：《沃勒斯坦理论中的时空观念研究》，博士学位论文，中国社会科学院研究生院，2012年；王升平：《社会科学的发展趋势：分化抑或整合？——评沃勒斯坦等〈开放社会科学—重建社会科学报告书〉》，《社会科学管理与评论》2012年第2期。
[6] 景天魁：《时空社会学：一门前景无限的新兴学科》，《人文杂志》2013年第7期。

于时空思维解读城市更新,均认为这些问题在时空理论及思维原则中更易挖掘潜能和创造力[①]。一些研究者甚至在发展社会学、旅游地理学等学科发展研究中认为时空思维可在"重构学科理论框架[②]、重新认识定位学科的重点与核心、推动学科的集成创新等方面"发挥重要作用[③]。另一方面,一些学者开始对一些热点问题和深层次的社会现象进行剖析,并以时空思维组织对策和建议框架。例如,中国撒拉族的族群身份建构[④]、民族传统社区文化变迁[⑤]、健康老龄化与社会工作服务[⑥]、地下空间规划编制[⑦]、村庄空间规划与治理[⑧]、公园城市研究与建设[⑨]、疫情防控与经济民生[⑩]等论题。

(三) 时空观在自然科学领域的定量应用

相比于社会学者对于时空观概念、内涵的辨析及其以定性为主尝试的实证研究,以地理学研究者为主的自然科学领域的学者们则结合其各自关注的科学问题,运用时空观视角进行了许多定量应用性研究尝试。这些研究包括针对某一指标或现象的"时序变化特征",不同空间单元区域(流域的上中下游)、不同尺度行政单元(省、市、区县、镇街、

---

① 蔡定昆:《人性时空视角下区域发展的哲学探析》,《当代经济》2020年第11期;吴娅丹:《对中国城市更新的困境与挑战的再解读——以时空为视角》,《华中科技大学学报》(社会科学版) 2016年第2期。

② 景天魁、邓万春:《发展社会学的时空视角》,《甘肃行政学院学报》2009年第6期。

③ 陈晓磬:《基于时空视角的旅游地理学内容研究》,《地理与地理信息科学》2011年第1期。

④ 范小青、张世超:《时空视角下中国撒拉族的族群身份建构》,《青海民族大学学报》(社会科学版) 2020年第2期。

⑤ 李文勇、何花、王娜:《时空视角的少数民族传统社区文化变迁研究——以甲居和甘堡藏寨"建房换工"习俗为个案》,《西藏大学学报》(社会科学版) 2017年第4期。

⑥ 马凤芝、陈海萍:《基于时空视角的健康老龄化与社会工作服务》,《社会建设》2020年第1期。

⑦ 蔡庚洋、贺俏毅、姚建华:《时空视角下的地下空间规划编制体系及内容探讨》,《地下空间与工程学报》2017年第5期。

⑧ 王怡鹤、黄玲、高源等:《时空视角下白洋淀村庄空间规划与治理探索——以淀中四村为例》,《城市规划》2020年第10期。

⑨ 刘滨谊:《公园城市研究与建设方法论》,《中国园林》2018年第10期。

⑩ 严新明、童星:《社会时空观视角下的疫情防控与经济民生》,《社会科学研究》2021年第1期。

村社区等等）某一指标的"空间分布变化特征"（王鹏、伍景琼)[1]；探析某一因子或影响因素驱动作用的时空差异，对比不同时间、不同空间单元各影响因素的绩效[2]；梳理和总结某类现象或指标时空分异特征、区域区位特征及其演变趋势[3]。以上研究中，对比分析和关联分析等计量方法成为主要方法和手段。

（四）时空观在本研究中的应用

从整体上而言，本研究较多借鉴自然科学领域的分区研究和时间方面对比研究，在具体分析中也借鉴社会时空观中一些时空思维，时空观在本书中的应用体现于以下几方面：

首先，在发现问题阶段，依托作者常年关注遗址区村落，并掌握不同村落多年来动态数据的基础，从时间视角对村落发展历程分析和典型村落时序变化特征研究；从空间视角进行不同典型村落不同民生状况的横向对比。

其次，在多尺度分析和韧性对策中分别借鉴了社会时空观对象研究中提及的嵌套结构认知和方法论功能中的分层方法。例如，韧性适用性分析提及的大盆和小盆的嵌套，多尺度时间维度分析中提及快慢变量，瞬时机会和长期需求的辩证分析等。

最后，贯穿全文很多思路的组织和对问题分析的逻辑序列均是从时空展开。具体时间层面体现于：研究文献时序划分、村落发展沿革、愿景的推演，在策略研究中提及的渐进性和具体近期和远期的不同部署；具体空间层面体现于：全书中突出了结构、嵌套、分层等遗址区空间特征分析，对现有韧性事件评价中也是从遗址区整体和具体村落分层展开。即便是空间村落分类，也是客观的探求不同时段的分类，以及这些"分类"变化。

---

[1] 王鹏、赵君、闫晓娟等：《动态时空视角下黄河流域城市土地利用效率的集聚演化特征》，《中国地质》2023年第2期；伍景琼、贺海艳、苏娜等：《云南省水果产业空间格局及其物流网络设计》，《经济地理》2019年第5期。

[2] 王兆峰、龙丽羽：《时空视角下的旅游业驱动城镇化机制分析——以张家界为例》，《资源开发与市场》2017年第3期。

[3] 李创新、马耀峰、王永明：《1993—2012年中国入境旅游时空地域格局分异与动态演进——基于全局K-Means谱聚类法的"典型区域"实证研究》，《资源科学》2015年第11期；唐爽、张京祥、李沐寒：《时空视角下都市圈创新活动分布特征与对策——基于南京都市圈的实证分析》，《现代城市研究》2022年第8期。

二 社会生态系统

(一) 社会生态系统的概念

在过去的一个世纪,城市化的发展不断加速,导致人类活动对地球的影响已形成新地层与新生态的程度,使地球进入一个新的时期,即人类世时代。人类世的出现与其说是对人类强大力量的歌颂,不如说是人类在短暂的时间内对地球产生的不可复原的伤害,人类与环境相互交织的复杂作用,使系统规模、速度、和连通性的相互作用变得十分重要,且是不可预测的、不确定的,并可能由此变得更加复杂混乱。由此,持续性、跨学科的反思开始出现,社会生态系统的概念也应运而生。

1998 年,伯克斯(Berkes)等学者开始使用社会生态系统概念,强调人类和自然界应被视为一个整体[1]。社会生态系统由于系统中各类利益相关者、自然生态系统和社会经济生态系统间的相互作用而凸显出复杂性,并在受到外界不可预期的扰动和影响下,具有非线性、不可预测性、多样性、多稳态、自组织性和阈值效应等特征[2]。

2005 年,卡明(Cumming)提出一种社会—生态系统分析框架(图 2-2),他认为社会生态系统受到外部驱动、扰动意外等各种因素的影响,且由社会、生态两个子系统构成,每个系统又包含不同的构成要素,整体的系统结构随着时间和内外扰动因素的影响不断发生变化并作出不同的响应[3]。

---

[1] Jon Lovett, Fikret Berkes and Carl Folke, eds., "Linking Social and Ecological Systems, Management Practices and Social Mechanisms for Building Resilience", *Environment and Development Economics*, Vol. 4, No. 2, December 1999, pp. 240-242.

[2] Brian Walker, Holling C. S., Carpenter S. R., et al., "Resilience, Adaptability and Transformability in Social-Ecological Systems", *Ecology and Society*, Vol 9, No 2, November 2003, pp. 5-12; Beisner B. E., Haydon D. T. and Cuddington K., "Alternatives Table Statesin Ecology", *Frontiers in Ecology and the Environment*, Vol. 1, No. 7, September 2003, pp. 376-382.

[3] Cumming G. S. et al., "An Exploratory Framework for the Empirical Measurement of Resilience", *Ecosystems*, Vol. 8, No. 8, December 2005, pp. 975-987.

第二章　基础理论

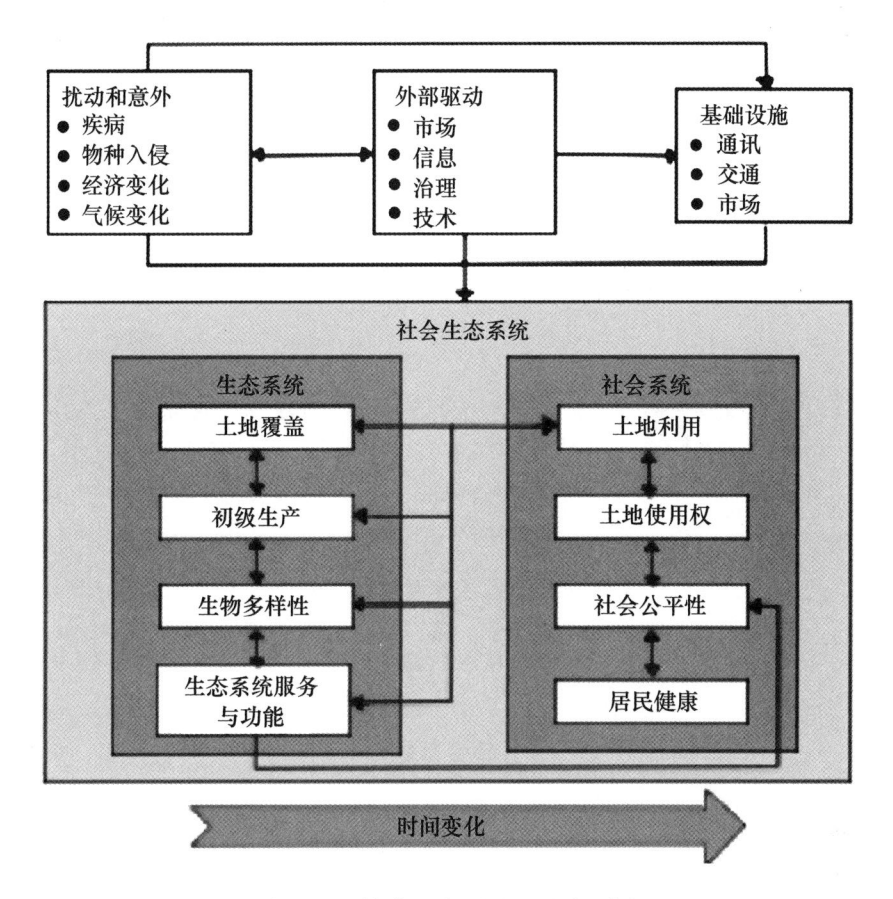

图2-2　社会生态系统组成与要素

来源：Cumming G. S. et al. , "An Exploratory Framework for the Empirical Measurement of Resilience", *Ecosystems*, Vol. 8, No. 8, December 2005, pp. 975 – 987.

随后，奥斯特罗姆（Ostrom）提出了一个多级嵌套框架的更新版本，用于分析社会生态系统中所取得的成果。图2-3概述了该框架，并显示了社会生态系统中四个子系统，资源系统、资源单元、治理系统和使用者以及相关的社会、生态、经济和政治环境之间的作用关系。每个子系统又由多个不同变量组成，如资源系统的规模、资源单元的流动性、治理水平、使用者对资源系统的了解程度等。这些系统以及系统中的变量相互作用、相互影响、相互反馈，最终影响系统的整体作用效应①。

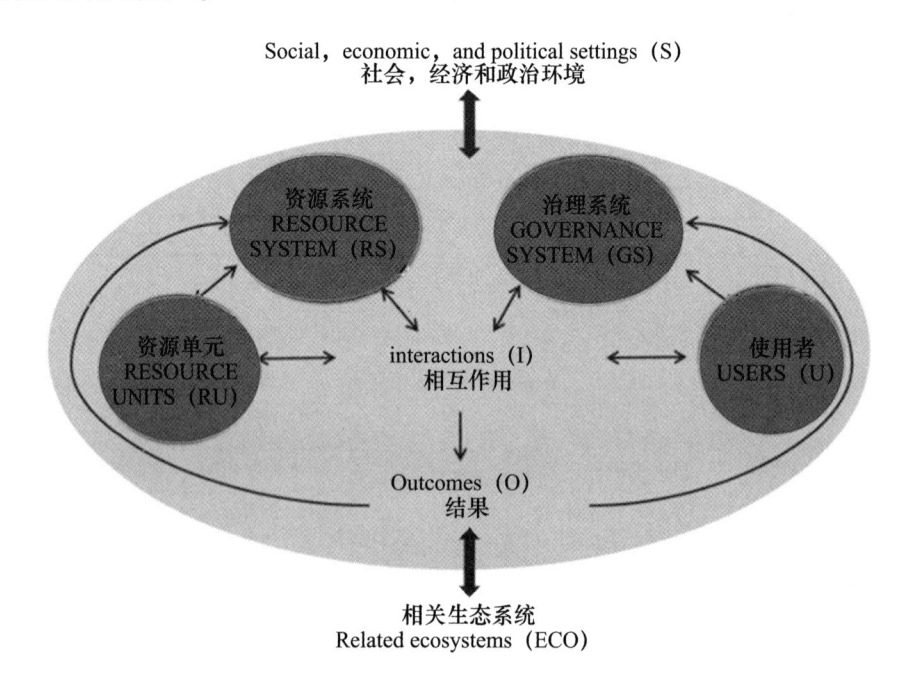

图 2-3 社会生态系统分析框架

来源：Ostrom E., "A General Framework for Analyzing Sustainability of Social-Ecological Systems", *Science*, Vol. 325, No. 5939, July 2009, pp. 419–422.

（二）社会生态系统的内涵与特征

社会系统和生态系统是相互依存、共同进化的两个系统，人类活动影响着生态系统的发展状态与方向，社会系统也深深植根于生态系统中的自然环境。因而，社会生态系统的核心在于把人类与其生存的环境看作一个有机整体，并更加强调系统与系统之间、系统要素之间的整体性和均衡性。因此，复杂的社会生态系统是考量人类与环境间相互作用的重要方式②。社会生态系统一般表现出三种动力学的特性。第一是改变

---

① Ostrom E., "A General Framework for Analyzing Sustainability of Social-Ecological Systems", *Science*, Vol. 325, No. 5939, July 2009, pp. 419–422.
② 赵庆建、温作民：《社会生态系统及其恢复力研究——基于复杂性理论的视角》，《南京林业大学学报》（人文社会科学版）2013 年第 4 期。

第二章 基础理论

内在的潜力——可转换性。当系统无法维持状态时，创造一个全新系统状态的能力。第二是适应性。它被表述为控制内部机制的发展，并决定了一个系统在完全屈服于外部变量影响前能控制其自身命运的程度，主要是管理系统中个人和群体的功能且与他们的学习能力有关。第三是韧性（弹性）。即它们在意外或不可预测的冲击下的脆弱性[1]。韧性和适应性是与一个特定系统或一组相关密切的系统动态有关，而可转换性指的是从根本上改变系统的性质，这三种属性影响着系统的未来发展方向。

需要注意的是，作为一个复杂系统，一些学者注意到了社会生态系统复杂动态层级结构的特征。微观、中间、外层、宏观系统的影响类似于"蛋白质—细胞—组织—器官—动物体"水平层级[2]。不论是社会心理学者还是生态系统理论代表性人物，从微观、中观、宏观等多个层次出发。例如，付立华提及的微观系统（影响个人生理、心理和社会角色的各种因素）、中观系统（对个人有影响的家庭、单位和其他社会群体）和宏观系统（比家庭等小群体更大的社会系统）之分[3]。社会生态系统复杂性在于系统各层级之间的互动性，表现在两个或更多组成成分是连在一起且很难分离又相互影响。例如，一个大的湿地系统中包含着不同浑浊程度的湖泊，随着外界扰动的不断干预，清澈的湖泊可能萎缩，而浑浊的湖泊可能从小变大，变得更宽更深，甚至可能出现新的更浑浊的湖泊[4]。由此可见，社会生态系统存在复杂动态层级结构，以及可视作含有包含关系的系统与子系统的嵌套特征。

（三）社会生态系统的相关理论模型

社会生态系统由不同的组成要素、不同的尺度，构成了交错复

---

[1] Brian W., Lance G. and Ann K., et al., "A Handful of Heuristics and Some Propositions for Understanding Resilience in Social-Ecological Systems", *Ecology and Society*, Vol. 11, No. 1, June 2006, pp. 13–27.

[2] Pennisi, E., "Tracing Life's Circuitry", *Science*, Vol. 302, No. 5651, December 2003, pp. 1646–1649.

[3] 付立华：《社会生态系统理论视角下的社区矫正与和谐社区建设》，《中国人口·资源与环境》2009年第4期。

[4] Scheffer M. and Carpenter S. R., "Catastrophic Regime Shifts in Ecosystems: Linking Theory to Observation", *Trends in Ecology & Evolution*, Vol 18, No 12, June 2003, pp. 648–656.

杂的网状结构，动态发展的特征使其更加难以确定具体的行进轨迹。因此，霍林（Holling，1986）进一步提出适应性发展更新周期和扰沌的概念，这两个概念旨在关注社会生态系统在动态变化过程中的持续性。

1. 适应性循环（Adaptive Cycle）模型。

2002年，冈德森（Gunderson）和霍林（Holling）引入适应性循环（Adaptive Cycle）模型（图2-4）以阐释系统在外部干扰下的动态演化过程[①]。

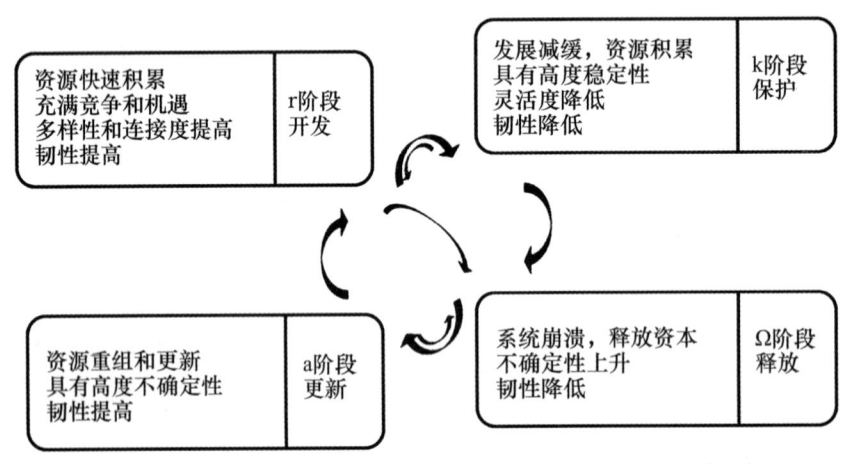

适应性循环是对社会生态系统动态机制的描述和分析，经过开发(r)、保护(k)、释放(Ω)和更新(a)4个阶段，构成一个适应性循环，由于扰动的复杂性与不确定性，韧性随系统的运行不断发生变化。

图2-4 适应性循环模型

来源：该图引自 Gunderson L. H., Holling C. S., *Panarchy, Understanding Transformations in Human and Natural Systems*, Washington, DC: Island Press, 2002.

适应性循环模型将系统结构和功能方面的变化视作由指数变化期（开发或r阶段）、增长停滞期和僵化期（保守或K阶段）、调整和崩溃期（释放或Ω阶段）以及重组和更新期（α阶段）四个发展阶段构成。

[①] Gunderson L. H., Holling C. S., *Panarchy, Understanding Transformations in Human and Natural Systems*, Washington, DC: Island Press, 2002.

四个阶段，形成一个连续的迭代回环过程。其中 r 阶段表示系统开始运转时，要素量及复杂性不断增长；k 阶段系统内部趋于稳定；Ω 阶段表示在某种干扰下，系统发生突然变化，内部组织性丧失，进入杂乱无序状态，但其多样性更为丰富，增加了重组和再生的可能性；韧性在 α 阶段得到良好地体现，在干扰或扰动发生后，重新组织或更新，可能重复上一循环，也可能进入新的不同循环。

其中，从 r 阶段到 k 阶段过渡需要一定的时间，在该过程中系统变化速度较慢、系统运行方向相对可预测。然而，从 Ω 阶段转变到 α 阶段通常表现为短期的混沌变化和高度的不确定性。循序渐进的慢速变化之后是一系列由扰动触发的快速变化，扰动是发展的一部分，慢速过渡时期和快速变化时期并存，四个发展阶段是相辅相成[①]。

2. 扰沌模型。

为体现系统动态变化、转型适应的特性，也避免将适应性循环当作封闭的递进回路，冈德森和霍林进一步提出了多尺度嵌套的适应性循环模型亦即扰沌模型（Panarchy Model）[②]（图2-5）。

有别于层级结构，扰沌模型描绘的是适应性循环的一个连续过程，强调在时间和空间的层次结构中社会生态系统主体及环境和不同尺度间相互作用的连续性循环，该模型为监测社会生态系统内部以及不同尺度间联结和动态变化提供的一种综合方法。

扰沌模型强调系统的运行阶段不一定固定或是连续，也并非由单一的自循环左右，而是由一系列彼此嵌套的适应性循环相互作用和运作所影响。实际上，不同尺度运行的速度各有不同，一般而言尺度等级高的

[①] Olsson P., Gunderson L. H., Carpenter S., Ryan P., Lebel L., Folke C. and Holling C. S., "Shooting the Rapids: Navigating Transitions to Adaptive Governance of Social-ecological Systems", *Ecology and Society*, Vol. 11, No. 1, January 2006, p. 18; Simmie J. and Martin R., "The Economic Resilience of Regions: Towards an Evolutionary Approach", *Cambridge Journal of the Regions, Economy and Society*, Vol. 3, No. 1, June 2010, pp. 27–43.

[②] Holling C. S. and Gunderson L. H., Resilience and Adaptive Cycles, Gunderson L. H., Holling C., eds., *Panarchy: Understanding Transformations in Human and Natural Systems*, Washington, DC: Island Press, 2002.

扰沌模型区别于层级结构，描述系统层级之间存在嵌套的适应性循环复杂适应性进化、跨尺度过程的联结模式，反映了系统适应性循环的嵌套性。

图 2-5 扰沌模型

来源：Holling C. S. and Gunderson L. H., Resilience and Adaptive Cycles, Gunderson L. H., Holling C., eds., *Panarchy*: *Understanding Transformations in Human and Natural Systems*, Washington, DC: Island Press, 2002, pp. 25–62.

运行周期长、速度慢，尺度等级低的运行周期短、速度更快，因而大周期更易受小周期循环的影响。由此可见，自上向下多尺度嵌套，缓慢的变量控制快速变量，自下向上的多尺度嵌套，则相反。在现实中，许多系统突变均由快、慢变量的相互作用所致。在干扰或冲突发生后，可能出现不同尺度适应性循环的级联，以实现系统韧性的恢复或更新[1]。

扰沌表述正是系统在不同尺度大小的适应性循环、不同时间以及不同速度下的相互作用与运作。正因为跨尺度相互作用的存在，系统可在系统间链接变化，或者可在系统内自我适应，高效灵活地实现变革与更新，进而维系系统在抵抗干扰与压力的韧性能力。正如霍林（Holling）提到的：扰沌通过快速变化、记忆、干扰以及其跨尺度之间的相互作用

---

[1] Holling C. S., "Understanding the Complexity of Economic, Ecological, and Social Systems", *Ecosystems*, Vol. 4, No. 5, August 2001, pp. 390–405; Gunderson L., "Comparing Ecological and Human Community Resilience", (Autumn 2009), www.resilient US. org.

维持动态平衡，使系统既具有创造性又具有保守性，在具有发展性的同时更具有持续性[①]。由此可见，对扰动因素时空上拓展性和延续性，不同适应性循环之间的连续作用可能会使系统韧性发生变化，正确处理与扰动因素的交互作用对于系统韧性尤为重要。

（四）社会生态系统及其相关模型在本书中的应用

第一，在研究对象分析中，对汉长安城遗址区社会生态系统属性的认知。具体表现为将汉长安城遗址区视作一个社会生态系统，其中每个村落被视作一个子系统。结合具体情境，整个遗址区系统和这些村落子系统均可被作为焦点，两者间不仅存在嵌套、包含的关联，还存在层级之间的互动。

第二，在理论推演部分，本书的重要分析工具——多尺度分析及其理论模板——实质上也是针对和解决的恢复力联盟研究者们"通过扰沌模型而揭示的不同尺度、不同要素跨层级扰动现象"，这既包括在不同层级间，也体现于不同的快慢变量之间。在社会生态系统框架下，这些模型实质上构成多尺度分析理论来源和重要的原始模型。

第三，作为本书最为重要的理论工具——韧性理论的理论前提也是基于社会生态系统进行引介和演绎的。其中本研究应用最多的"韧性属性特征"的选择、分析、应用均是在社会生态系统的前提下展开的；而整体和局部、遗址区系统和村落子系统这些常用的分析框架及其韧性对策研究也均是在"以社会生态系统为研究对象的认知下"展开的。

三 韧性

（一）韧性概念与演进

韧性一词最早起源于拉丁语"Resilio"，又称恢复力、弹性，原意为恢复到原始的状态。随着韧性的重要性愈加凸显，不少学者将韧性引

[①] Holling C. S., "Understanding the Complexity of Economic, Ecological, and Social Systems", *Ecosystems*, Vol. 4, No. 5, August 2001, pp. 390 - 405.

入到不同的学科领域，并赋予了不同的概念定义。在经济学中，韧性成为计量一个变量对另一个变量变化敏感度的数值[1]；在生态学中，韧性用于描述"一个系统遭受意外干扰并经历变化后依旧基本保持其原有功能、结构及反馈的能力"[2]；在材料力学中，韧性指抵抗物质和结构的疲劳，没有过度变形的能力[3]。

需要注意的是，韧性（Resilience）作为物理学名词，20世纪70年代在生态学领域被抽象化。1973年加拿大理论生态学家霍林（Holling）提出生态韧性的概念，其核心理念是生态系统在遭受不同类型冲击时尽力维系其原有稳定状态[4]。20世纪90年代以来，韧性逐渐由自然学科延伸至人文社会学科，生态韧性和社会韧性存在相互关联也逐步被明确[5]。作为人类社会经济系统与自然生态系统的整合，社会—生态系统复合框架以一种跨学科的概念体系理解社会与环境的交互作用过程[6]。韧性视角也越来越频繁地被用作理解社会生态系统动态的一种方法，并主要强调非线性动态、不确定性、讶异、渐进变化时期如何与快速变化时期间的相互作用，更进一步强调的是这种动态如何在时间和空间尺度上相互作用[7]。

综上，韧性研究逐渐从自然生态学延伸至人类生态学，大致经历了工程韧性、生态韧性、社会生态韧性（演进韧性）等不同阶段，研究

---

[1] 胡代光、高鸿业：《西方经济学大辞典》，经济科学出版社2000年版。

[2] Brian Walker、David Salt：《弹性思维：不断变化的世界中社会—生态系统的可持续性》，彭少麟、陈宝明、赵琼等译，高等教育出版社2010年版。

[3] M. Carmona、T. Heath, Taner O. C.：《城市设计的维度》，冯江等译，江苏科学技术出版社2005年版。

[4] Holling C. S., "Resilience and Stability of Ecological Systems", *Annual Review of Ecology and Systematics*, Vol. 4, No. 4, November 1973, pp. 1–23.

[5] Adger W. N., "Social and Ecological Resilience: Are they related?", *Progress in Human Geography*, Vol. 4, No. 5, September 2000, pp. 347–364.

[6] Ostrom E., "A General Framework for Analyzing Sustainability of Social-Ecological Systems", *Science*, Vol. 325, No. 5939, July 2009, pp. 419–422; Binder C. R., Hinkel J. and Bots P. W. G., et al., "Comparison of Frameworks for Analyzing Social-Ecological Systems", *Ecology and Society*, Vol 18, No 4, December 2013, p. 26.

[7] Folke C., "Resilience: The Emergence of A Perspective for Social-Ecological Systems Analyses", *Global Environmental Change*, Vol. 16, No. 3, June 2006, pp. 253–267.

视角也扩展到技术韧性、社会韧性、经济韧性等多个维度[1]。韧性概念的每一次修正与演进均丰富了本身含义，进行了延展与提升，标志着不同学术领域对韧性理论的深入认知。

1. 工程韧性。

韧性的相关定义最早来源于工程韧性，其概念较为接近物理学中弹性的定义，被视为恢复原始状态的能力。1973 年，霍林把工程韧性的概念定义为在施加扰动（Disturbance）之后，一个系统恢复到平衡或者稳定状态的能力。1998 年，伯克斯（Berkes）和福克（Folke）认为工程韧性是在既定的平衡状态下周围的稳定性，因而可以通过系统对扰动的抵抗能力和系统恢复到平衡状态的速度来衡量工程韧性[2]。21 世纪后，学者们对工程韧性的概念达成了共识，并将其定义为系统在遭遇危机后能够成功恢复到初始平衡状态，或者在扰动下维持自身的稳定[3]。工程韧性集中于接近稳定状态的条件，即在小扰动后进行瞬时回报率测量。但工程韧性既不能帮助评估系统对大扰动的响应，也不能帮助评估系统稳定性环境的逐渐变化可能导致系统从一个稳定域移动到另一个稳定域的情况[4]。因此，需要跳脱出工程韧性单一稳定状态的概念框架，寻求系统在受到扰动后通过自身调整也能达到另一种稳态的含义。

2. 生态韧性。

不同于工程韧性注重单一的均衡机制，生态韧性强调系统是具有多

---

[1] 李彤玥：《韧性城市研究新进展》，《国际城市规划》2017 年第 5 期。

[2] Berkes F. and Folke C., *Linking Social and Ecological Systems for Resilience and Sustainability*, *Linking Social and Ecological Systems: Management Practices and Social Mechanisms for Building Resilience*, Cambridge: Cambridge University Press, 1998, pp. 311–339.

[3] Pendall R., Foster K. A. and Cowell M., "Resilience and Regions: Building Understanding of the Metaphor, Cambridge Journal of Regions", *Economy and Society*, Vol. 3, No. 1, March 2009, pp. 71–84; Fingleton B., Garretsen H. and Martin R., "Recessionary Shocks and Regional Employment: Evidence on the Resilience of UK Regions", *Journal of Regional Science*, Vol. 52, No. 1, February 2012, pp. 109–133.

[4] Peterson G., Allen C. R. and Holling C. S., "Ecological Resilience, Biodiversity and Scale", *Ecosystems*, Vol. 1, No. 1, January 1998, pp. 6–18.

种平衡状态的自组织复杂体。20世纪80—90年代，工程韧性一直是韧性的主流观点，但随着学界对韧性研究的深入，显现出了工程韧性单一且僵化的缺点。霍林修正了之前关于韧性的概念界定，认为韧性应当包含系统在改变自身的结构之前能够吸收的扰动量级[1]。在《工程韧性与生态韧性》(Engineering Resilience Versus Ecological Resilience) 一书中，他进一步辨析了"生态韧性"与传统"工程韧性"概念的差别之处，并认为这两者概念的不同之处是在于对"稳定性"和"平衡"概念的不同理解[2]。工程韧性关注单一的终极平衡状态，用系统恢复至平衡状态的速度这一指标进行测度，生态韧性则关注系统的进化和发展，用"系统在向另一个体制（Regime）转换之前能够承受的扰动量级"这一指标进行测度[3]。

3. 社会生态韧性。

相较于以上两个概念，社会生态系统视角下的韧性本质源于冈德森（Gunderson）和霍林（Holling）提出的全新的系统认知理念为适应性循环理论（Adaptive Cycle）[4]。他们认为系统并不处于一个稳定的均衡状态，需要不断地发展演化、调整自身结构适应外部的环境改变。韧性概念的演进实现了自然生态系统到人类社会系统的延展，它开始被用来解释社会—生态系统的交互性、面临的外部变化的复杂性及其适应能力[5]。因此，演进韧性着重关注系统动态演化过程中的知识网络结构和制度安排变化是否能提高或降低系统应对潜在风险的能力，实现复杂的

---

[1] Holling C. S., *Engineering Resilience Versus Ecological Resilience*, *Engineering Within Ecological Constraints*, National Academies Press, 1996.

[2] Holling C. S., *Engineering Resilience versus Ecological Resilience*, *Engineering Within Ecological Constraints*, National Academies Press, 1996.

[3] Holling C. S., "Resilience and Stability of Ecological Systems", *Annual Review of Ecology and Systematics*, Vol. 4, No. 4, November 1973, pp. 1–23.

[4] Gunderson L. H., Holling C. S., *Panarchy, Understanding Transformations in Human and Natural Systems*, Washington, DC: Island Press, 2002.

[5] Janssen M. A. and Ostrom E., "Resilience Vulnerability, and Adaptation: A Cross-Cutting Theme of International Human Dimensions Programme On Global Environmental Change", *Global Environamental Change*, Vol. 16, No. 3, August 2006, pp. 237–239.

社会—生态系统与外界环境共同进化且"弹向更好状态",并强调系统持续不断的适应力、学习力和转型力①。

4. 其他相关韧性。

社会生态系统韧性这个概念显著提升了韧性的应用范围,随之结合研究对象和区域出现了我们较为常见的社区韧性、生计韧性、乡村韧性、城市韧性等概念。与此同时,作为从多尺度的时空动态视角切入社会生态韧性的理论,空间韧性以韧性子集的角色在近年来也受到较多关注②。

2011年卡明(Cumming)正式提出了空间韧性的概念,将其界定为系统内外相关变量的空间变化在多时空尺度上对系统韧性的影响(也被系统韧性所影响)③。空间韧性关注到更广泛的空间尺度上(即超出单个焦点系统)抵抗干扰和规避阈值的动态能力④,空间韧性视角下社会生态系统从一个独立循环过程延展到了时空交错、系统互补的多维空间。该视角较好地契合了需要关注多个尺度因素影响的遗址区村落的韧性研究。在空间韧性的语境下,与韧性理论联系紧密的多尺度分析和适应性治理等一系列应对"跨尺度作用"的理论与方法也被社会生态系统韧性的研究者们所重视。

(二)韧性理论阐释

在韧性理论的演进过程中,学者们也时常利用一些形象的模型来解释韧性概念、内涵及其属性特征,其中球杯模型和盆地模型成为经典。

1. 球杯模型。

学者们常用"球杯"模型来描述韧性概念,以及不同类型系统韧

---

① 唐任伍、郭文娟:《乡村振兴演进韧性及其内在治理逻辑》,《改革》2018年第8期。
② 刘焱序、傅伯杰、王帅等:《空间恢复力理论支持下的人地系统动态研究进展》,《地理学报》2020年第5期。
③ Cumming G. S., *Spatial Resilience in Social-Ecological Systems*, Springer, 2011, pp. 205–231.
④ Nyström M. and Folke C., "Spatial Resilience of Coral Reefs", *Ecosystems*, Vol. 4, No. 5, August 2001, pp. 406–417.

性的区别①。另外，引力域的范围及状态也是不断变化的，也体现了社会—生态系统多稳态、不确定的特征。

"球杯"模型内涵为（图2-6），"球"代表系统位置或状态，"杯"代表生态系统"引力域"，即稳态范围；箭头则是系统所经受的干扰。多数情况下，当干扰控制在一定强度或其力量不够强大时，"球"往往会在杯中滑动，或滑到"杯"的边缘又滑下去；然而当在内外部干扰超越了系统的阈值，系统移向新的引力域；进而渐渐进入另一种稳态。

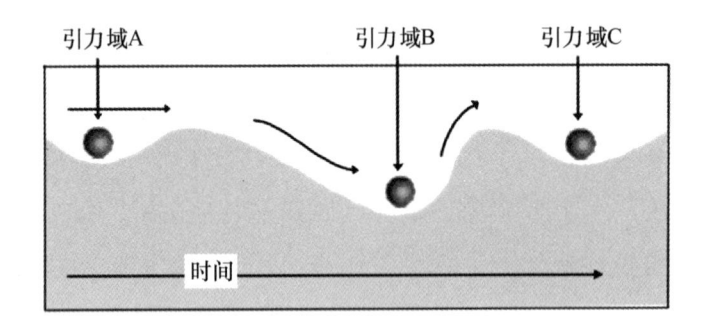

图2-6　"球杯"模型

来源：该图引自Gunderson L. H., "Ecological Resilience-in Theory and Application", *Annual Review of Ecology and Systematics*, Vol. 31, No. 0, January 2000, pp. 425 – 439.

由此可见，引力域的范围及状态也是不断变化的，这也在一定程度上说明了社会—生态系统多稳态、不确定的特征。

2. 盆地模型。

沃克（Walker）和索尔特（Salt）用盆地模型描述了韧性的属性特征（图2-7）②。该模型中球仍然表征社会生态系统的状态，盆体则可被视作由一组具有相同结构、功能与反馈方式的状态组成，虚线代表阈

---

① Gunderson L. H., "Ecological Resilience-in Theory and Application", *Annual Review of Ecology and Systematics*, Vol. 31, No. 0, January 2000, pp. 425 – 439.

② Brian Walker and David Salt, *Resilience Thinking: sustaining ecosystems and people in a change world*, Washington DC: Island Press, 2006.

值。相比球杯模型，盆地模型认为系统永远不会处于平衡态。原因在于从系统的角度而言，球在盆体里持续运动，并趋向于平衡状态，代表一组状态的盆体也会受外界环境变化的影响而处于波动状态，如此处在盆体里的球自然随盆体波动而处于不断变化中。在该模型中，只要球在盆中运动，不论盆体如何变化抑或系统经受多大扰动，其都具有韧性。

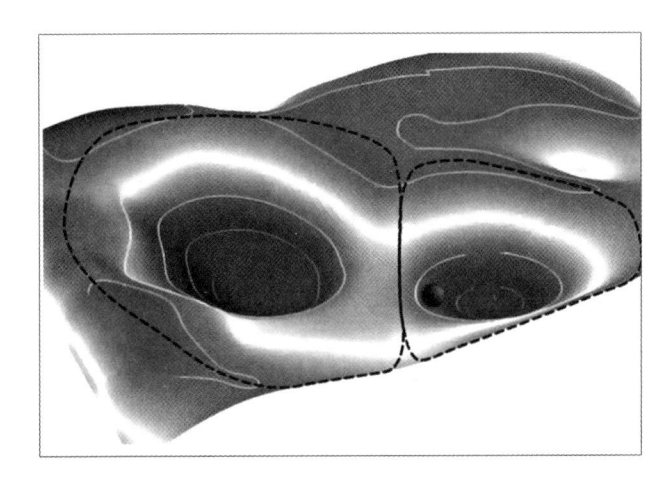

图 2-7 "盆地"模型

来源：该图引自 Brian Walker and David Salt, *Resilience Thinking*: *sustaining ecosystems and people in a change world*, Washington DC: Island Press, 2006.

韧性表征着系统状态改变的难易程度；当球由于内外部扰动，越过虚线（阈值）进入相邻盆体中，则代表着"原有韧性受到'破坏'，系统结构、功能发生了改变，系统进入新状态并具有新的韧性"。需要说明的是，原韧性经受破坏后所产生的新韧性可能是有助于系统向更好的方向发展；同理，新状态也可能加速系统崩溃，使系统死亡。

由此可见，系统可以处在被称之为稳定性景观的状态空间中，这个空间包括不同系统所占据的各种盆地以及盆地间的分界线（阈值）。系统可以处在多个稳态（各种盆地），而系统状态管理者的目标使系统维持于其所需的盆地而非使其进入不需要的盆地。

(三) 韧性的应用与评价

由于我们现在经常要面临一些复杂、多元、不确定的问题，因此借助韧性理论实现系统可持续发展目标成为学界热点。韧性理论的实践应用过程，对于系统韧性的评价是系统分析及其可持续对策研究的关键环节。国内外对于韧性评价主要划分为两大类：

一是定性研究的方式。以韧性的属性为出发点，探讨韧性城市应该具有的特征。其中，学者依据不同研究对象及其时空认知，对韧性属性有着相同、相似和有特色的定义和总结（表2-4）。

表2-4　　　　　　　　　韧性系统属性特征

作者	年份	题名	特征
Wildavsky	1988	Searching for safety	动态平衡特征（homeostasis）、兼容特征（omnivory）、高效率的流动特征（high fux）、扁平特征（flatness）、缓冲特征（buffering）、冗余度（redundancy）
Resilience Alliance	2002	Urban Resilience Research Prospectus	①系统能够承受——系列改变并且仍然保持功能和结构的控制力；②系统有能力进行自组织；③系统具有能够建立和促进学习自适应的能力
Folke	2006	Resilience: The emergence of a perspective for social-ecological systems analyses	一个以多样性、变化潜力、冗余度和连通性（反馈、灵活性）为特征的系统通常具有更好的适应能力
Krasny M. E. Tidball K. G.	2009	Applying a resilience systems framework to urban environmental education	多样性、自组织、适应性学习、生态变异性、生态系统服务、社会资本、创新性、治理重叠、紧密反馈
Walker B. Salt D.	2012	Resilience practice: building capacity to absorb disturbance and maintain function	多样性、生态变异性、模块化、承认缓慢的变化、紧密的反馈、社会资本、创新性、冗余度、生态系统服务

续表

作者	年份	题名	特征
Arup	2014	City Resilience Framework	反思性、鲁棒性、冗余性、灵活性、资源丰富性、包容性、整体性
D. G. Nemeth, T. W. Olivier	2017	Innovative approaches to individual and community resilience: From theory to practice	在整个文献中，一个共同的发现是，韧性系统具有高水平的多样性（许多不同的执行者或结构执行不同的功能）和冗余（不同的执行者或结构执行类似的功能）。多样性和冗余的结合限制了扰动的影响，并为快速恢复或更新提供了基础。冗余可以通过模块化来实现，其中可能有几个子系统执行类似的功能，因此如果一个损坏，其他子系统可以继续提供关键功能。韧性系统与其他系统相连：在参与者和子系统之间存在一个复杂的连接网络，通常会增强系统的韧性。然而，如果这些连接导致系统的一部分过于依赖另一部分，韧性就会降低。最后，韧性系统考虑本地知识，鼓励学习，并具有灵活的治理结构，允许快速适应新的条件。任何系统的长期韧性和可持续性的关键是考虑与系统交互的系统

来源：根据文献 Folke C., "Resilience: The Emergence of A Perspective for Social-Ecological Systems Analyses", *Global Environmental Change*, Vol. 16, No. 3, June 2006, pp. 253 – 267; Aaron Wildavsky, "Searching for Safety", *Journal of Risk and Insurance*, Vol. 57, No. 3, July 1988, p. 564; Urban Resilience Research Prospectus, Report of the Alliance Resilience, February 24, 2007; Krasny M. E. and Tidball K. G., "Applying a Resilience Systems Framework to Urban Environmental Education", *Environmental Education Research*, Vol. 15, No. 4, June 2009, pp. 465 – 482; Walker B. and Salt D., *Resilience Practice: Building Capacity to Absorb Disturbance and Maintain Function*, Washington DC: Island press, 2012; City resilience framework, Report of the Rockefeller Foundation and ARUP, April 16, 2014; City Resilience Framework, Report of the Arup, London ARUP Document, January 1, 2014; Nemeth D. G. and Olivier T. W., *Innovative Approaches to Individual and Community Resilience: from Theory to Practice*, Academic Press, 2017. 整理，列表。

二是定量研究的方法。以此方法构建韧性评估框架，探索城市韧性水平。这其中多数学者试图通过构建或运用数学模型来定量评测系统的韧性能力大小。例如，卡特（Cutter）等在梳理适应性、脆弱性和韧性的概念以及三者之间的联系的前提下，进一步提出了关于地方抗灾模型（DROP）的新框架，其中包括社会、生态、经济、制度、基础设施和社区能力6方面的29个指标，旨在改善地方或社区层面对抗灾能力的比较评估[1]。基于PDCA Cycle的通用模型，即Plan（计划）—Do（执行）—Check（检查）—Action（行动）的内容，吴浩田运用该模型并以合肥市市政基础设施来实现韧性的治理[2]。2010年，韧性联盟制定的《社会生态系统韧性评价：从业者手册》2.0版本中提出了RATA评估框架，并详细阐述了该框架中系统构建、系统动力分析、探索系统与更高层级或者更低层级的互动、研究系统治理5个步骤。基于此，孟令君进一步以空间实体与社会结构相结合的评价方法来衡量社区的御灾能力，从社会构成、社区空间、管理制度三个方面分析了老旧社区与新建小区的御灾韧性水平[3]。此外，美国国土安全部以提升社区韧性为目的，从灾害消除、灾害准备、灾害应急响应以及灾害恢复4个方面提出了4R评估模型。但李彤玥基于社会—政治—技术、经济、水文三方面，以抗扰性（Robustness）、冗余性（Redundancy）、智慧性（Resourcefulness）、迅速性（Rapidity）"4R"韧性属性特征，从社会—政治—技术、经济、水文三个维度，17个因素指标构建了应对洪水的城市韧性指标体系[4]。但韧性的测度与评定不应当受限于系统目前的资源或发展状态，更应聚焦至微处，例如，影响社会生态系统运行方向的、动态调整的快、慢变量。在探究社会生态系统韧性前，需明确研究主体与对象；在测定社会生态系统韧性时，更需贯彻整体性与系统性原则，将研究对象视为一个整体，而不是简单地看作是不同子系统的数理叠加。

---

[1] Cutter S. L., Barnes L. and Berry M., et al., "A Place-Based Model for Understanding Community Resilience to Natural Disasters", *Global Environmental Change*, Vol. 18, No. 4, October 2008, pp. 598–606.

[2] 吴浩田、翟国方：《韧性城市规划理论与方法及其在我国的应用——以合肥市市政设施韧性提升规划为例》，《上海城市规划》2016年第1期。

[3] 孟令君、运迎霞、任利剑：《基于RATA韧性评价体系的既有社区御灾提升策略——以天津市河东区东兴路既有社区为例》，中国城市规划年会论文，沈阳，2016年9月。

[4] 李彤玥：《韧性城市研究新进展》，《国际城市规划》2017年第5期。

需要说明的是，近年来，也有一些研究将属性和定量两者结合。例如，在韧性指标选择和应用中，即便是在社会、经济、生态、文化这些框架下，也均显现着这些属性特征①。另外，一些研究常常通过韧性的属性特征来组织评估框架和指代性的指标②。通过以上研究实践，我们也可以发现，对于韧性基本属性特征的研究成了韧性评价和应用研究的基础。

（四）韧性及其特征在本书中的应用

首先，将遗址区村落系统作为社会生态系统的理论前提下，韧性理论将进一步"理解汉长安城遗址区这一复杂的社会生态系统"，韧性思想也为理解社会—生态系统提供了一个框架。实际上，韧性思维使"处于动态的遗址区村落系统和处于不同发展阶段的各村落"更容易找到自身可持续发展定位与阶段性目标。如此，本研究拟通过韧性这一"可持续的核心指标"，将遗址区村落系统"可持续这一静态目标"具体化为一个"动态的可持续过程"，进而使得略显抽象和宏大的可持续性在遗址区村落系统也更易得到落实。

其次，通过适应性循环和空间韧性理论揭示遗址区村落系统这一嵌套结构所存在的跨尺度相互作用。而这些模型和理论也是本研究分析工具多尺度分析方法建构的重要基础。

再次，通过对球杯模型和盆地模型等韧性模型演绎和创新来阐释遗址区村落系统结构、时空特征以及遗址区村落系统未来发展的理想状态，形象地对遗址区村落系统韧性进行解析，进而明确遗址区村落系统发展的目标以及本研究所需要完成的核心任务。

最后，通过韧性属性特征视角展开对策研究，将遗址区现有的村落

---

① 冀剑雄：《汉长安城遗址周边乡村聚落韧性发展研究》，硕士学位论文，长安大学，2020年；Schouten M., Heide C. and Heijman W. M., et al., "A Resilience-Based Policy Evaluation Framework: Application to European Rural Development Policies", *Ecological Economics*, Vol. 81, No. 3, September 2012, pp. 165 – 175；邱明丽、刘殿锋、刘耀林：《乡村韧性理论框架与测度体系》，《中国土地科学》2021年第8期。

② 刘志敏：《社会生态视角的城市韧性研究》，博士学位论文，东北师范大学，2019年；王思雨：《基于韧性理论的商洛中心城区生态空间评价及优化研究》，硕士学位论文，长安大学，2021年。

系统和各村落的时空现象结合韧性属性特征进行阐释与解读，有利于缝合"村落系统韧性这一宽泛概念"与遗址区村落系统具体事件的鸿沟，使宏大的韧性管理目标得到具体的分解与落实，也有利于具体对策的系统性、层次性表达，进而提升其可操作性。

四 多尺度分析方法

（一）多尺度的认知

在全球变化背景下，跨界污染、疾病扩散、干旱和洪水灾害等复杂问题常被认为是因人类环境系统中不同尺度的相互作用所致[1]，这也促发了和环境有关的公共政策研究者们对于"多尺度"问题的关注。

与自然科学相比（Gibson and others 2000），在社会科学中，尺度被认为是相当不发达的，而且常常被认为是与自然科学合作混淆的根源（Termeer and others 2010）。吉布森（Gibson）（2000）提出了广泛的尺度和层次定义，这些定义适用于不同的学科。其将尺度定义为用于测量和研究任何现象和水平的空间、时间、定量或分析维度，而"尺度"则是位于规模不同位置的分析单元[2]。其中空间、时间和管理尺度被当作重要的分析维度（Cash，2006）。

对于尺度的研究，在和环境有关的公共政策研究和治理文献中，空间尺度（全球、地区、景观、斑块）、时间尺度（年、季、天）和管辖尺度（国际、国家、省、地方）常常被作为关键的分析维度，而空间尺度往往侧重于管辖范围，被定义为有界和有组织的政治单位，如城市、州和国家，它们之间有宪法和法律联系（Cash and others 2006）。（图2-8）杨（Young）使用相互作用和契合度的概念来探讨尺度。水平相互作用是指在同一层次的社会组织中发生的相互作用，而垂直相互

---

[1] Washington D. C., "Millennium Ecosystem Assessment", *Ecosystems and Human Well-Being-Synthesis Report*, USA: Island Press, 2005, p. 5.

[2] Gibson C. C., Ostrom E. and Ahn T. K., "The Concept of Scale and The Human Dimensions of Global Change: A Survey", *Ecological Economics*, Vol. 32, No. 2, February 2000, pp. 217 – 239.

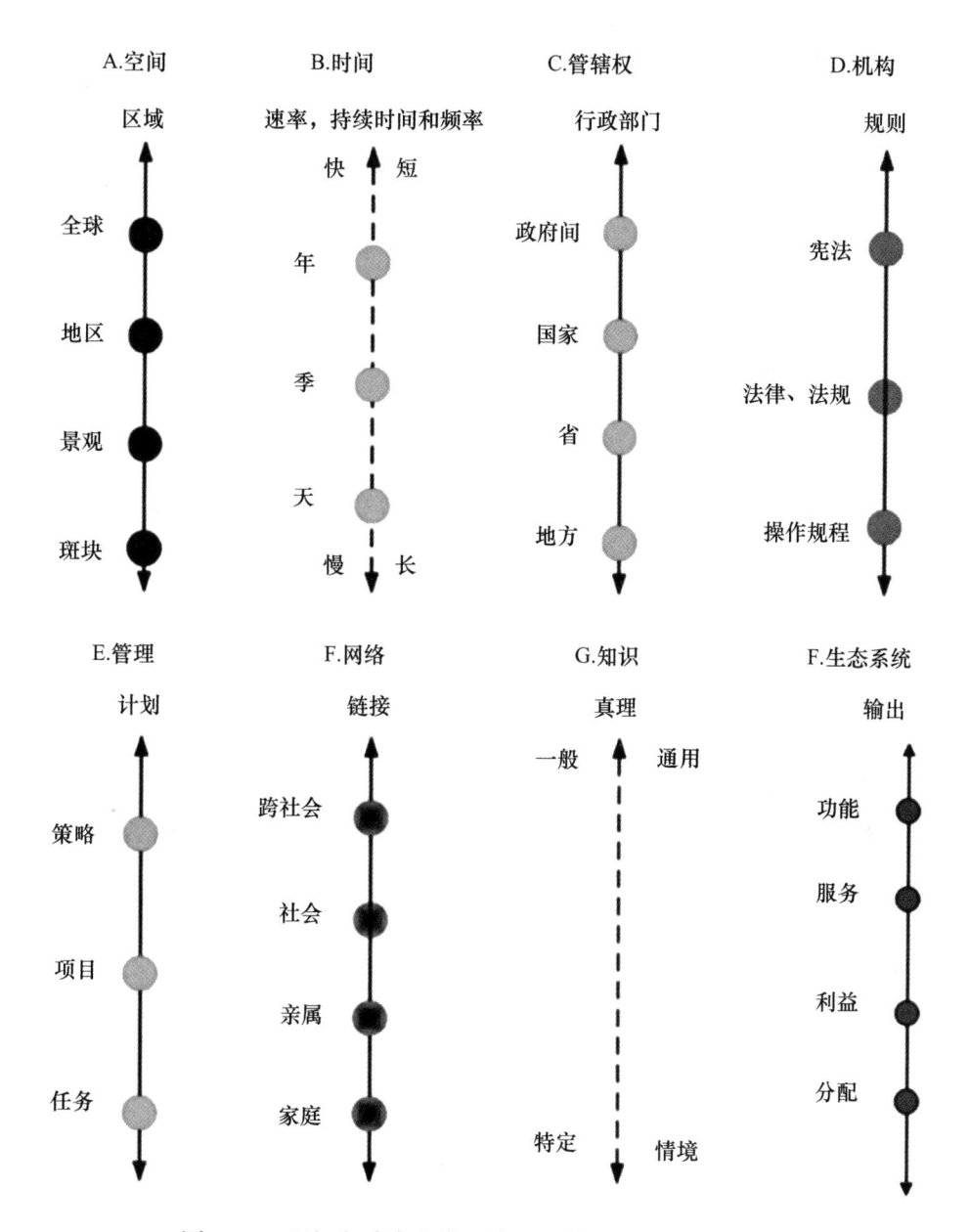

图 2-8 理解和响应人类环境相互作用的关键系统尺度

来源：该图引自 Cash D. W., Adger W. and Berkes F., et al., "Scale and Cross-Scale Dynamics: Governance and Information in a Multilevel World", *Ecology and Society*, Vol. 11, No. 2, January 2006, pp. 1–8.

作用则是社会组织不同层次间相互作用的结果[1]，而一些关于相互作用的研究，探讨了依赖比例相互作用的模式，并探讨了各体系之间的跨尺度相互作用[2]。2009年，奥斯特罗姆从跨学科视角构建社会生态系统分析框架，框架给"资源系统、资源单位、治理系统和资源使用者，及其各自的影响因素或跨时空变量间的交叠互动、紧密嵌套、相互影响、复杂多变的互动形式及其结果"提供了基本分析工具[3]。

相比和环境有关的公共政策研究和治理文献，从韧性视角展开的多尺度研究也发挥了重要作用。霍林（Holling，1973）将韧性引入社会生态系统，认为韧性是可持续的充分条件。来自斯德哥尔摩韧性中心和韧性联盟的学者[4]（如 Berkes 等人，2003；Gunderson 和 Holling 2002）提到社会生态系统跨时空相互作用的复杂性，认为韧性能促进其动态发展，并导致了适应性更新发展循环（自组织）和扰沌（跨时空自组织）概念的提出。应该说，韧性联盟研究在对多尺度研究的贡献主要体现于：强调复杂适应系统跨时空尺度相互作用的动态性和适应性。社会生态系统领域的韧性概念吸收了除抵制扰动的一般能力外，更重要的是包含适应性、学习和自组织的思想，这为跨尺度分析之后的多尺度治理中

---

[1] Young O. R., *The Institutional Dimensions of Environmental Change: Fit, Interplay, and scale*, MIT Press, 2002.

[2] Young O., "Vertical Interplay Among Scale-Dependent Resource Regimes", *Ecology and Society*, Vol. 11, No. 1, June 2006, p. 27; Lebel L., Garden P. and Imamura M., "The Politics of Scale, Position and Place in the Management of Water Resources in the Mekong Region", *Ecology and Society*, Vol. 10, No. 2, December 2005, p. 18.

[3] Ostrom E., "A General Framework for Analyzing Sustainability of Social-Ecological Systems", *Science*, Vol. 325, No. 5939, July 2009, pp. 419–422.

[4] Brian Walker, Holling C. S., Carpenter S. R., et al., "Resilience, Adaptability and Transformability in Social-Ecological Systems", *Ecology and Society*, Vol. 9, No. 2, November 2003, pp. 5–12; Holling C. S. and Gunderson L. H., Resilience and Adaptive Cycles, Gunderson L. H., Holling C., eds., *Panarchy: Understanding Transformations in Human and Natural Systems*, Washington, DC: Island Press, 2002; Folke C., Carpenter S. R. and Walker B., et al., "Resilience Thinking: Integrating Resilience, Adaptability and Transformability", *Ecology and Society*, Vol. 15, No. 4, December 2010, pp. 299–305; Berkes F. and Ross H., "Panarchy and Community Resilience: Sustainability Science and Policy Implications", *Environmental Science and Policy*, Vol. 61, No. 4, April 2016, pp. 185–193.

第二章 基础理论

的适应性治理理念提供了基础和启发。此外，一些学者对时滞[①]、暂时不适应[②]等时间性问题的揭示，在凸显尺度时空复杂性的同时，也在一定程度上拓展了"多尺度"对系统动态不确定性问题的分析维度。

2011年，卡明（Cumming）正式提出了空间韧性主要关注系统内外相关变量的空间变化在多时空尺度上对系统韧性的影响（也被系统韧性所影响）[③]。卡明（Cumming）在《理解社会生态系统空间韧性的新方向》一文中发现，2001年尼斯特伦（Nyström）和福尔克（Folke）在阐释珊瑚礁的空间韧性和时间韧性时，从生态学的根源开始（实线圆圈），而此后15年里，机构、经济、社会和人为影响的相关性被更有效地包括在空间韧性分析中（虚线圆圈）（图2-9）。[④] 从某种意义上讲，聚焦空间变化和尺度依赖的空间分型理论使得景观空间差异及其演化得到"更为广域和更为动态的描述与阐释"。在此平台下，越来越多的学者发现，在空间韧性视角下，许多以前完全不同的领域（社会，经济政治及生态）在跨层级的某些社会生态过程中，显示是有联系、相互影响，甚至紧密交织在一起的[⑤]。

（二）多尺度分析的应用及其价值

韧性联盟的学者们从社会生态系统韧性视角对多尺度尤其是跨尺度

[①] Liu J. G., Dietz T. and Carpenter S. R., et al., "Complexity of Coupled Human and Natural Systems", *Science*, Vol. 317, No. 5844, September 2007, pp. 1513–1516.

[②] Young O., King L. A. and Schroeder H., eds., *Institu-Tions and Environmental Change: Principal Findings, Applications and Research Frontiers*, England London Cambridge: MIT Press, August 2008, pp. 147–186.

[③] Cumming G. S., *Spatial Resilience in Social-Ecological Systems*, Springer, 2011, pp. 205–231.

[④] Cumming G. S., Morrison T. H. and Hughes T. P., "New Directions for Understanding the Spatial Resilience of Social-Ecological Systems", *Ecosystems*, Vol. 20, No. 4, June 2017, pp. 649–664.

[⑤] Gunderson L. H., Holling C. S., eds., *Panarchy: Understanding Transformations in Human and Natural Systems*, Washington, DC: Island Press, 2002, pp. 147–169; Hughes T. P., Bellwood D. R. and Folke C., et al., "New Paradigms for Supporting the Resilience of Marine Ecosystems", *Trends in Ecology and Evolution*, Vol. 20, No. 7, June 2005, pp. 380–386; Folke C., Pritchard L. and Berkes F., et al., "The Problem of Fit Between Ecosystems and Institutions: Ten Years Later", *Ecology and Society*, Vol. 12, No. 1, June 2007, p. 30.

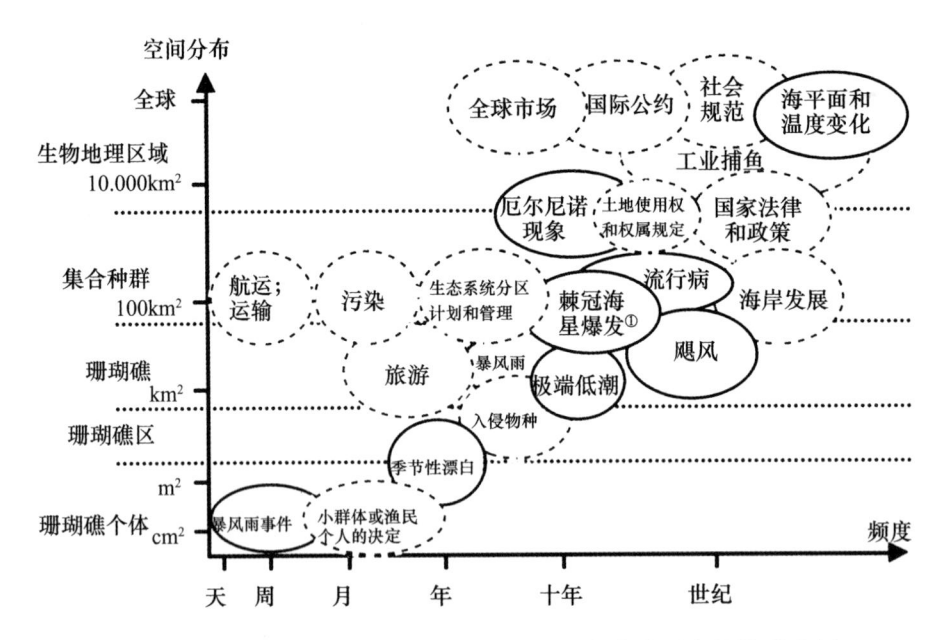

图2-9 2001—2017年珊瑚礁空间韧性时空影响因素的演进分析

来源：该图引自参考文献。

之间的相互作用提供了一种更多解释和案例支撑。比如伯克斯（Berkes）在研究社区韧性的多尺度问题时，对多个案例（涉及一系列环境的韧性和可持续性管理：湖泊生态系统管理、灾害管理、流域管理、湿地保护区管理、流行性疾病管理等）进行了整合和实践总结[2]。这显著提升了对尺度分析方法的实践意义和参考价值。

此外，扰沌和适应性循环研究从某种程度上也让学者们开始关注到不同时空尺度的周期性运动在时间维度上的关联。艾琳·穆勒（Irene Muller）在运用韧性评估方法来促进南非校园（NWU's Vaal Campus）环境管理（IreneMuller，2014）[3]，以及卡明（Cumming）运用多尺度生态

---

[1] 棘冠海星是珊瑚礁生态系统的天然组成部分，但它们在数量失控激增时，会对珊瑚礁造成严重破坏。

[2] Berkes F. and Ross H., "Panarchy and Community Resilience: Sustainability Science and Policy Implications", *Environmental Science and Policy*, Vol. 61, No. 4, April 2016, pp. 185–193.

[3] Muller I. and Tempelhoff J., "The Application of a Resilience Assessment Approach to Promote Campus Environmental Management: A South African Case Study", *International Journal of Sustainability in Higher Education*, Vol. 17, No. 2, March 2016, pp. 228–245.

评估方法来理解保护区韧性（跨尺度反馈）时，都从动态的时间视角运用了历史时间轴（the Historical Timeline）这一方法来反映不同尺度和层级之间的动态关联与跨尺度反馈[①]。实际上，以上研究在时空分析框架下对不同时空影响要素之间相互作用的空间原则进行了较好解读。借助多尺度分析方法对要素进行时空定位和关联分析，在有效提升要素相互作用时空分辨率的基础上，对系统跨尺度影响和反馈的动态过程进行跟踪，其关键变量、驱动要素和演化趋势在多尺度时空分析框架下更易得到判识。

（三）多尺度分析方法在本研究中的应用

就整体而言，多尺度分析方法作为本研究的重要分析工具，有效串联了现状、问题研究与对策研究，成为"时空研究所揭示遗址区复杂的时空问题"与"韧性对策研究"之间的桥梁。

就具体研究内容而言，首先，多尺度分析，使第五章时空研究变焦分析中所发现的"跨层级相互作用的现象"在时空的框架下得到了有效的刻画与阐释；其次，在多尺度启示下，时空观视角和社会生态系统理论在遗址区更容易找到落脚点；再次，多尺度理论对遗址区村落系统原有综合性的管理模式向适应性治理模式的让渡也具有一定启示作用；最后，多尺度分析为本书的韧性对策研究提供了较好的框架和模式选择。

[①] Cumming G. S., Allen C. R. and Ban N. C., et al., "Understanding Protected Area Resilience: A Multi-Scale, Social-Ecological Approach", *Ecological Applications*, Vol. 25, No. 2, March 2015, pp. 299–319.

第三章 汉长安城遗址保护与民生发展现状

第一节 汉长安城遗址区发展概况

汉长安城与古罗马城,是历史上同一时期相对存在的,被称为"东长安、西罗马"。受到《考工记》营城思想与"汉承秦制"影响而建成的汉长安城,在历史上气势极其恢宏。从汉高祖刘邦在关中建立都城——在原秦兴乐宫基础上,兴建了长乐宫,此后,西汉王朝在政治、经济、文化等方面的中心是汉长安城。之后的惠帝时期,新修造的有城墙和东、西两市。武帝在长乐宫之北建明光宫、桂宫,北宫修建于未央宫之北,建章宫建在城西,同一时期,上林苑扩建翻新,新建成的昆明池就在这里。规模齐全,长安城至此基本竣工。汉武帝以后,规模之大,止于长安城。西汉后期,礼制用建筑群建于南郊,其后明堂辟雍,为王莽时修建,后人耳熟能详的汉长安城,其规模由此而生。

汉长安城的轮廓大致是方形的,宫殿先建成,城墙后受宫殿位置影响,宫殿位置拖住了南墙,地势和河道对北墙的冲击,致使城墙的布局更加曲折,城北北斗状、城南南斗状排列,后人称"斗城"。囊括了城垣、八街、五宫、两市以及12门的汉长安城,总体规划格局,在后世成为营城的典范之例。

十六国北朝的前赵、前秦、后秦和西魏、北周均以长安城作为首都,并且把未央宫定位为它的政治中心,对它进行了维护建设。前赵和后赵时期,依旧沿用了未央宫和长乐宫,又赋"西宫""东宫",并以汉长安城为蓝本进行局部扩建。前秦和后秦时,未央宫和长乐宫仍承宫城之用。北魏时,未央宫因其军事要地功能而得到修缮。西魏、北周时,未央宫还在使用中,并且许多宫殿在这个时期被新建与整修,较大规模的修建发生于北周时期。隋初,以未央宫为首都的建都一度被短暂沿袭。隋唐之际,长安城的东南面新建了一座大兴城,长安城自此变成废都,被纳入皇家园林。后至民国二十年,以西安为府城,长安城里除去分布着农田仍被耕种,村落、遗址已废弃。

第二节 遗址保护与利用概况

一 遗址保护

现在的汉长安城遗址城址区的总体格局是相对完整的,得到了较为有效的保护。且遗址区内无高层及大体量建筑,亦无大型工厂和公司,在反映出真实遗址格局和城市结构方面有着较好的观感。遗址区内各类遗址点遗迹较为丰富,其中地上遗迹以城墙居多,也包括一部分宫殿基址和其他建筑物夯土台基,地下遗迹以道路,渠、池为主,考古工作者也在此发现汉长安城内的道路遗址,在经由考古工作发掘后其范围都比较清楚。很多重要的遗迹至今还保留得相当完整。而非核心保护区的遗址、遗迹缺乏有效的保护,一些分散于各个村落空间中的遗迹,因各类不可抗力(自然因素)与本能合理规避的人为因素而遭到了破坏,保存状况不佳(图3-1)。风雨冲蚀、有害植被、自然灾害等因素是造成遗迹破坏的主要自然因素;除此之外,由于距离居民点较近，也存在着较多人为因素对遗迹造成破坏，主要包括：居民点的占压、缺乏统一规划的道路修建行为，以及违法、违规企业的建设、取土、挖坑等。相较而言，主要还是人为因素造成的破坏居多且破坏程度比较严重。

图3-1 遗址内文物保护与利用现状

来源：作者自摄。

汉长安城遗址的保护与管理体系涵盖了国家—地方—基层三个层级，对应不同时期与不同内容，各个管理部门各司其职接力完成其管理任务。1994年成立的汉长安城遗址文管所，主要负责遗址保护与管理和对遗址区内部村民进行组织以共同保护遗址。同时，处于国家层面的中国社会科学院考古研究所考古队，利用此管理模式也将保护工作与"地方层面的保护管理与研究实践活动"相结合，形成了针对汉长安城遗址保护的国家—地方相互合作协调的组织管理模式。2004年，《汉长安城遗址保护总体规划》编制工作启动。2009年，国家文物局批复通过了针对汉长安城遗址保护而进行编制的《汉长安城遗址保护总体规划（2009—2025）》。从此，汉长安城遗址保护管理有了法定程序认可的规定条文。综合了中央和地方各级政府、文物主管部门与社会各界力量的支持,汉长安城遗址的保护与管理取得了丰硕成果。2007年,《设立西安、洛阳"国家大遗址保护特区"》由国家文物局提出,提案要求深化、强化保护与管理体制。因此,2012年在此诞生了我国历史上第一个国家级别的大遗址保护特区。从此,针对汉长安城遗址的保护与管理模式达到了另一个高度。也给未央宫遗址申报世界遗产地的前期准备工作奠定了基础。此后,由未央区牵头推进"申遗"工作的筹备。为了指导该区域的工作开展,《汉长安城未央宫遗址管理规划(2012—2018)》应运而生,相关部门对汉长安城遗址区内未央宫遗址所涉及的10个村落进行土地的整理与权属的清理确认,随后便引入外部资本与开发企业协同完成这10个村落的搬迁工作。由此,形成了国家推动、地方牵头、基层执行的三方合作管理模式,完成了这一遗址地的拆迁安置与环境整治。2014年,未央宫遗址"申遗"成功,这一成绩已然成为汉长安城遗址保护与管理模式实地发展的最显著的成果与标识。汉长安城未央宫遗址于2014年被收录入《世界遗产名录》后,鉴于遗址区未搬迁的村落发展差异显著,村三委、村组织部分在市场主导下采取了出租遗址区内的集体土地换取经济利益的行为,从而占用了遗址保护用地与农用地。同时也出现了以发展经济与产业为目的的遗址破坏行为。

二 遗址利用

近年来,随着文化遗产在城市中多元价值的进一步显现,汉长安城遗址展示和利用也有序展开。2011年,汉城湖景区开园。此后,自2014年未央宫遗址区"申遗"成功后,就一直在不断进行着环境整治、遗址区保护与展示等相关活动。近年来,更是全面向游客开放,成为西安市新的打卡之地(图3-2)。与此同时,自2017年以后,以宣平里、玉女门为主的村集体经营的主体旅游景区也相继进行了尝试，并一度取得了较好的效果。需要说明的是，这些遗址利用活动取得的效果不一。一方面，未央宫遗址公园和汉城湖景区这类大面积公共空间越来越受到市民的欢迎；另一方面，村集体自下而上尝试的遗址利用和文化开发活动举步维艰。实质上对于村落而言，想自下而上利用遗址，实现遗址利用和民生发展的协同面临严峻挑战。

图3-2 未央宫遗址公园和汉城湖景区

来源：作者自摄。

第三节 遗址区民生发展概况

一 遗址区村落分布

汉长安城遗址区内原本分布有55个行政村。2012年，丝绸之路"申遗"工作开始后，未央宫遗址区内的包括大刘村、小刘村、周家河湾村、东张村等9个行政村以及长乐宫遗址区内的罗家寨村进行拆迁，约有1.6万的人口迁出遗址区。"申遗"后，剩余的45个行政村于2019年经过行政区划合并调整后变成33个（表3-1）。

第三章 汉长安城遗址保护与民生发展现状

表 3-1　　　　　　　　　汉长安城遗址区内行政村

序号	六村堡街道办	序号	汉城街道办	序号	未央宫街道办
1	闫家村	1	席王村	1	阁老门村
2	六村堡村	2	高庙村	2	张家巷村
3	相家巷村	3	惠西村	3	东唐寨村
4	东市村	4	惠东村	4	西唐寨村
5	关庙村	5	张店村	5	讲武殿北村
6	唐家村	6	东方红村	6	讲武殿南村
7	古渡口村	7	吴高墙村		
8	席村	8	楼阁台村		
9	感业寺村	9	扬善村		
10	铁锁村	10	查寨子村		
11	桂北村	11	雷寨村		
12	桂宫新村*	12	玉丰村		
13	徐寨村	13	樊寨村		
14	东风村				

* 桂宫新村原名夹城堡村，本研究中由于时空研究牵涉的是2018年没有行政调整之前，因此，后文五个典型村落中名称还沿用旧的夹城堡村的村名。缘于区位、规模、历史沿革等因素，学术界一直将讲武殿北村、讲武殿南村作为统一研究单元，即讲武殿村，进行案例研究和对比研究。因此本书仍将讲武殿村作为后文五个典型村落之一进行对比研究。

汉长安城遗址区内的村落大小不一，分布不均。"申遗"后西南部分村落搬迁后，多数村落位置没有发生变化，仍散布于北部和东部。其中长乐宫区、桂宫、西市及北城墙沿线分布较集中，在明光宫和北宫分布较零散（图3-3）。

二　人口结构

受城镇化进程的影响，近年来遗址村落中的外来人口不断增加。

2018年后，一系列环境整治行动不但对遗址的产业产生了冲击，外来人口也有许多逃离汉城（遗址区内非户籍人口高峰时曾超过10万人）。目前，汉长安城遗址村民共有15358户，户籍人口53923人，流动人口约5万人，60岁以上1万人（如表3-2）。

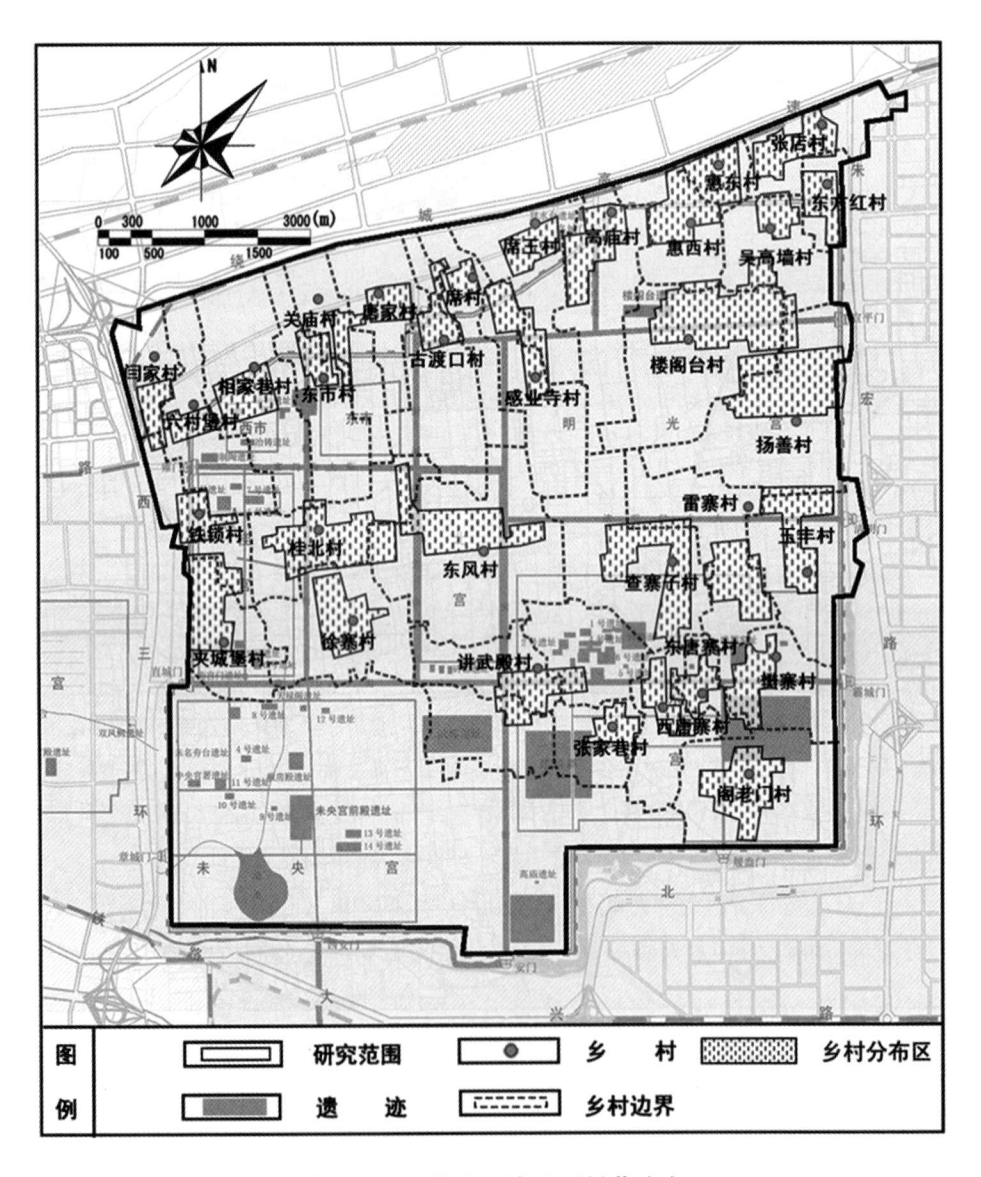

图3-3 汉长安城遗址区村落分布

来源：作者自绘。

第三章　汉长安城遗址保护与民生发展现状

表3-2　　　　　　　　汉长安城遗址乡村社区人口概况

乡村社区名称	户数	人数	流动人口	60岁以上人口	乡村社区名称	户数	人数	流动人口	60岁以上人口
闫家村	260	1237	1021	259	惠东村	534	1595	1341	233
六村堡村	487	2033	828	410	张店村	485	1645	1832	369
相家巷村	560	2356	859	372	东方红村	439	1703	1556	350
东市村	364	1372	552	232	吴高墙村	501	1596	1262	403
关庙村	364	1132	416	241	楼阁台村	582	1554	1541	481
唐家村	450	1563	859	256	扬善村	752	2321	3013	634
古渡口村	616	2042	368	334	查寨子村	812	2247	1136	742
席村	296	1351	189	210	雷寨村	351	1360	562	276
感业寺村	393	1632	325	242	玉丰村	496	1579	12341	403
铁锁村	283	953	217	131	樊寨村	335	1364	364	280
桂北村	470	1876	819	315	阁老门村	541	2456	18652	455
桂宫新村	297	1045	512	191	张家巷村	234	804	195	188
徐寨村	735	1900	948	287	东唐寨村	132	576	248	102
东风村	833	3030	912	491	西唐寨村	205	811	210	132
席王村	561	1932	241	267	讲武殿北村	172	767	196	113
高庙村	892	2986	4132	486	讲武殿南村	247	840	238	185
惠西村	679	2265	1254	213					

来源：汉城、未央宫、六村堡街道办第七次人口普查数据。

经历了外来人口的大幅提升和部分逃离之后，遗址区内现有的人口结构仍呈现出多元复杂的特征（图3-4）。不仅包括原住民，还包括外来人口。原住民主要以收取房租地租、外出打工及农业种植为生，由于遗址区内多数乡村社区已经不进行农业种植，距离城市较近，因此大部分村民选择白天在城市打工，晚上回自家居住，以减少生活成本。外来人口主要有经济作物承包户、工厂企业的工人以及服务业从业人员。遗址区内的农田多出租给外来人口进行草莓种植、大棚蔬菜种植、花圃、苗圃等经济作物生产活动，遗址区内从事工厂、企业、餐饮、零售等行业的也都是外来人口。

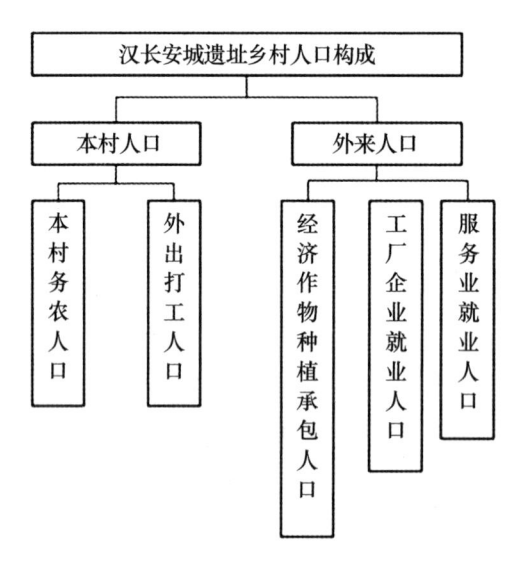

图 3-4　汉长安城遗址区村落人口职业构成

来源：作者自绘。

三　土地利用

汉长安城遗址区村落土地利用类型较为复杂，距离城市近、土地租金低的优势，吸引了城市资本的入驻。现时村落土地利用方式主要是休闲观光、投资办厂和个人承包（图 3-5）。

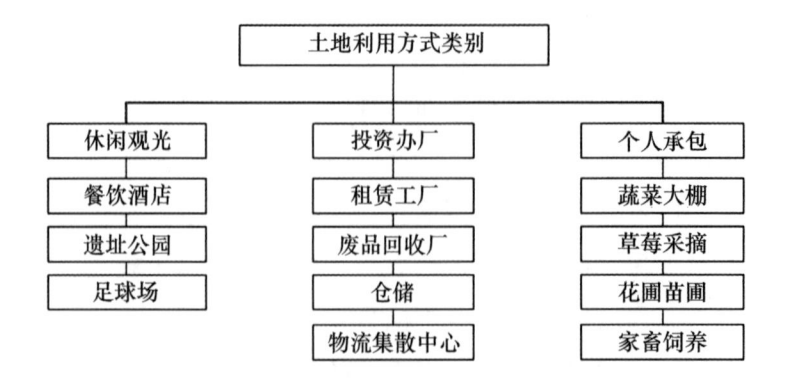

图 3-5　汉长安城遗址区土地利用方式类别

来源：作者自绘。

2018年后，环境整治行动使得遗址区土地利用方式以非正规为主过渡到以闲置用地为主。目前，遗址土地浪费现象严重，主要体现于：一是不少工厂、大棚房等"违建"，在2018年搬离后，遗留下的建筑废弃物难清理，恢复农田困难大，因此产生了大量闲置土地（图3-6）。二是由于农业种植带来的效益低，村民长期在外打工为生，致使土地长期搁置，也产生了较多的抛荒地。

图3-6 汉长安城遗址区村落闲置土地现状

来源：作者自摄。

四 产业发展

受制于汉长安城遗址保护政策，遗址保护与经济发展之间的矛盾一直难以协调。近年来，城市扩张以及城市经济活动仍然不断向遗址区渗透（图3-7）。遗址区乡村的产业以第二产业的家居建材加工、食品加工等和第三产业的房屋租赁、餐饮住宿等为主，产业类型多但多为低端产业且分布较为零散，产业之间关联性较低。

（一）第一产业

长期以来，汉长安城遗址乡村的第一产业以种植业为主，主要种植的粮食作物有小麦和玉米，经济作物有苹果、樱桃、桃等。地下遗迹的

图 3-7　汉长安城遗址区村落相关产业现状

来源：作者自摄。

存在也使得部分农田不适合再耕种。与此同时，工厂企业不断入侵，占压农田，也进一步导致可耕用地逐渐减少。目前，农业种植产生的经济效益较低，农业种植规模较小、产量低，难以形成产业链，造成农业种植业在遗址区逐步被边缘化。

（二）第二产业

遗址区第二产业较多，主要是凭借其低廉的地租而承接城市的低端工业，多是一些家具建材加工、机械加工、石材加工、五金配件加工等小工厂或小作坊，厂房小且投资较少，散布于遗址区内（图 3-8）。临时性和非正规性决定了这些企业缺乏先进技术和管理，收益少，附加值低。

（三）第三产业

汉长安城遗址区乡村社区的第三产业多以餐饮、零售、租赁和技术服务为主，产业内容单一，数量多且散布于遗址区不同区位的村落（图 3-9），与村落基础设施相匹配，第三产业相关配套服务设施严重匮乏。

第三章 汉长安城遗址保护与民生发展现状

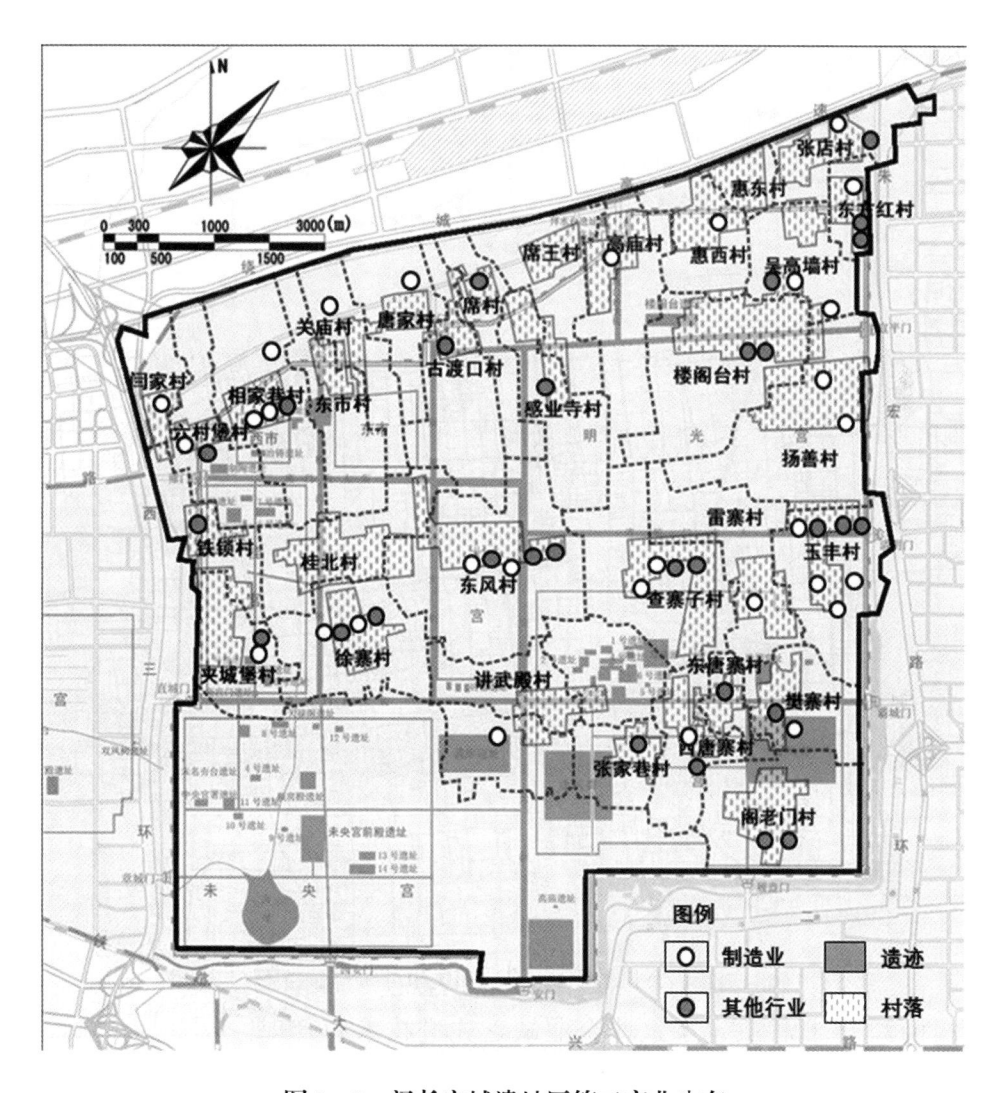

图3-8 汉长安城遗址区第二产业分布

来源：作者自绘。

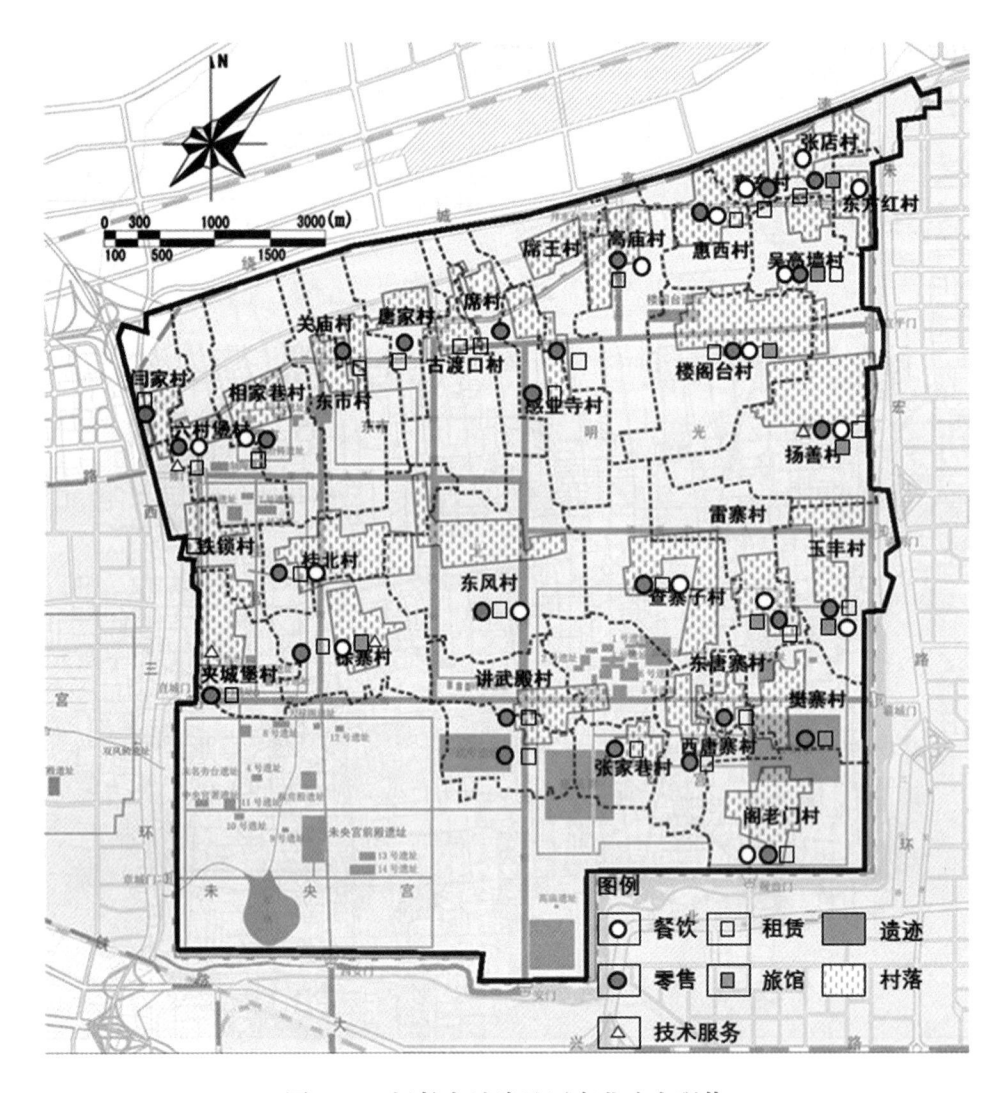

图 3-9 汉长安城遗址区商业分布现状

来源：作者自绘。

五 道路交通

汉长安城遗址区城址周边的主要道路有西安绕城高速、西三环、北三环、大兴路和朱宏路等，遗址区内的主要道路有石化大道、丰产路、丰景路、罗高路和邓六路（图3-10），还有各种自发形成的支路，整个遗址区内道路系统错综复杂，不成体系。其中，作为城市交通干道的石化大道东西向贯穿整个遗址区，是区内车流量最大的主干道。丰产路、丰景路和邓六路连接了遗址区内大部分乡村社区。由于道路宽度有限，车流量大，经常造成堵车。不仅给村民的日常生活带来不便，其尾气、噪声以及震动，还影响到整个遗址区的生态环境，对地下遗迹也会造成一定程度上的破坏。

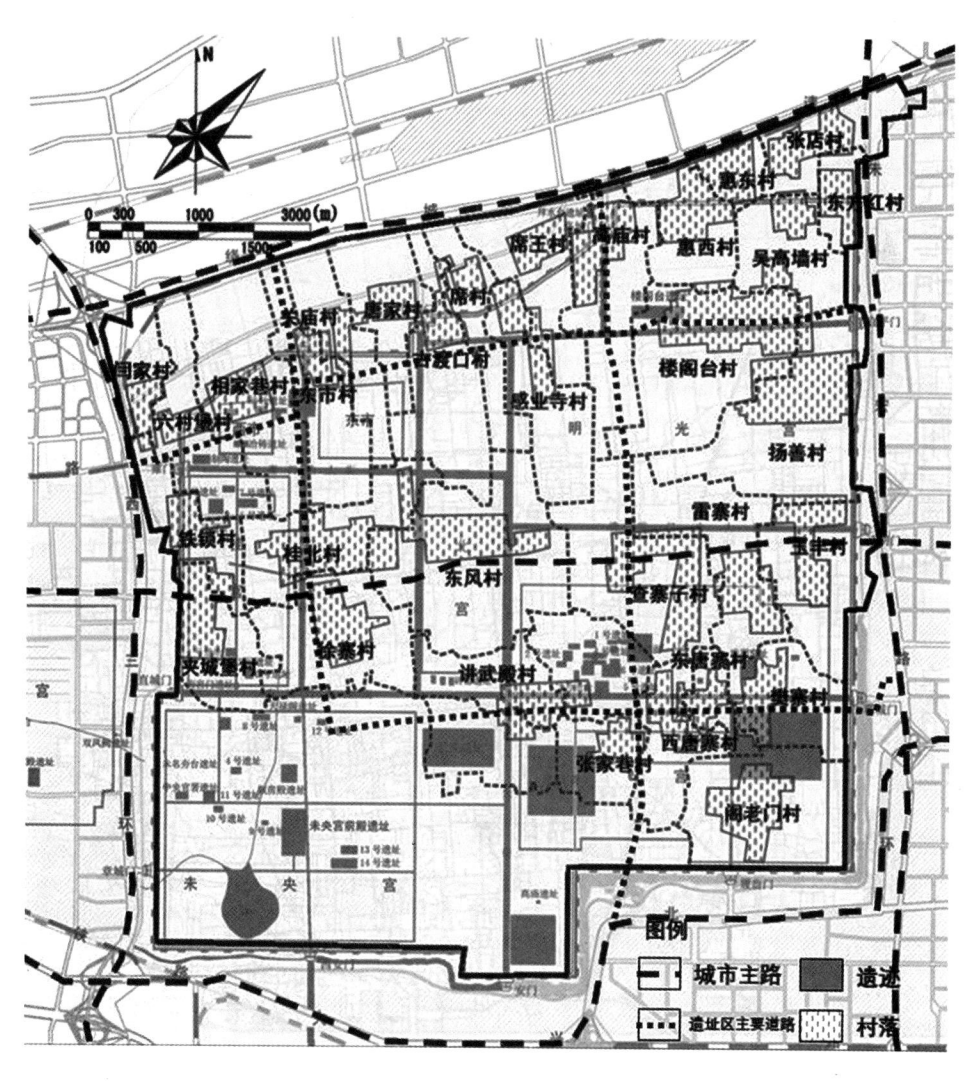

图3-10　汉长安城遗址区道路系统现状

来源：作者自绘。

遗址区内还有各个村落在历史上自发组织或单独修建起来的村一级支路。断头路多，级别低且比较凌乱。这些道路是村民们与外界沟通交流、满足其生产生活的主要通道。曾经的几条公交线路，因公交公司经营问题与遗址区搬迁、国家考古遗址公园建设等原因，一些线路被取缔或改道，给村民们的出行、工作与生活造成较大困扰。

六　卫生环境

近年来，随着城镇化进程的推动，汉长安城遗址区内开始聚集越来越多的企业、工厂、仓储物流，企业排放的污水给汉长安城遗址乡村的土壤环境造成了严重污染，部分企业还存在违法违章占地现象，占用了乡村的农田，造成乡村面貌混乱无序。空气质量急剧降低，生态景观环境被严重破坏。遗址区乡村大多缺少垃圾回收处理中心，更缺乏政府相应的管制措施，闲置土地经常被违法倾倒的城市垃圾占压且无人管理，造成其生态环境日益变差。同时，由于遗址保护政策的限制，汉长安城遗址一些村落未接入市政设施管网系统，且内部没有设置单独的基础设施管网，导致生活污水在道路两侧随意排放，既造成遗址区生态环境的破坏，同时在一定程度上也影响到遗址本体及环境。

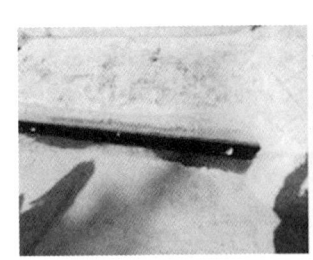

图 3-11　讲武殿村生态环境现状

来源：作者自摄。

第三章 汉长安城遗址保护与民生发展现状

第四节 本章小结

由汉长安城遗址保护与民生发展的概况不难发现,多年来遗址保护与民生发展的矛盾仍需协调。为此,进一步从时空观视角深入研究不同村落及其民生状况,并进行机理研究显得尤为必要。

第四章　时间视角下的汉长安城遗址区民生发展历程与对比研究

第一节　汉长安城遗址保护与民生发展的历程分析

一　第一阶段：20世纪90年代中期之前

20世纪90年代中期之前，由于没有出现明显的城市化的过程。西安市城市建设区域多集中于现在城市的二环路范围以内，西安市北郊在1990年之前多数区域一直属于传统的乡村。而汉长安城遗址所在的汉城乡、六村堡乡和未央宫乡尚属于城市远郊区。因此，汉长安城遗址区内的55个行政村的社会经济发展整体处于一个低水平的平均状态，55个村落只是由于个体发展状况的差别而显现出一些发展水平上的差异。该阶段，遗址区内外居民经济社会发展和生活质量没有出现明显的内外悬差。

二　第二阶段：20世纪90年代中期至2010年

20世纪90年代中期以后，西安市的城市开始大规模的扩张，对于汉长安城遗址区而言，其周边的城市建设日益增多，汉长安城遗址区周边村落在这一发展过程中，开始逐步演变为城中村，村民的就业机会开始增多，就业也日益多元化，村民的收入也开始出现明显

第四章 时间视角下的汉长安城遗址区民生发展历程与对比研究

提升。

进入 21 世纪,西安城市的建设框架进一步拉开,北郊的发展成为主战场。与此同时,考虑到城市中心区尤其是明城墙以内区域日益密集的城市功能和交通负担,西安市的城市结构也不得不摒弃单核发展的传统模式,力求多组团发展。在这一城市总体发展方针的指导下,随着 2000 年国家级西安经济技术开发区的建设和发展,西安市城市整体结构出现变化,西安市新的市政府和新的高铁站均建在北郊。实质上,该阶段也是西安市北郊城市迅速发展的阶段。汉长安城遗址周边大多数村落居民生产生活也出现显著变化,多数村落在这一过程中取得了一定发展,村民生活质量也得到整体改善。

与此同时,1997 年国务院发布的《关于加强和改善文物工作的通知》先后提出大遗址的概念以及依法保护等基本内容,加上陕西省更早在 1992 年《陕西省省级以上重点文物保护单位保护范围》中明确了四大遗址(西安市周丰镐、秦阿房宫、汉长安城和唐大明宫四大遗址)的保护范围和保护要求,因此该阶段汉长安城遗址区内村落的基础设施建设、村庄发展包括产业类型调整均受到文物保护的限制。也就是在这一阶段,《汉长安城遗址保护总体规划》的编制工作开始启动。

在这一政策环境下,该阶段,汉长安城遗址的保护受到省市文物部门、未央区政府以及遗产保护学界和业界的重视。由于各项文物保护管理规定的管制,遗址区的经济社会和生产生活不能完全自主。据作者该阶段的研究发现,居民不论客观社会经济统计数据还是主观生活满意度上均和遗址区周边产生明显悬差(图 4-1 至图 4-4)。居民也因此产生了明显的心理落差。而实质上,居民的心理落差,也进一步引致其个体建设行为对遗址区保护的威胁。遗址区面临"保护限制发展,发展破坏保护"的局面。

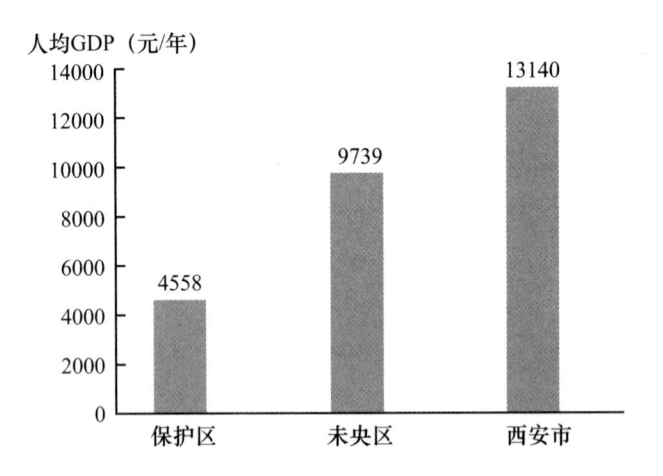

图 4-1　2003 年保护区内人均 GDP 与区外对比

来源：作者自绘。

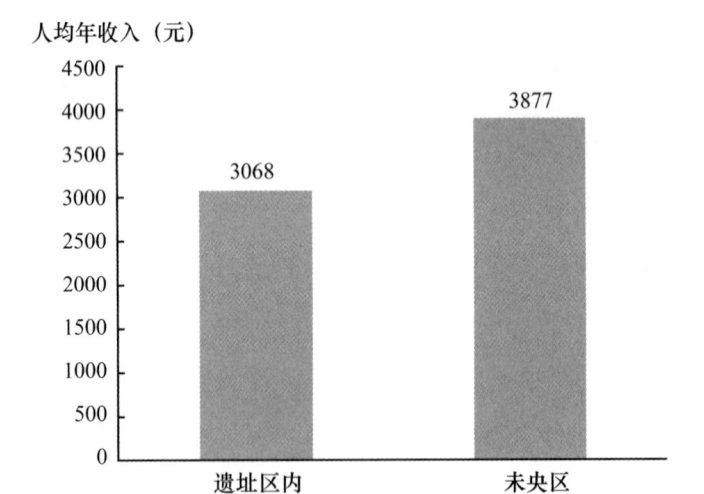

图 4-2　2003 年保护区人均收入与未央区对比

来源：作者自绘。

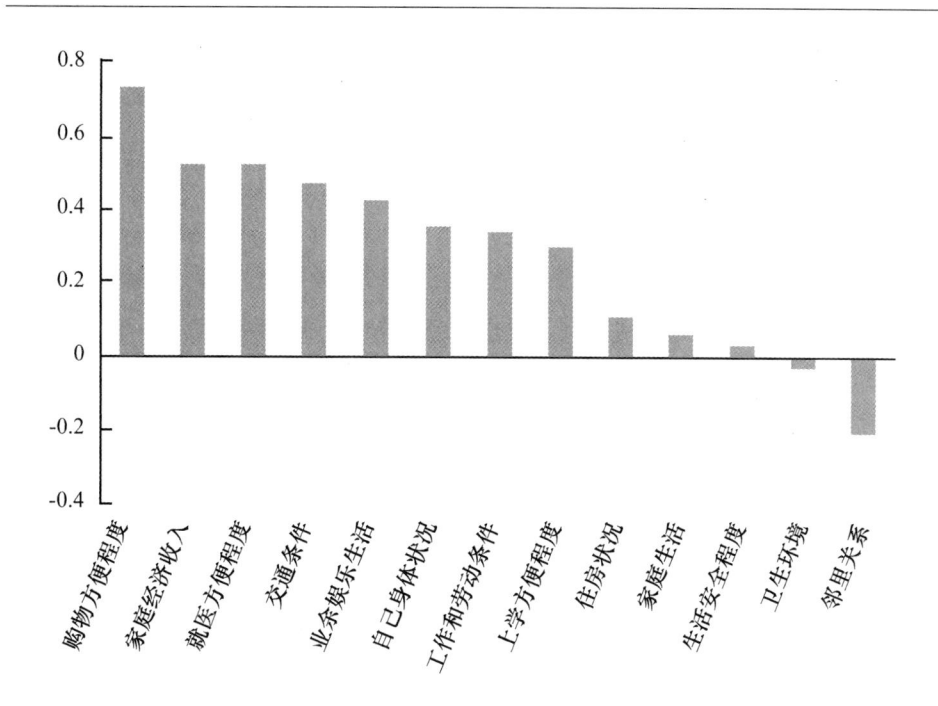

第四章 时间视角下的汉长安城遗址区民生发展历程与对比研究

图 4-3 遗址区居民对生活满意度的评价与周边地区的差距

来源：作者自绘。

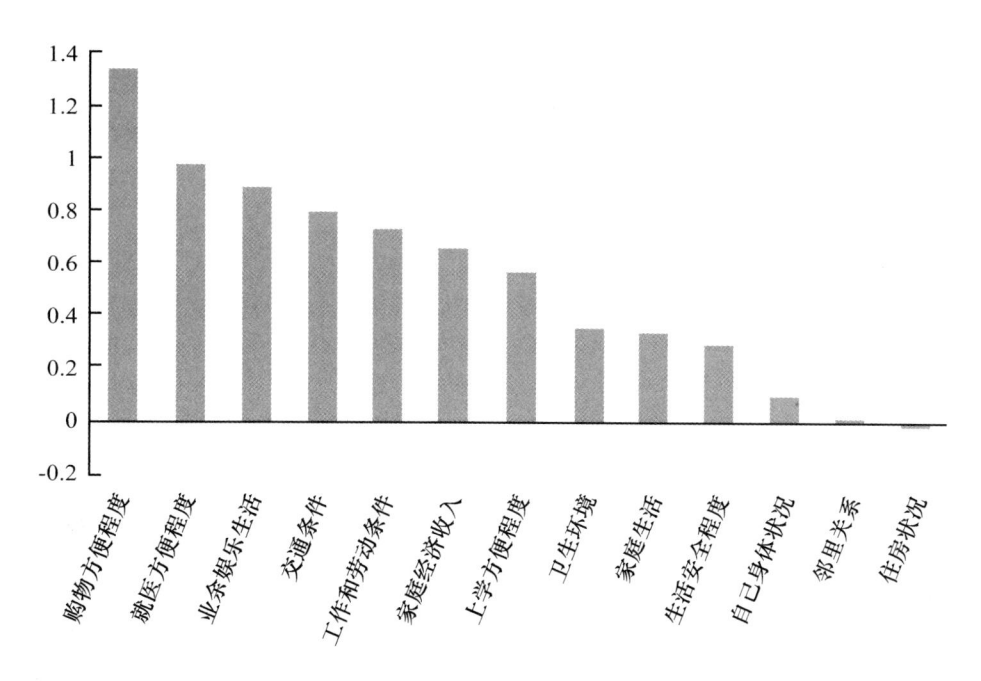

图 4-4 遗址区居民对生活满意度与西安市区的差距

来源：作者自绘。

三 第三阶段 2010 年至 2018 年

2008 年以前，西安作为丝绸之路起点开始着手申报世界遗产，包括汉长安城未央宫遗址在内的七处遗产地（汉长安城未央宫遗址、唐长安城大明宫遗址、大雁塔、小雁塔、兴教寺塔、张骞墓、彬县大佛寺石窟）开始编制《丝绸之路（中国段）保护管理规划》。为筹备"申遗"，汉长安城遗址未央宫遗址区村落的搬迁工作开始酝酿。2011 年，位于汉长安城遗址东南角的汉城湖旅游景区开园。2014 年，汉长安城未央宫遗址区作为"丝绸之路"起点"申遗"成功，被列入《世界遗产名录》。遗址区原有的 55 个村落由于未央宫遗址区"申遗"搬迁了 10 个（未央宫遗址区范围内的 9 个村落和罗寨村），已搬迁的 10 个村的原住民因工作、子女就学等因素在附近村落暂时租住以寻求过渡，而这些搬迁村落的外来人口也有部分转移至周边村落（讲武殿村、徐寨村等）。该阶段，西安城市的发展依然保持强劲的态势，随着西安市北郊的进一步扩张，外来人口涌入汉长安城遗址区的情况越发明显。因此，该时段汉长安城遗址区村落数量虽然从 55 个变为 45 个，但遗址区居民数量并未出现明显减少。面对"申遗"产生的村落数量变化和人口迁移，遗址区并未做好及时的应对。过渡人口、外来人口，加之日渐增多的违规企业和违章建筑，使得遗址区村落在"申遗"成功后成为一个人口混杂、环境破败的城市边缘区，遗址区村落进入第一个转型阵痛期。

"申遗"成功后，随着西安市城市的进一步扩张，汉长安城遗址区内的其他 45 个村落外来人口涌入情况越发明显。该阶段遗址区村落受到"申遗"、景区开发、城市化等多重因素影响，遗址区村落不仅在数量和规模上出现一定的变化，村落经济社会发展也出现明显分异，出现了城中村型、景区型、腹地型、封闭型、交通节点型、文旅型村落并置的格局。

该阶段，由于汉长安城遗址区管委会隶属于未央区，其管理效能在实践中难以发挥。而与此同时，遗址区内的非正规经济和建设行为却愈演愈烈，村民或村集体将遗址区内农用地非法出租给外来企业，并同时吸引外来人口来这些非法企业就业，遗址区甚至出现村集体将农地出租来作为区外建筑垃圾堆积之地，紧邻汉城湖景区的阁老门村一度出现拾荒者集群。

此外，对于未央宫遗址区，由于未央区政府财力不足，无力在短期内对世界遗产地像良渚遗址那样进行大规模开发和遗址公园建设，使其一直处于环境整治和待开发状态。世界遗产地周边的村子也难以从遗址开发中受益，产业发展依然延续着村内非正规产业而并非学界所期待的遗址区友好型产业。整体上而言，该阶段，多数村落在文保政策的管制中逐步适应并探索着自身的非正规发展之路。然而，这对于遗址区整体的人文环境和生态环境而言，却产生着不小的影响，遗址区沦为西安市区内最大的一片城中村群和非正规产业集群。

四 第四阶段：2018 年至今

2018 年，中国环境问题比较突出的汾渭平原相继展开了环境整治。2018 年底，开启环境整治"回头看"行动，加上 2018 年农业部门展开了大棚房整治行动。彼时，面临人居环境突出问题的汉长安城遗址区毫无疑问地成为这一系列行动的重点整治对象。

生态文明背景下，全国上下对环境污染问题日益重视。而汉长安城遗址区的环境问题也在这一时期进入了迫切需要整治的阶段。从 2018 年开始，遗址区环境得到大规模的整治。首先，自 2017 年底未央区划定畜禽禁养区，禁养区范围包括整个汉长安城国家大遗址保护特区、汉城湖国家级风景旅游区，遗址区内养殖场搬迁拆除。其次，2018 年 11 月，中央第二生态环境保护督察组对陕西省开展为期一个月的"回头看"行动，此举关停了许多遗址区散、乱、污企业。再次，2018 年 9 月，农业农村部、自然资源部联合在各地对"大棚房"问题进行全面清理整治。汉长安城遗址区积极开展"大棚房"整治工作。2019 年 8

月，未央区公布了《关于对遗址区"大棚房"问题专项整治集体土地实施统一流转的请示》，并制定了《汉长安城遗址区违法建设清查整治工作实施方案》。最后，针对遗址区内聚集大规模外来人口而产生的城中村，2018年12月，出台了《西安市绕城高速公路以内集体土地上棚户区和村庄三年清零行动方案（2018—2020）》，特别强调：对位于汉长安城遗址区（礼制区）、建章宫遗址区等城市建设用地规划范围以外的村庄、采取整治提升方式实施改造。

  需要注意的是，伴随着公安部在全国范围内开展的"扫黑除恶"专项工作，未央区2019年整年开展的"扫黑除恶"行动在很大程度上对村内非正规空间及其背后的村内黑恶势力和"保护伞"产生了较大冲击。这也在一定程度上保障了这一系列环境整治行动的顺利实施。

  以上政策和行动使得汉长安城遗址区违法建设清查整治工作得到有效推进，遗址区的多数非法企业在这一行动后被关停，遗址区的自然环境与文化环境均得到有效改善。由于各村违规企业被拆，产业受到较大冲击，失去了产业，也就没有了就业。与之相伴而生的是一些村子外来人口的锐减和本村青年的外逃，厂房被拆迁进而留下大片的闲置用地。一系列环境整治行动使得遗址区村落进入第二个转型阵痛期。2018年，遗址区的45个自然村也完成了持续两年的合并，遗址区村落数量变化至现有的33个行政村。然而，遗址区村落的分异化趋势并未停止。一些村落受到影响较为严重。村内出现大量闲置厂房和被废弃的农地，村落内人气不足。而对于一些靠近城市的村落，其外来人口没有出现锐减现象。这些村子依然扮演着廉价居住小区的角色，一些打工人在外从事低端工作，为城市服务，而在这些城中村住着廉租房并享受着低成本的生活。朱宏路以西的阁老门、玉丰、扬善等村落依然呈现出城中村的喧闹。

  2018年后，随着中国对文化遗产保护和利用工作的日益重视，汉长安城遗址区的展示利用工作也得到有序开展。

  一方面，遗址自身的保护利用工作得以推进。2019年6月20日，由西安市文物局主办、西安汉长安城国家大遗址保护特区管委会承办的"传承历史文脉，造福当代民生"——汉长安城国家大遗址活化利用研讨会隆重召开。2020年5月，国家文物局颁布《大遗址利用导则（试行）》。2021年1月，西安市未央区政府工作报告对于汉长安城片区发展方向做出了详细的规划：在遗址保护与利用方面，"保证汉长安城博物馆项目落地、开放未央宫国家考古遗址公园、打造城市文化新名片、推进汉长安城国家古都文化早日纳入国家公园建设体系"；而在遗址区民生发展方面力争完成26处涝池治理、15条道路提升；每村奖补100万元建设"花园乡村"；推进遗址区土壤改良，发展现代都市花卉产业；探索房车、帐篷、风筝营地和民俗项目建设、渐次丰富遗址区业态。2021年2月，由曲江新区管委会负责汉长安城未央宫遗址公园的开园建设运营整体工作。2021年3月，《陕西省国民经济和社会发展第十四个五年规划和2035年远景目标纲要》明确将"实施汉长安城大遗址保护展示利用工程"列入其中，目标纲要第七章，明确提到"推动汉长安城大遗址保护项目纳入国家文化公园体系"是"扎实加强文化建设，打造丝路文化高地"中遗址保护的重点工程。

另一方面，来自于不同层面的大举动也对汉长安城遗址区的生态环境和人居环境的改善起到了一定的促进作用。首先，汉长安城遗址和西安市城市发展关系日渐紧密。2020年6月，西安市召开创建全国文明城市暨迎接第十四届全国运动会城市文明提升推进大会。2020年8月至11月，未央区召开"迎十四运·城市管理"工作会议，汉长安城各街办响应会议精神，加快地区环境大整治。2021年5月至8月，"十四运"期间，未央区广泛开展"服务十四运，奉献我的城"系列活动，汉长安城遗址区以街道为单位积极响应。"十四运"的召开有效推进了汉长安城遗址的环境整治，遗址区部分区域出现了排水管网沿历史道路铺设的民生工程。其次，对于社区而言，自2019年末在全国范围内出现新冠疫情后，疫情的出现及疫情防控的常态化，在一定程度上对遗址区城中村在内社区的治安产生一定的正面效应。

加上社区开展的党建活动,使得遗址区多数村落的社会治理得到一定提升。此外,西安市城市高质量的发展要求以及文化开发的时序均为汉长安城遗址区村落的发展带来了一些转机。在此期间,西安市规划设计研究院在未央区国土空间规划的任务导向下对遗址区村落展开了村庄规划研究,长安大学与遗址区管委会展开全面的战略合作,均在一定程度上反映出业界和学界在未来西安城市遗产保护中努力推进汉长安城遗址保护与民生发展协同的决心。

总体而言,2018年后,汉长安城遗址区进入了一个阵痛期和转型期交叠阶段,随着世界遗产地的开发,遗址区的展示和利用均面临前所未有的机遇。但世界遗产地及其现时展开的未央宫遗址区公园的展示利用工作和旅游开发,带来的只是遗址区少部分区域的发展机会,对于遗址区其他区域的33个村落而言,各村的环境整治和乡村振兴还面临长期挑战。

第二节 汉长安城遗址保护与民生发展的对比研究

——基于2005年末和2018年初居民生活满意度与保护态度的对比分析

从20多年遗址区村落的发展历程中不难发现:遗址保护政策的管制对于居民的控制一直存在,彼此影响、相生相伴。居民对此已处于习惯状态。遗址区旅游产业除世界遗产地和部分村落渐次得到开发之外,多数文化产业并未在遗址区全面展开,遗址利用对于居民影响十分有限。西安市的城市发展对遗址的作用越发突出,遗址—居民—城市三者的关联愈发显著[1]。城市发展加之遗址区原住民的人口结构变迁,一些年轻人由于工作或求学原因离开此地,而留在遗址区内的一些原住民,

---

[1] 陈稳亮、孙圣举、高忠等:《共生还是绝离?——居民融入汉长安城遗址保护与发展问题探究》,《城市发展研究》2014年第11期。

也由于"遗址区地处西安市近郊和小汽车、电动车的普及"而俨然成为生活在城市近郊一个大的居住区中的普通市民。

需要注意的是,城市化也带来外来人口在遗址区的聚集,外来人口给原住民带来了房租收入和一些就业机会(开办企业吸引村内就业、为村内提供服务业机会)。这从某种程度上缓解了居民和遗址的对立情绪。多数居民依赖于外来人口,并融入城市。本节将通过2005年末和2018年初作者团队分别对扬善、阁老门、夹城堡、讲武殿、徐寨五个典型村落的居民满意度和保护态度问卷对比展开详细讨论。

一 问卷选择与统计

笔者自2004年攻读硕士学位研究生阶段就开始参与《汉长安城遗址保护总体规划》编制工作,并负责"汉长安城遗址区社会经济评估专项研究",直至2024年,笔者自己和研究团队先后对遗址区村落居民的生活满意度和保护态度等进行了多次调研。这其中笔者在2005年11月至12月对居民满意度与保护态度的问卷调查,与团队在2018年1月对遗址区五个典型村落居民民生需求调查问卷调研的数据具有一定可对比性,这两组数据的获取时间差也差不多是12年。

2005年末的调研对象包括汉长安遗址保护区内"申遗"前所有55个行政村,每村发放问卷20份,有效问卷14—19份,共回收有效问卷790份。根据调查需要,笔者参考国内有关文献[1]设计了调查问卷(见附件1)。2005年的问卷主要包括三部分内容:第一部分,居民人口经济学特征;第二部分,居民生活状况的主观满意度评价;第三部分,居民保护态度咨询。其中,第二部分,测定生活状况的主观满意度时,涉

---

[1] 李小建、乔家君:《居民对生活质量评估与区域经济发展的定量分析》,《地理科学进展》2002年第5期;沈崇麟等:《中国百县市国情调查第四批调查点问卷调查:调查报告和资料汇编》,中国社会科学出版社2001年版;风笑天、易松国:《武汉市居民生活质量分析》,《浙江学刊》1997年第3期;Cevat Tosun, "Host Perceptions of Impacts: A Comparative Tourism Study", Annals of Tourism Research, Vol. 29, No. 1, January 2002, pp. 231–253.

及 55 个行政村的家庭、居住、职业、经济、教育方面等不同领域的 13 个题项，居民家庭生活、邻里关系融洽程度、工作和劳动条件、居住地生活安全程度、家庭经济收入、住房状况、居住地交通条件、居住地卫生环境、孩子上学方便程度、看病就医方便程度、业余娱乐生活及自己身体状况等。第三部分，居民保护态度咨询，涉及保护区居民对遗址的认同感（遗址限制居民发展、保护区与区外生活差距，对未来遗址区的发展抱有信心），保护意识与保护知识（需要保护文物遗迹，日常的生产、生活活动是否破坏了遗迹，或影响了历史风貌与生态环境），遗址保护的配合意识和支持程度（为了遗址保护，您是否愿意牺牲更好工作机会、生活条件，搬迁等）等三组咨询的共 9 项问题。

2018 年初的调研对象包括汉长安城遗址内五个典型村落（扬善村、夹城堡村、阁老门村、徐寨村、讲武殿村。共发放调查问卷 245 份，其中扬善村（50 份）、阁老门村（50 份）、徐寨村（50 份）、讲武殿村（50 份），人口较少的夹城堡村（45 份），回收问卷 245 份，有效问卷 236 份。作者等人根据调查需要，参考国内有关文献[①]设计了调查问卷（问卷是在对五个典型村落居民进行预调查的基础上作了修改）。问卷主要包括三部分内容：第一部分，居民人口经济学特征，第二部分，居民对其生活需求状况的主观（满意度）评价；第三部分，居民对不同民生需求的感知（见附件 2）。第二部分测定遗址区居民生活状况的主观满意度，包括"住房、环境、空气质量、村容村貌、交通便捷度、基础设施、防灾治安、教育医疗"这类与居住相关的基础需求；又包括"养老、娱乐、公共活动"这类与休闲需求相关的，以及"历史资源的保护利用、民俗文化展示与传播和邻里关系"这类与情感需求相

---

① 陈稳亮：《大遗址保护与区域发展的协同》，博士学位论文，西北大学，2010 年；Pierce S. M., Cowling R. M. and Knight A. et al., "Systematic Conservation Planning Products for Land-Use Planning: Interpretation for Implementation", *Biological Conservation*, Vol. 125, No. 4, November 2005, pp. 441–458.

关的福利性需求;还包括"收入和工作状况、遗址旅游创造的工作机会"等与就业需求相关的,以及与"遗址相关性工作参与度""村内相关事务话语权"等参与性需求相关的发展性需求。问卷的第三部分是居民对不同民生需求的感知,包括居住、情感、就业、遗址参与等需求和对遗址保护的感知以及对遗址保护的配合态度。该部分37道题目设计,主要是对第二部分居民生活状况的主观评价(满意度)形成了一种呼应,进而更为客观地印证和了解不同村落居民生活状况的基本情况①。

二 2005年末和2018年初的问卷的相同与相似问题提取

由于两个研究目标不完全一致,加之2018年面临的情况更复杂,团队所作研究的目标和内容更为细化,所以仅能提取部分问题,但12年的对比一定可以显现诸多显著变化。本次时间维度的对比研究问题择定程序具体包括:

首先,选择了两份问卷第二部分——2005年末的居民生活状况的主观(满意度)评价、2018年初的居民对其生活需求状况的主观评价(满意度),通过对比发现了九项相同问题。分别是工作和劳动条件满意感、邻里关系融洽程度、生活安全感、对家庭经济收入的满意度、对住房状况的满意度、对居住地交通条件的满意度、对业余娱乐生活的满意度、对子女就学方便性的满意度、对所住地方就医方便性的满意度。

其次,通过2005年问卷的第三部分居民保护态度咨询和2018年的问卷的第三部分居民对不同民生需求的感知详细分析和比对,也找到了三个相似的问题(表4-1):

---

① 由于本章时空研究部分,仅选用2018年问卷的少部分内容,同时在不影响本章时间视角民生情况分析的前提下,对于2018年民生状况问卷的更为详细的信息(村落的选取、问卷设计的理论基础、问卷的具体设计与发放等)将在本书第五章第二节做更为具体的说明。

表4-1　2005年末和2018年初遗址区居民保护态度咨询中的相似问题

序号	2005年末问题	选项	2018年初问题	选项
1	您是否认为遗址保护限制了您家庭经济的发展	①是 ②否 ③不好说	您认为汉长安城遗址已有的保护与利用是带动了还是限制了本村落的经济发展	A 带动（是） B 限制（否） C 不好说
2	是否知道您现在住的地方或附近地下有大量的需要保护的文物遗迹	①是 ②否 ③不清楚	您是否关注过遗址保护	A 长期关注（是） B 从未关注（否） C 偶尔关注（不清楚）
3	为了遗址保护，您是否愿意迁离您现在的居住地	①是 ②否 ③不好说	您是否愿意为遗址的保护和发展搬迁	A 是 B 否 C 不好说

在两份问卷第二部分的居民生活状况的主观评价（满意度）的结果进行统计整理时，为充分反映相同的九项问题居民的满意程度的客观判断，运用李克特量表的计量方法对不同满意度进行赋值：共分"很满意"—5；"满意"—4；"一般"—3；"不满意"—2；"很不满意"—1五个量级；在此基础上，运用SPSS软件对调查样本进行统计分析。对第三部分三道相似问题，通过对每项计数占总数百分比的方法进行统计整理。经过对两份问卷的对比分析，笔者发现，12年来，遗址区居民在生活满意度和保护态度上均发生了一些明显变化。

三　结果分析

（一）居民对各项指标的平均满意度提升，对遗址抵触情绪有所缓解

如图4-5所示，随着外来人口的进入，居民对于遗址保护限制村落经济发展的意见有所减弱，各项咨询的平均满意度提升。如图4-6、4-7所示，对工作和劳动条件满意感、邻里关系融洽程度、生活安全感、对家庭经济收入的满意度、对住房状况的满意度、对居住地交通条件的满意度、对业余娱乐生活的满意度、现在住的地方上学方便程度、

现在住的地方看病方便程度的九项问题统计中,除去"对邻里关系融洽程度的满意度、对孩子上学和看病就医满意度等咨询"个别村落出现下降现象外,其余居民的满意度均在一定程度上得到了提升。原因主要有以下几点:

	对工作和劳动条件的满意感	对邻里关系融洽程度的满意感	对居住地生活安全程度的满意度	对家庭经济收入的满意度	对住房状况的满意度	对居住地交通条件的满意度	对业余娱乐生活的满意度	对孩子上学方便程度的满意度	对看病就医方便程度的满意度
2005年末	2.39	3.88	2.98	2.31	3.12	2.32	2	2.89	2.59
2018年初	3.37	3.85	3.52	2.96	3.53	2.94	3.28	3.5	3.29

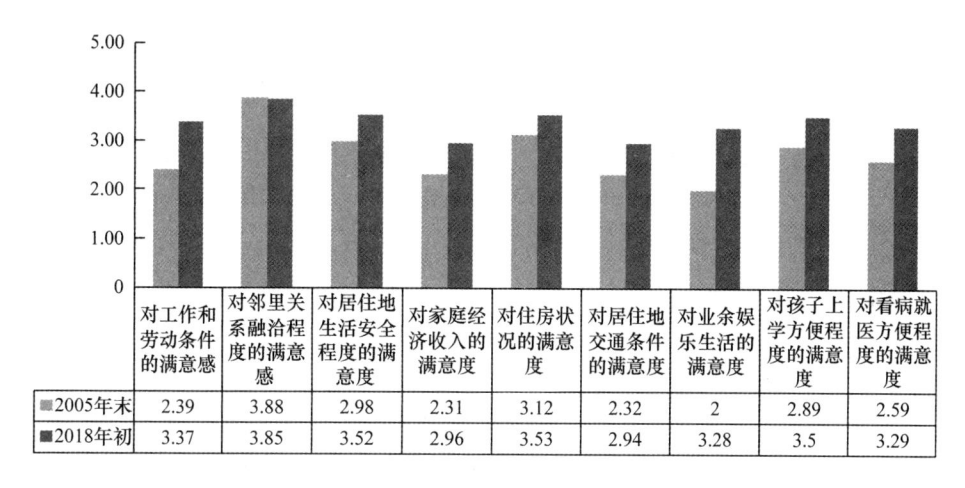

图4-5 遗址区五个村子2005年末与2018年初居民生活平均满意度变化

来源:作者自绘。

	对工作和劳动条件的满意感	对邻里关系融洽程度的满意感	对居住地生活安全程度的满意度	对家庭经济收入的满意度	对住房状况的满意度	对居住地交通条件的满意度	对业余娱乐生活的满意度	对孩子上学方便程度的满意度	对看病就医方便程度的满意度
扬善村	0.95	-0.42	-0.07	0.51	-0.12	0.29	0.54	-0.59	-0.28
讲武殿村	1.38	0.07	1.19	1	1.07	0.22	1.58	1.06	0.97
夹城堡村	0.72	0.24	0.14	0.62	0.57	1.08	1.27	0.31	1.16
阁老门村	1.04	0.35	0.48	0.64	0.2	1.4	1.58	1.4	1.11
徐寨村	0.77	-0.35	0.95	0.45	0.32	0.11	1.41	0.85	0.53

图4-6 遗址区五个典型村子2005年与2018年居民满意度变化

来源:作者自绘。

	对工作和劳动条件的满意感	对邻里关系融洽程度的满意感	对居住地生活安全程度的满意度	对家庭经济收入的满意度	对住房状况的满意度	对居住地交通条件的满意度	对业余娱乐生活的满意度	对孩子上学方便程度的满意度	对看病就医方便程度的满意度
2005年末	2.57	4.13	3.26	2.57	3.39	2.96	2.52	4.09	3.26
2018年初	3.52	3.71	3.19	3.08	3.27	3.25	3.06	3.5	2.98

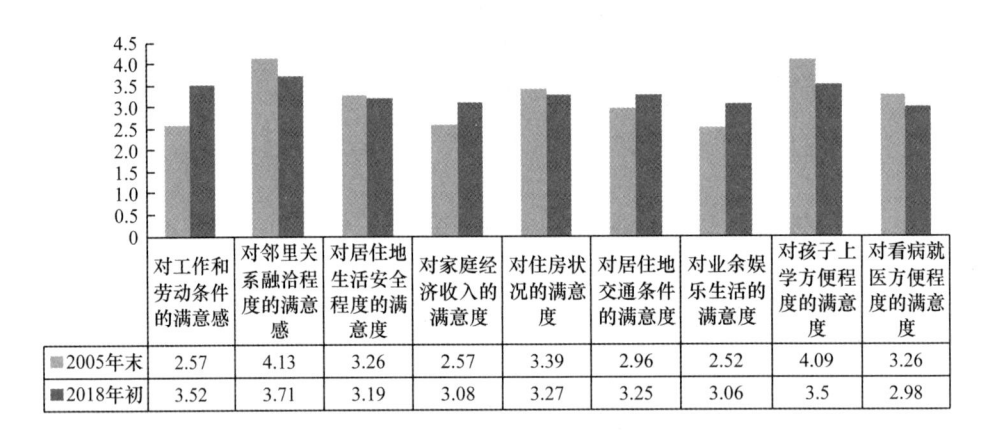

图 a　扬善村 2005 年与 2018 年居民满意度调查

	对工作和劳动条件的满意感	对邻里关系融洽程度的满意感	对居住地生活安全程度的满意度	对家庭经济收入的满意度	对住房状况的满意度	对居住地交通条件的满意度	对业余娱乐生活的满意度	对孩子上学方便程度的满意度	对看病就医方便程度的满意度
2005年末	2	3.83	2.25	1.92	2.67	1.92	1.58	2.92	2.25
2018年初	3.38	3.9	3.44	2.92	3.74	2.14	3.16	3.98	3.22

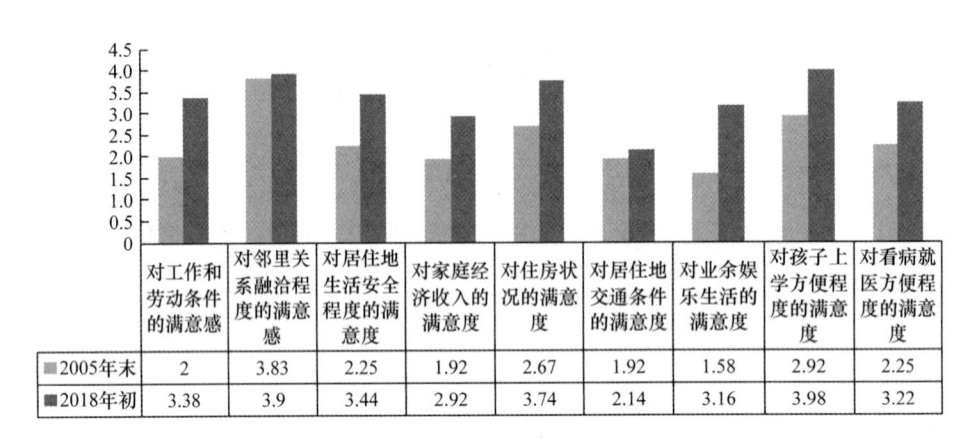

图 b　讲武殿村 2005 年与 2018 年居民满意度调查

	对工作和劳动条件的满意感	对邻里关系融洽程度的满意感	对居住地生活安全程度的满意度	对家庭经济收入的满意度	对住房状况的满意度	对居住地交通条件的满意度	对业余娱乐生活的满意度	对孩子上学方便程度的满意度	对看病就医方便程度的满意度
2005年末	2.46	3.69	3.69	2.38	3.23	1.92	2.23	2.69	2.54
2018年初	3.18	3.93	3.83	3	3.8	3	3.5	3	3.7

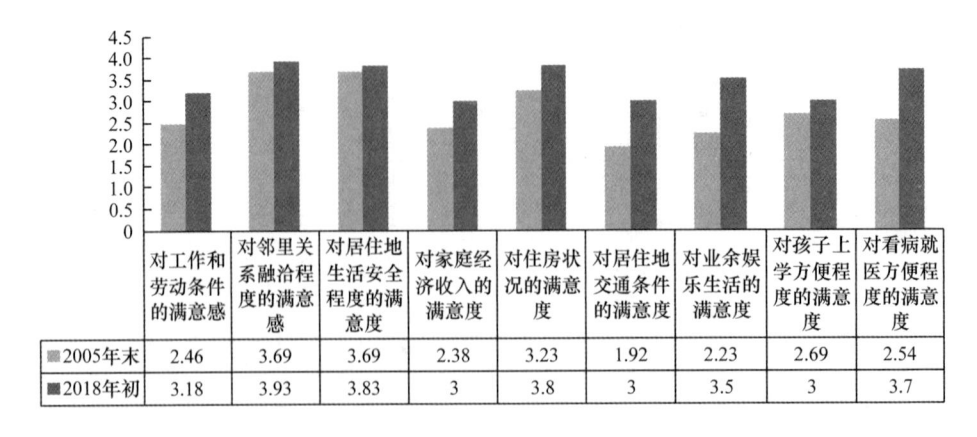

图 c　夹城堡村 2005 年与 2018 年居民满意度调查

第四章 时间视角下的汉长安城遗址区民生发展历程与对比研究

	对工作和劳动条件的满意感	对邻里关系融洽程度的满意感	对居住地生活安全程度的满意度	对家庭经济收入的满意度	对住房状况的满意度	对居住地交通条件的满意度	对业余娱乐生活的满意度	对孩子上学方便程度的满意度	对看病就医方便程度的满意度
2005年末	2.25	3.4	3	2.15	2.95	1.62	1.5	2.1	1.85
2018年初	3.29	3.75	3.48	2.79	3.15	3.02	3.08	3.5	2.96

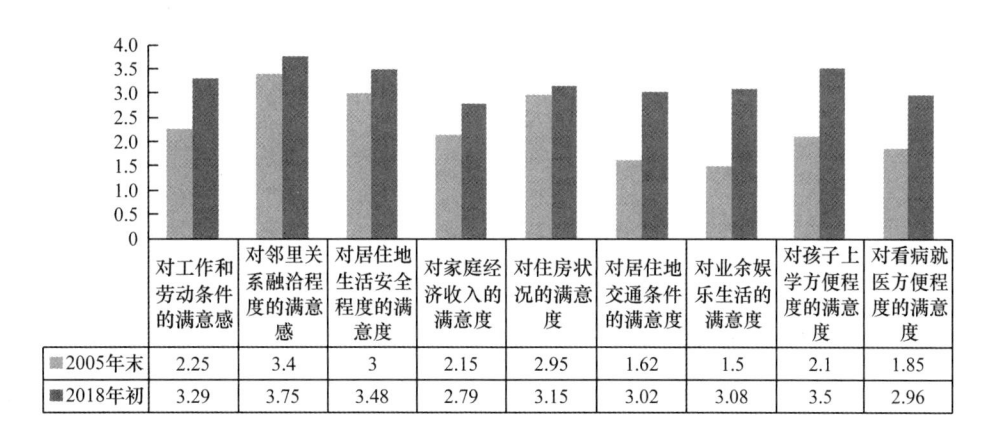

图 d　阁老门村 2005 年与 2018 年居民满意度调查

	对工作和劳动条件的满意感	对邻里关系融洽程度的满意感	对居住地生活安全程度的满意度	对家庭经济收入的满意度	对住房状况的满意度	对居住地交通条件的满意度	对业余娱乐生活的满意度	对孩子上学方便程度的满意度	对看病就医方便程度的满意度
2005年末	2.69	4.33	2.71	2.55	3.36	3.17	2.19	2.67	3.07
2018年初	3.46	3.98	3.66	3	3.68	3.28	3.6	3.52	3.6

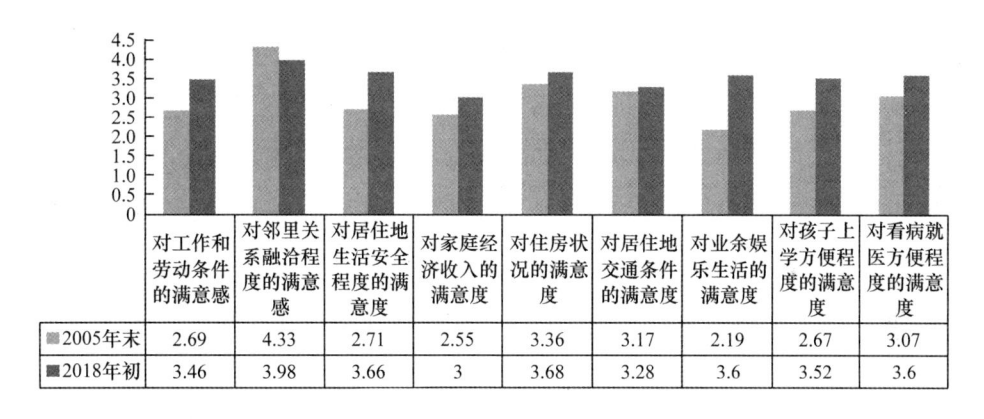

图 e　徐寨村 2005 年与 2018 年居民满意度调查

图 4-7　五个典型村落 2005 年与 2018 年居民满意度对比

来源：作者自绘。

一方面，在这 12 年期间，遗址区的发展受到西安市北郊发展的辐射，村庄和村民本身经济社会水平和生活质量都有所提升。另一方面，12 年来，外来人口不断涌入，给原住民带来了一定的房租收入和地租分成，原住民的经济状况有所改善。此外，2018 年左右，汉长安城遗址的利用和景区的建设已经让部分居民感受到了这些景区的环境意义。因此，从原住民视角分析，对于遗址保护与利用的对立情绪不及 2005 年时强烈。而对于被访问的外来人口而言，作为被咨询群体，外来人口也并未感受到遗址对其的限制。因为,外来人口来此居住或工作的主要原因是在遗址区村落可以找到与之现状所匹配的廉价租房,或距离工作地点较近的地理区位。因而他们并没有对遗址期望太多,甚至对遗址保护不太在意。根据问卷统计结果(如图4-8、4-9)得知,2005年末,

	是	否	不好说
2005年末	76.4	9.0	14.6
2018年初	41.3	22.0	36.7

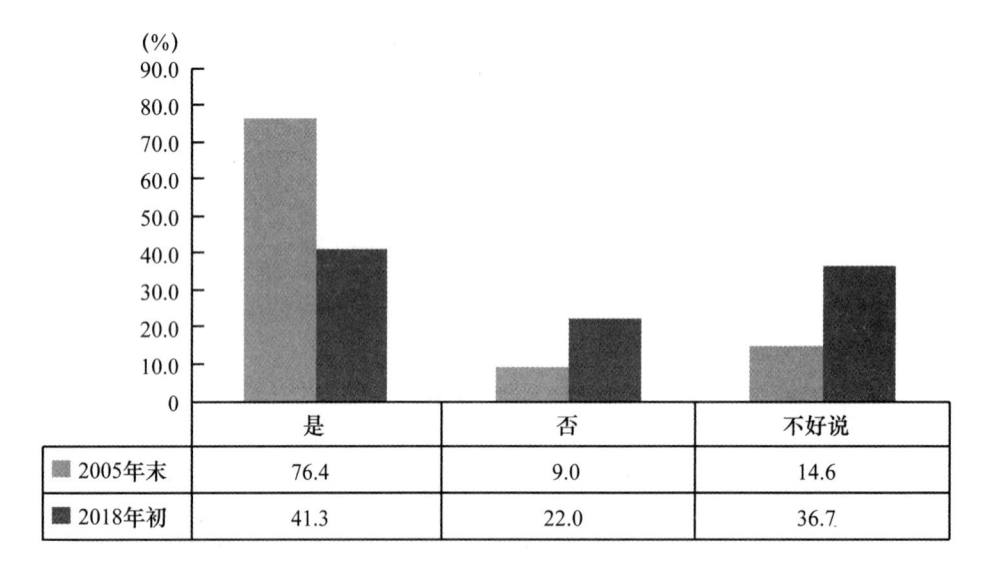

图4-8 遗址区居民对于遗址是否限制村落经济发展的意见的总体变化

来源:作者自绘。

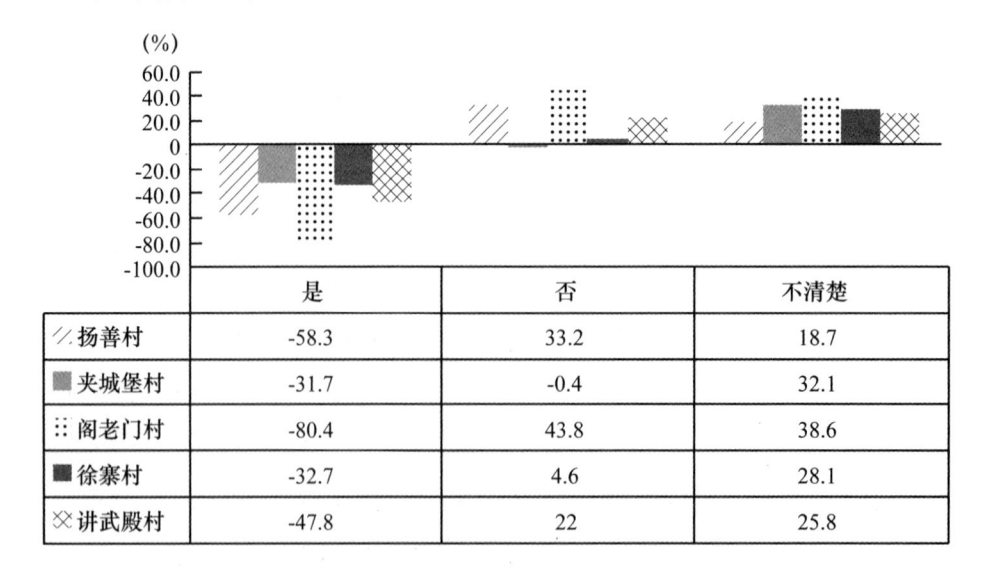

	是	否	不清楚
扬善村	-58.3	33.2	18.7
夹城堡村	-31.7	-0.4	32.1
阁老门村	-80.4	43.8	38.6
徐寨村	-32.7	4.6	28.1
讲武殿村	-47.8	22	25.8

图4-9 遗址区五个村子居民对于遗址是否限制村落经济发展的意见变化

来源:作者自绘。

五村居民多数觉得遗址保护限制了家庭的经济发展，人数约占总数的76.4%，而12年后，2018年初的调查问卷中统计到相似问题，其中认为"遗址保护与利用限制了本村落的经济发展"的居民人数比例减少了35.1%。

（二）遗址区部分村庄的社会环境出现不良发展态势，邻里关系满意度不升反降

受外来人口增多的影响，2005年后，许多村落外来人口数量大幅提升，对比12年后的统计结果，却发现部分村庄的社会环境出现不良发展态势，遗址区村落邻里关系整体满意度不升反降（图4-5），在问到邻里关系融洽程度的满意度上，扬善村和徐寨村的满意度12年来分别降低了0.42%、0.35%（图4-6，图4-7a、e）。

由于离城市较近，以扬善村为代表的外向型村落开放程度较高、和外界接触多，这些村落居民更多感受到了和西安市其他区域的经济社会差距。调研获知，扬善村、玉丰村等汉长安城东城墙沿线的村子居民"心理落差"较为明显。这些村落居民认为：相比于本村一路之隔的西安市经济技术开发区提升明显的住房条件和相对便利的上学和就医条件，本村"不论是上学和就医的方便程度还是可触及到的学校和医院质量"都与城市存在明显差距。因此，可以看到如扬善村的咨询那样，12年来村民对"住房状况、孩子上学和看病就医"的满意度出现下降情况（图4-7a）。

（三）遗址区居民搬迁意愿更强，比邻遗址公园村落居民搬迁意愿不降反升

从2005年末到2018年初的12年里，随着遗址保护与发展工作的推进，居民对遗址保护工作的支持度日渐提升，在被问及"未来遗址保护与发展，是否愿意搬迁"这一问题时，五村同意搬迁的居民比例从原来的23.6%增加到41.3%，比例增加了17.7%（图4-10）。

这主要体现在2018年依然处于阵痛期，且外来人口居多的村落（如阁老门村）对于搬迁的配合意愿更强（64.6%）。外来人口多数是

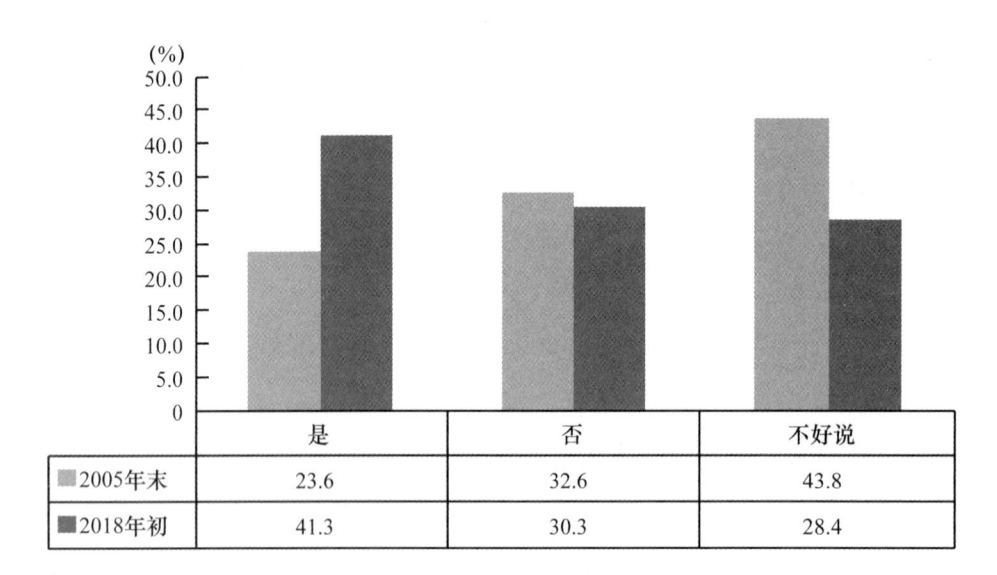

(%)	是	否	不好说
2005年末	23.6	32.6	43.8
2018年初	41.3	30.3	28.4

图4-10 遗址区居民对于是否愿意搬离居住地的态度的总体变化

来源：作者自绘。

来村内就业，并没有什么故土依恋的情结，加上调研村落多数为城中村，人居环境相对混乱，更使得这些居民对环境的归属感有限；此外，2018年前，阁老门村当时还存在着村庄西南部区域拾荒者集群，更在一定程度上破坏了村落的人居环境。而讲武殿村搬迁意愿也提升了46.9%，则主要是前文提及的"申遗后遗症"所致，居民对村落的基础设施尤其是交通状况存在不满，使得一些居民包括原住民增加了迁离的想法（图4-11）。

整体而言，外来人口多了，居民内心的归属感和故土情结也有所稀释。12年来，原住民较多的夹城堡村"不愿搬迁的居民"的数量反而上升了9.0%。进一步调研发现：从情感上而言，一部分原住民的故土难离的情结依然存在；从实际利益而言，已搬走的未央宫10个村居民的"过渡阶段和安置区"的生活状况并未让其艳羡；从未来发展而言，夹城堡村比邻未央宫遗址公园，公园的环境整治已经让居民感触到了其村落的环境价值。因此夹城堡村不愿搬迁的居民的数量不降反升。

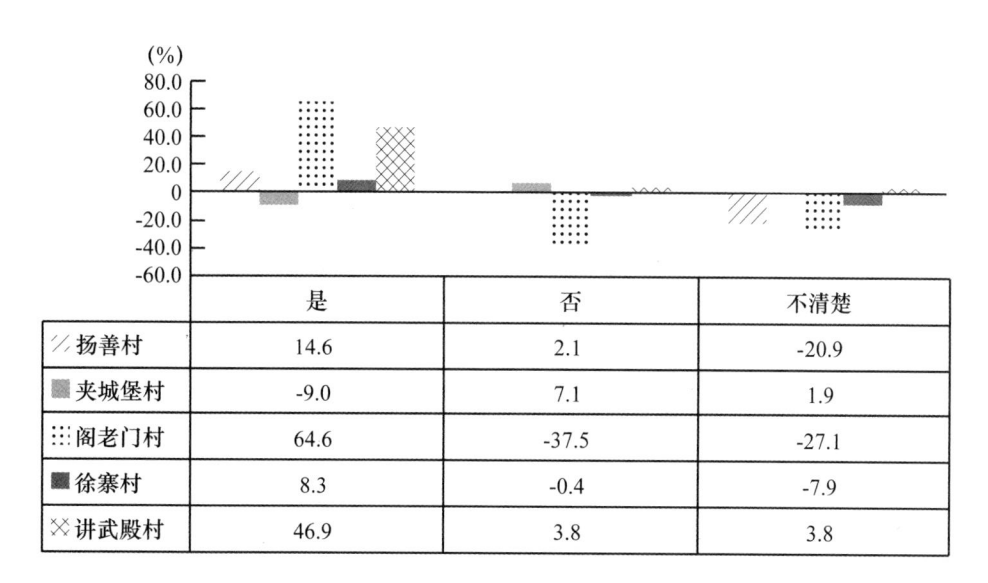

第四章　时间视角下的汉长安城遗址区民生发展历程与对比研究

	是	否	不清楚
扬善村	14.6	2.1	-20.9
夹城堡村	-9.0	7.1	1.9
阁老门村	64.6	-37.5	-27.1
徐寨村	8.3	-0.4	-7.9
讲武殿村	46.9	3.8	3.8

图 4-11　遗址区五个村子居民对于是否愿意搬离居住地的态度变化
来源：作者自绘。

（四）遗址区居民对遗址保护的关注度下降，受遗址景区开发影响显著的村落对文物的关注度不降反升

过去，国家和社会对于汉长安城遗址保护与发展政策覆盖不是很全，村民对于遗址保护的关注意识自觉度不高，因而根据问卷统计结果所知，2005年五个村子中"不知道遗址地有文物古迹的"居民占比约为9%，2018年在问及对遗址保护情况这一相似问题时，统计到五个村落中居民"从未关注"所占比例甚至超过了2005年末，达到了14.7%，增加了5.7%（图4-12）。

进一步调查可以发现，居民对于遗址保护的关注度降低的原因主要是：随着外来人口的增加，遗址区村落更像是一个城市边缘区的廉价租住区，遗址区村落的属性和特征并未随着几个景区的开发而有所提升。以外来人口为多的村落居民对遗址保护的关注度甚至不如12年前。

需要注意的是，相比于多数村落对遗址越加漠然，离汉城湖景区较近的阁老门村以及受到"申遗"影响较大的讲武殿村，对文物的关注度没有出现下降，两村"不知道周边有文物"的居民比例分别下降了

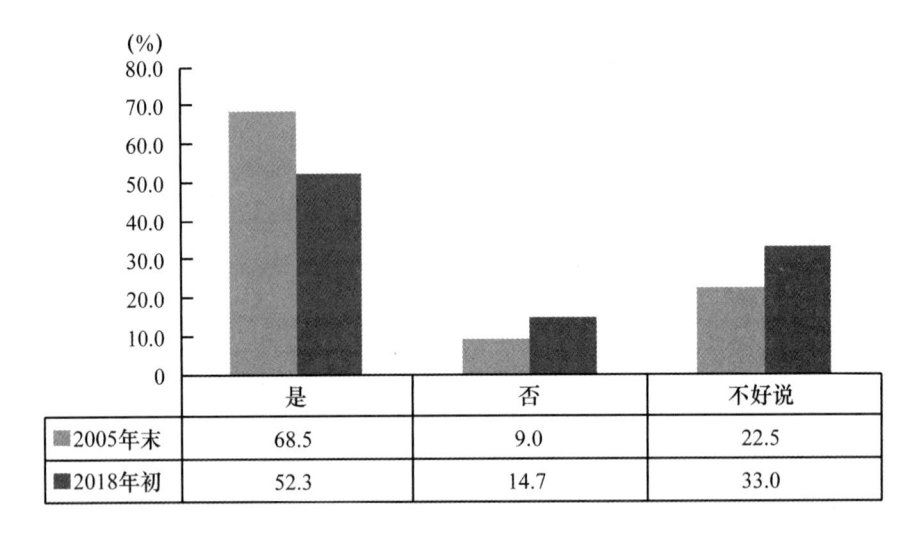

(%)	是	否	不好说
2005年末	68.5	9.0	22.5
2018年初	52.3	14.7	33.0

图 4-12　遗址区居民对于是否关注遗址保护状况的总体变化

来源：作者自绘。

4.2%和0.2%。进一步调研发现，虽然两村居民受到遗址保护与利用影响最深，但搬迁意愿提升度最大也在一定程度上说明这种影响更多是负效应，这也进一步印证了既有的景区运营和"申遗及其成功后的民生工程"还存在一些缺陷（图4-13）。

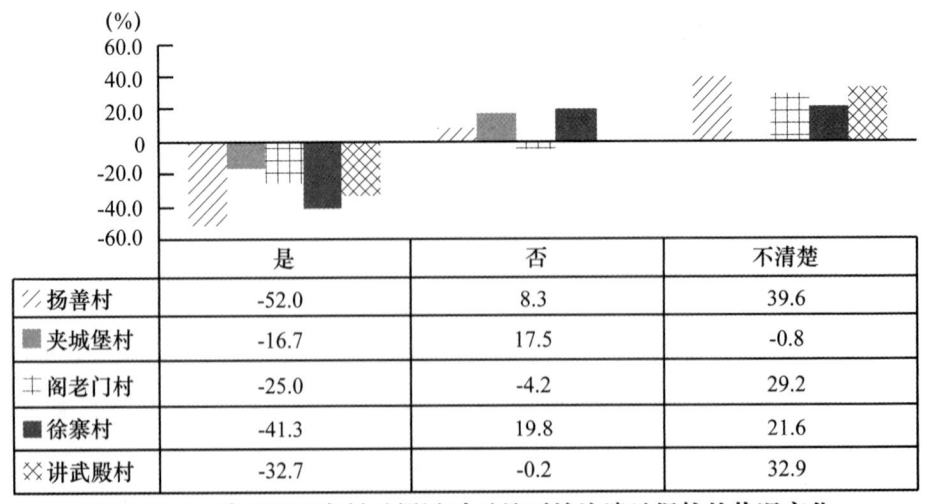

(%)	是	否	不清楚
扬善村	-52.0	8.3	39.6
夹城堡村	-16.7	17.5	-0.8
阁老门村	-25.0	-4.2	29.2
徐寨村	-41.3	19.8	21.6
讲武殿村	-32.7	-0.2	32.9

图 4-13　遗址区五个村子居民对于是否关注遗址保护的状况变化

来源：作者自绘。

(五) 遗址区中村落居民满意度空间差距有所缓解，内向型村落居民满意度提升更为显著

结合多年来对汉长安城遗址区村落跟踪调研，本研究将五个典型村村落划分为外向型村落（扬善村、徐寨村）和内向型村落（讲武殿村、夹城堡村与阁老门村）。外向型村落12年来各项指标的满意度变化均小于内向型村落的满意度变化，其中对于工作和劳动条件的满意度、对居住地生活安全程度的满意度等指标，外向型村落与内向型村落的满意度变化差别不大，但是对于看病就医、孩子上学的方便程度的满意度变化等指标，内向型村落的满意度要远大于外向型村落，差值接近1（图4-14）。

	对工作和劳动条件的满意感	对邻里关系融洽程度的满意感	对居住地生活安全程度的满意度	对家庭经济收入的满意度	对住房状况的满意度	对居住地交通条件的满意度	对业余娱乐生活的满意度	对孩子上学方便程度的满意度	对看病就医方便程度的满意度
外向型村落	0.9	-0.4	0.4	0.48	0.1	0.2	0.97	0.13	0.13
内向型村落	1.1	0.2	0.6	0.75	0.61	0.9	1.48	0.92	1.08

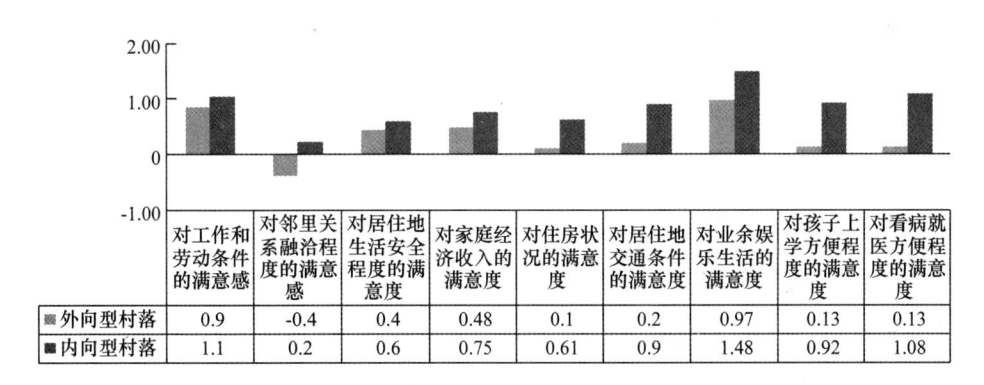

图4-14 遗址区中内向型村落与外向型村落的平均满意度对比
来源：作者自绘。

出现这一统计结果的原因主要在于，前"申遗"阶段的2005年徐寨村是遗址区的交通节点，也是遗址区内商贸最发达的村落，通往老机场的石化大道与区内重要南北向道路邓六路在徐寨村交汇，该节点又靠近刚建成的西三环。而扬善村作为汉城街办所在地，又因靠近经济技术开发区而成为外向性最好、商业氛围最浓、开放度最高的城中村。因此，12年前，这两个村落的满意度就比靠近遗址的内向型村落的三个村子高了很多。由此可见，这一变化差更多的是"内外向村落居民生活满意感差距的缩小"的体现。随着城市化对于遗址区的渗透，加上外来人口的更深度地涌入遗址区腹地，以及居民对遗址保护政策的适

应，遗址区中各村落空间差异性较之12年前有所缓解。而小汽车交通的普及，也大大扩大了居民的出行半径，内向型村落封闭状态有所改善，对于看病就医、孩子上学的方便程度满意度有所提升。

需要注意的是，外向型村落村民在对住房、看病和子女就学方便程度等方面的满意度均未出现明显提升，对于邻里关系融洽程度的满意度上，外向型村落甚至出现了负增长（-0.39），由此可见，在城市化推进的过程中以及外来人口不断涌入过程中，遗址区村落还需要通过科学的治理来克服这些村落所出现的外来人口难以融合、社会治安不佳、人居环境不佳等负面效应。

第三节 本章小结

由汉长安城遗址保护与民生发展的历程可以发现：20世纪90年代中期之前、20世纪90年代中期至2010年、2010年至2018年、2018至今这四个阶段构成了汉长安城遗址保护与民生发展典型变化。而20世纪90年代中期开始加速的城市化、2010年总体保护规划颁布实施并开始筹备"申遗"以及2018年在遗址区开展的一系列环境整治政策，使得这三个时间成为遗址区民生发展的拐点。

选用2005年末和2018年初五个相同村落居民满意度和保护态度的相关问卷进行了对比研究可以发现：遗址区12年来出现了"居民各项指标的平均满意度提升、邻里关系满意度不升反降；遗址区居民整体搬迁意愿变强，比邻遗址公园村落居民搬迁意愿不降反升；遗址区居民对遗址保护的关注度下降，遗址区中村落居民满意度空间差距有所缓解"等趋势。

比对2005年末和2018年初五个相同村落居民满意度和保护态度的相关问卷的结果，各个村落的变化情况在每项指标上存在"村与村之间"的明显差异。因此，若全面客观地透析遗址区民生发展问题，从空间尺度对其展开分区研究显得尤为必要。

第五章 空间视角下的汉长安城遗址区民生发展对比研究

第一节 不同阶段产生的不同类型村落

由上一章的时间维度的研究可以看出,在不同的阶段,一些因素发挥了重要作用。同样,本章关注的不同分区和不同类型的村落也会随着不同的时间段影响遗址区各类要素的变动而调整。

一 第一阶段:2010年以前,区位影响(和遗址的关系、和城市的关系)占主导

该阶段,主要是从20世纪90年代中后期遗址区内外渐渐出现生产生活悬差之后直到2010年之前。在整体遗址区受到文物保护政策限制的背景下,存在以下几类村庄。主要包括受遗址保护政策影响,和遗址相伴而生的村落,细分为:第一,受遗址保护政策限制明显,如位于未央宫和长乐宫遗址区之间,毗邻武库遗址的讲武殿村;第二,和遗址叠压,作为近地搬迁典型的周家河湾村;第三,离遗址较近,且距离城市中心较远,较为封闭的村落,如夹城堡村;第四,离城市较近,受城市影响和外来人口影响较为明显的扬善村;第五,一直作为城市交通节点的徐寨村。

以上村落中,受到城市影响方面,扬善村、徐寨村明显好于讲武殿村、夹城堡村、周家河湾村。和遗址的关联程度和区位方面,讲武殿

村、夹城堡村、周家河湾村的居民满意度明显低于扬善村和徐寨村的居民满意度。

二 第二阶段：2010年至2018年，"申遗"影响、景区建设影响、进一步城市化影响、外来人口对于遗址区村落的影响也逐渐显著

该时段受影响的村落包括除了扬善村、徐寨村、讲武殿村之外，靠近汉城湖的阁老门村；以及"申遗"过程中，一些搬迁村民不能及时安置而选择的临时安置区（如新东张村）。其中，远离世界遗产地，离城市较近的如扬善村，在此期间由于城镇化速度加快，受到城市影响愈发明显。而徐寨村因"申遗"搬迁村落的许多人口、资源和要素输入，也取得了一定的发展，在遗址区内依然是商贸中心和交通节点。

此外，受到"申遗"影响较为明显的讲武殿村，"申遗"过程中及"申遗"后，由于村落搬迁而造成公交改线。同时，村内西安市第76中学也吸纳一些搬迁村落的陪读眷属和外来人口，村内面临一个社会的重新融合过程。而夹城堡村由于未央宫遗址公园在该阶段一直处于前期的环境维护期，遗址区内与该村相关的邓六路也因此改线，导致其村落的封闭性更强。受到景区建设影响的阁老门村，一方面，融入一些不和谐的景区元素；另一方面，受城市扩张影响，阁老门村的开放性渐次提升，这也使得阁老门村作为景区型村落成为典型。

此外，需要注意的是，该阶段，遗址区搬迁的10个村子的村民有相当长一段时间处于搬迁安置过渡期，临时安置区包括：第一，搬迁村落多数居民将其作为临时性集中租住的区域，如遗址区外白家口社区的丽苑小区；第二，整个村子作为临时安置小区的沣景园小区（新东张村）。

三 第三阶段：2018年后的环保政策打破"申遗"后渐渐形成的均衡格局，遗址区进入新的调整期

在该阶段，2018年以来的一系列环保和农业政策对于村落产业的冲击使得这一时段产生如下的情况：第一，出现受到冲击比较严重的内部村落,如徐寨村;第二,村内外来人口就业比较多元,村内产业主要以服务业为主,出现受冲击较小的外部村落,如扬善村。

此外,该阶段,出现了村落自下而上进行"文旅型村镇"发展的一些尝试,如宣平里景区(楼阁台村)和玉女门汉代风情街区(玉丰村)。同时,作为世界遗产地申报过程中10个搬迁村落集中安置小区的汉城新苑在该阶段也建成并投入使用。

需要注意的是:该阶段,在世界遗产地未央宫遗址公园旅游发展的导向下,一些景区周边的传统村落也慢慢开始酝酿向文化型村落转型。如六村堡村对于村内遗产的保护与利用,徐寨村领导自发组织编写村史,讲武殿村意欲展示讲武殿台遗址等。

第二节 五个典型村落民生发展状况的空间对比研究

为充分表达分区研究的重要性,以笔者和团队在2018年对遗址区五个典型村进行的对比研究为例,在空间维度上对遗址区村落做进一步的探索与阐释。

居民生活状况水平是衡量一个国家或地区居民生活质量的重要指标,也是反映经济社会发展水平和居住文明程度的指标。笔者团队于2018年1月对汉长安城遗址区(重点五个典型村落)进行调研,深入了解汉长安城遗址区内村落居民生活状况。

一 典型村落的选取

根据前期对汉长安城遗址区的调查研究并参考专家建议,结合多年来对遗址区村落的跟踪,统筹考虑到不同村落的区位、经济、人口、产业特征及其和遗址区的关联等差别,选择扬善村(城中村型)、夹城堡村(封闭型)、讲武殿村(腹地型)、徐寨村(交通节点型)和阁老门村(景区型)五个具有代表性的典型村落为研究对象来展开调研分析工作，力求实现由典型到一般的目的（如图 5-1）。

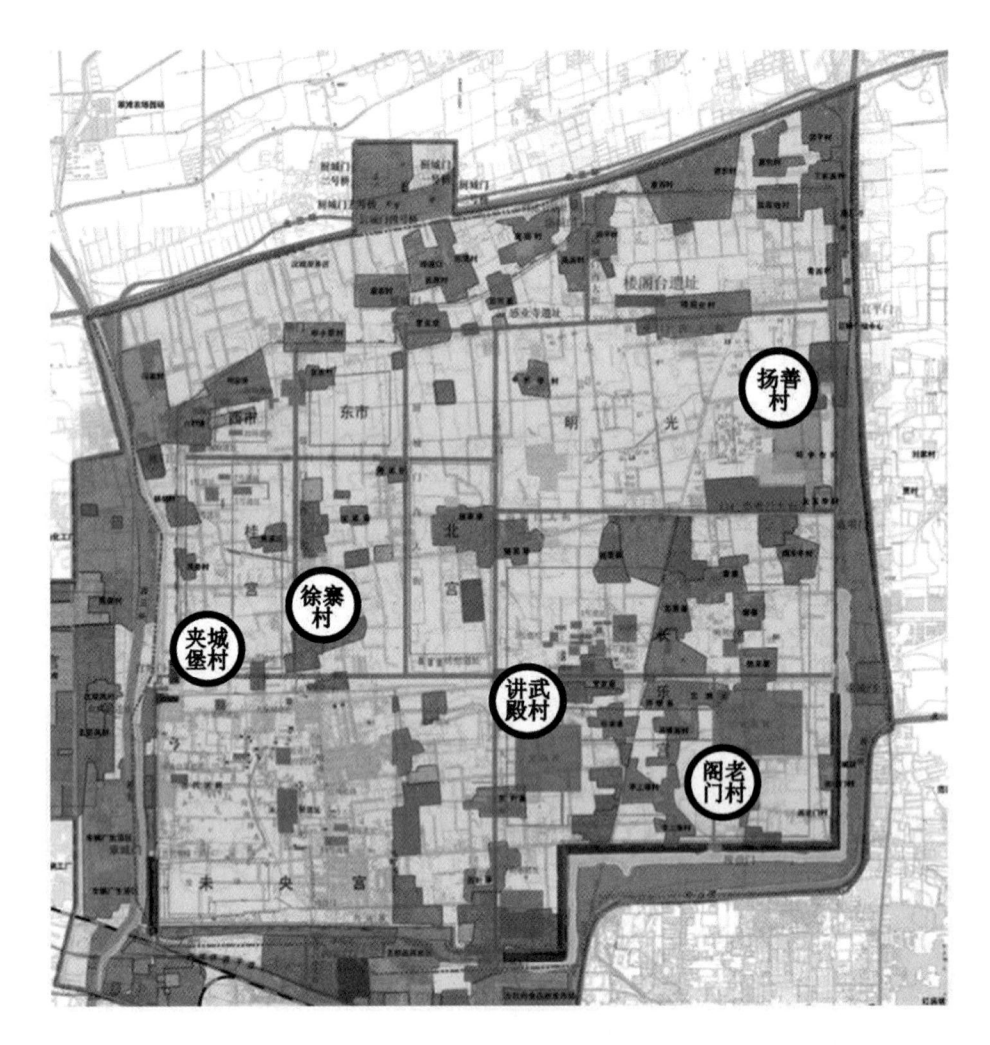

图 5-1 典型村落区位

来源：作者自绘，本章所有图、表均为作者及团队自绘。

应该说，这五个村落充分代表了汉长安城城址区内，2010 年至 2018 年这一重要时段亦即遗址区村落深度趋于分异过程中的五类典型村落。其中这些村镇在该阶段的时空特征体现见表 5-1。

表 5-1　汉长安城遗址区五个典型村落的区位、特征和发展趋势

类型	代表性村落	区位	特征	变化趋势（2010—2018年）
城中村型	扬善村	地处遗址区边缘，比邻经开区，交通较为便利	人口结构复杂，外来人口较多，产业多元	受城市发展影响，外来人口聚集趋势明显，居民就业多样性较强
景区型	阁老门村	靠近景区，外向性明显优于其他村落	村落第三产业发达，外来人口居多，环境复杂，兼具城中村的特征	随着景区的发展，对外连通度有所提升
封闭型	夹城堡村	离城市较远，是封闭性强的传统村落	居民多为原住民，村落周围被耕地和村办企业包围，村落面临村庄凋敝、活力缺失，存在人口老龄化等现象	由于世界遗产地在该区域，南部和东部的开放性受到进一步影响，其与城市连通性不足
腹地型	讲武殿村	地处遗址区腹地，相对封闭	人口结构单一、外来人口比例相对较少，交通不便、产业结构单一	村庄的发展受申报世界遗产村落搬迁的影响
交通节点型	徐寨村	虽地处遗址区中部却位于遗址区内的交通节点上，相对于遗址区中部的村落交通便捷、更加开放	村内居民由原住民和外来务工人员组成，并集聚了大量仓储、物流公司，产业结构丰富	对世界遗产地搬迁的外来人口具有吸附效应，村落成为2010年至2018年遗址非正规产业云集的集中之所

二　遗址区民生发展状况差异性测度

（一）构建民生需求结构

作者的主要目的是，厘清汉长安城遗址区内村落居民需求的不同类型、具体内容与阶段性特征，切实反映五个典型村落居民的民生状况，同时能为不同村落居民需求差异提供一个系统的评测框架。

对于遗址区内五个典型村落民生发展现状，作者借鉴"马斯洛需求

层次理论（图5-2）"①，及"甘肃省社会科学院李有发研究员对于民生需求结构的社会学分析框架"②，按照"关注生存、重视保障、促进发展"的思维理路构建了层次性的汉长安城遗址区民生需求结构（基础性民生需求、福利性民生需求和发展性民生需求）（图5-3），该研究框架也在作者对于米脂古城等人居型遗产的研究中进行过尝试。民生需求结构分两个层级，第一层包括：基础性需求、福利性需求和发展性需求。结合遗址区实际，第二层级将第一层级的三类需求具体和细化为居住需求、休闲需求、情感需求、就业需求、参与及权利需求五方面。

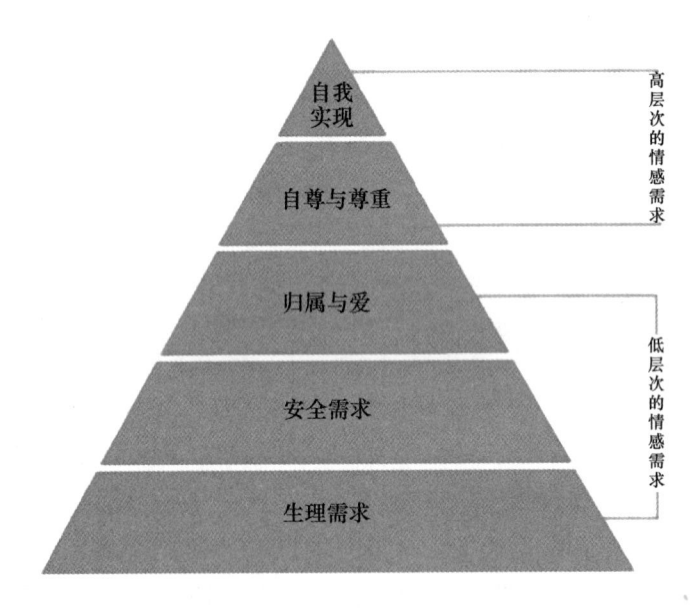

图5-2 马斯洛的五级需求层次

来源：作者自绘。

---

① 马斯洛需求层次理论是美国心理学家亚伯拉罕·马斯洛提出的经典理论。该理论把人的需求由较低层次到较高层次分成生理需求、安全需求、爱与归属感、尊重与自我实现五类。[美] 亚伯拉罕·哈洛德·马斯洛：《人性能达到的境界》，方世华译，北京燕山出版社2013年版，第218页。

② 李有发：《民生需求及其结构：一个社会学视角的理论分析》，《甘肃社会科学》2014年第5期。

```
┌─────────────────────────────────────────────────────────────┐
│              遗 址 区 居 民 生 活 需 求 结 构                │
│  ┌──────────────┐   ┌──────────────┐   ┌──────────────┐    │
│  │ 基础性需求A1 │   │ 福利性需求A2 │   │ 发展性需求A3 │    │
│  └──────────────┘   └──────────────┘   └──────────────┘    │
│  ┌──────────────┐   ┌──────────────┐   ┌──────────────┐    │
│  │包括衣食住行、│   │包括养老休闲娱│   │包括就业、培 │    │
│  │生活环境、医疗│   │乐设施、生活与│   │训、有参与遗 │    │
│  │保障、安全环 │   │文化设施、追求│   │址保护与发展 │    │
│  │卫等基础设施,│   │精神与情感的自│   │的权益保障,享│    │
│  │是居民生活的 │   │由舒适        │   │受公共事务参 │    │
│  │基础保障     │   │              │   │与权与话语权 │    │
│  └──────────────┘   └──────────────┘   └──────────────┘    │
└─────────────────────────────────────────────────────────────┘
```

┌────────┐   ┌────────┐ ┌────────┐   ┌────────┐ ┌────────┐
│居住需求│   │休闲需求│ │情感需求│   │就业需求│ │参与及权│
│ B1   │   │ B2   │ │ B3   │   │ B4   │ │利需求B5│
└────────┘   └────────┘ └────────┘   └────────┘ └────────┘

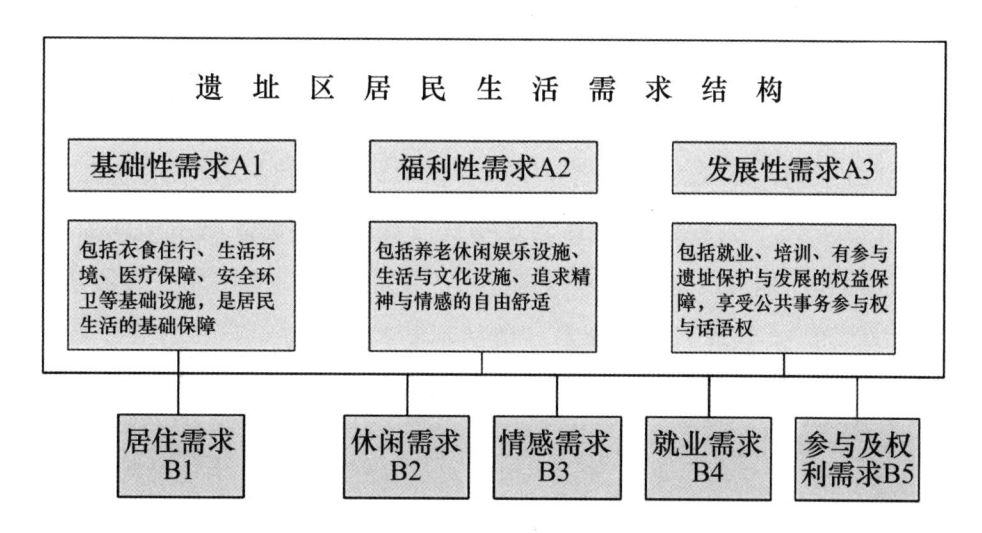

图5-3 汉长安城遗址区民生需求结构示意

来源：作者自绘。

(二) 民生需求结构类型分析

在建构遗址区村落民生需求结构的基础上，笔者结合在不同大型遗产地社区进行规划和治理研究的经验，从居住、休闲、情感、就业、公众参与五个维度对遗址区保护与发展进程中村落日益趋于分异化状态下的民生需求进行探讨，以期在廓清典型村落民生需求的基础上，科学、有效、精准地提出遗址区民生问题的改善策略。

居住需求：居住是生活基本保障。然而，遗址区居民的居住状况并不乐观，一些城中村型的村落面临房屋加盖、违建云集的混乱。而一些面临衰败的腹地型和封闭型村落，又面临着房屋老旧、残破、设施亟待更新的窘况。如此，居住需求成为测度遗址区不同村落民生需求差异的基础性指标。

休闲需求：随着我国经济社会的快速发展，居民生活质量日益提升，同时，其身体与精神压力也面临着不同程度的增加，康体与休闲需求不仅是民生需求中的重要组成部分，也成为测度居民高质量生活的重要指标。然而，遗址区内在2010年至2018年这一阶段一直处于一个转型适应期。不论是城中村还是封闭型村落。村落的发展一直处于一个整体混乱的过渡状态，并未结合遗址区创造出文化性的公共休闲空间，各村可供居民休闲活动的空间匮乏。因此，测度并比对不同村落的休闲场所、活力空间，已成为科学把控遗址区居民民生问题的重要前提。

情感需求：进入21世纪在满足物质需求后，不论是城市抑或乡村，越发强调一个地方的地方感和家园感。"留住乡愁"也在那个时段成为热词。然而，"申遗"后，随着城市的不断扩张，遗址区内外来人口不断增多，且逐渐渗透到不同村落。遗址区多数村落的外来人口都超过原住民。这一普遍的人口现象和社会现象也对遗址区的社会凝聚力和居民归属感及社会融合问题提出了挑战。如此，系统深入地调查和评估不同村落居民的非户籍人口的生产生活状况和居民融入情况，势必成为科学测度遗址区不同村落民生需求的关键环节。

就业需求：就业是居民安居的前提，是其获得发展机会、展现自我能力、实现自身价值的要求。对于2010年至2018年时期的遗址区而言，在遗址保护政策的管制下，由于遗址区的产业趋于非正规态势，遗址区居民就业呈现出"外来人口或受雇于区内临时小私企业，或从事城中村的低端服务业；原住民或外出打工或靠出租房屋维持生计"的现实。相比而言，囿于世界遗产地展示和旅游还未全面展开，其他各村的文化旅游和遗址相关产业也寥寥无几，遗址区的保护与利用并未为居民创造足量的就业机会。依托遗址保护与利用、依托城市发展，建构与居民能力相匹配的、与环境友好的就业体系，为居民创造多样的就业机会对遗址区民生问题解决尤为重要，而对遗址区不同类型就业的全面了解与科学对比显然是这一工作的核心。

参与和权利需求：在公共事务中"居民能够有参与机会并且拥有充分的话语权"是衡量其得到尊重并实现居民"发展性需求"的重要表征。然而，一直以来，汉长安城遗址居民在涉及自身利益的各类公共事务中参与度较低且缺乏主动参与的意识。在一定程度上，2010年至2018年时期村落人口结构的日益复杂化和多元化也使得村民的凝聚力受到了一定影响,居民获取公共信息并参与公共事务的机会十分有限。需要注意的是,在未来遗址区保护和发展过程中,居民的知情权、参与权、话语权尤为关键。因此,了解现有各村居民在公共事务上的参与状况,通过教育、引导,提升居民参与的意识和能力,势必将为未来遗址区居民真正融入汉长安城遗址保护发挥关键作用。

三 问卷的设计与发放

(一) 问卷设计

根据调查需要,参考国内有关文献[①]设计了调查问卷(问卷是在对五个典型村落居民进行预调查的基础上作了修改)。问卷主要包括三部分内容:第一部分,居民人口经济学特征;第二部分,居民对其生活需求状况的主观(满意度)评价;第三部分,居民对不同民生需求的感知,包括居住、情感、就业、遗址参与等需求和对遗址保护的感知以及对遗址保护的配合态度(见附录2)。

在测定遗址区居民生活状况的主观满意度时,考虑了团队在12年前关于遗址区居民主观满意度的相关问题的对比研究的需要,同时为了使得这些问题更系统、更能全面地表现出各村居民的生活质量及其在不同需求层次与维度上的差异,结合居民民生需求结构中的五大需求,作者制定出测度遗址区居民主观满意度22个题项:这些问题包括"住房、环境、空气质量、村容村貌、交通便捷度、基础设施、防灾治安、教育医疗"等与居住相关的基础需求,又包括"养老、娱乐、公共活动"等与休闲需求相关,以及"历史资源的保护利用、民俗文化展示与传播和邻里关系"等与情感需求相关的福利性需求,还包括"收入和工作状况、遗址旅游创造的工作机会"等与就业需求相关的,以及"遗址相关性工作参与度、村内相关事务话语权"等与参与和权利需求相

---

① 陈稳亮:《大遗址保护与区域发展的协同》,博士学位论文,西北大学,2010年;Cevat Tosun, "Host Perceptions of Impacts: A Comparative Tourism Study", *Annals of Tourism Research*, Vol. 29, No. 1, January 2002, pp. 231–253.

关的发展性需求。

问卷的第三部分是居民对不同民生需求的感知，该部分包括37个题项，主要是对第二部分居民生活状况的主观评价（满意度）形成的一种呼应，进而更为客观地印证和了解不同村落居民生活的基本情况。

(二) 问卷的发放

本调查时间为2018年1月31日至2018年2月3日，地点为汉长安城遗址内五个村落（扬善村、夹城堡村、阁老门村、徐寨村、讲武殿村）。形式为居民抽样调查。除入户发放问卷外，还选择了学校、街道、村委会广场等人口密集的场所发放问卷，共发放调查问卷245份，其中扬善村（50份）、阁老门村（50份）、徐寨村（50份）、讲武殿村（50份），人口较少的夹城堡村（45份），回收问卷245份，有效问卷236份，问卷有效率96.32%（图5-4）。

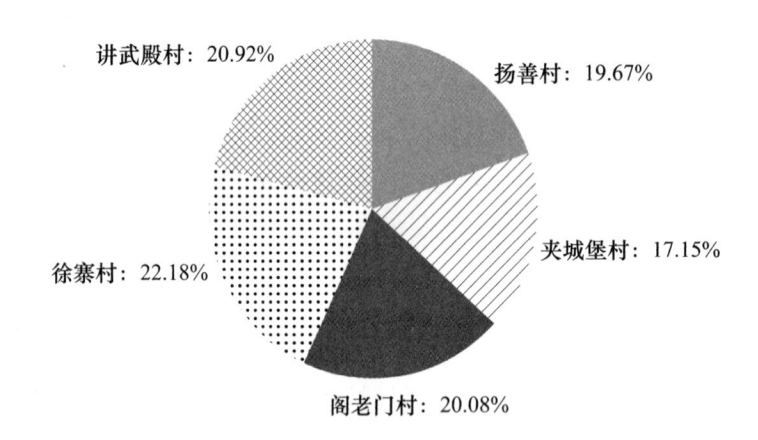

图5-4 五个典型村落有效问卷份数占比

来源：作者自绘。

(三) 数据的整理与分析

本章中空间视角遗址区民生问题对比研究中对三个部分的数据整理和分析方法如下：

第一部分，人口社会经济特征通过对每项计数的方法进行统计。

第二部分，居民生活状况的主观评价（满意度）的结果进行统计整理时，为充分反映居民对 22 项指标的满意程度的客观判断，运用李克特量表的计量方法对不同满意度进行赋值：共分"很满意"——5；"满意"——4；"一般"——3；"不满意"——2；"很不满意"——1 五个量级；在此基础上运用 SPSS 软件对调查样本进行统计分析。

第三部分，不同民生需求调查通过对每项计数的方法进行统计整理，旨在对第二部分数据的补充和呼应。

四　五个典型村落民生发展的比较研究

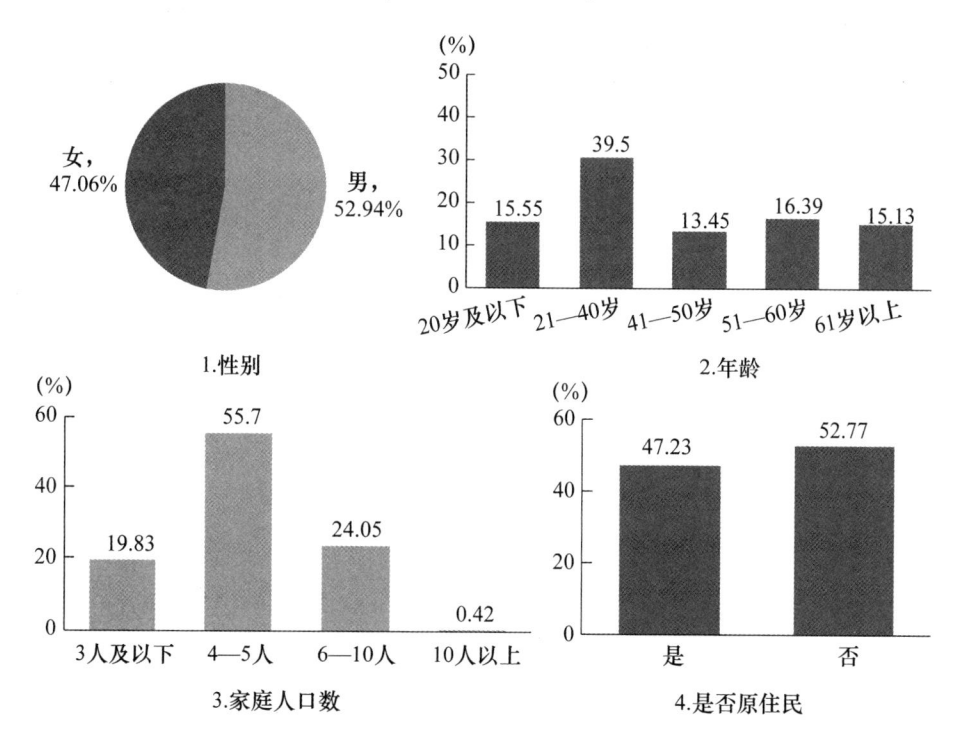

（一）五个典型村落的整体情况

从问卷所反映的社会经济特征构成来看，体现出以下几点：

1. 调查对象男女比例较均衡。

男性占 52.94%，女性占 47.06%，如图 5-5-1；调查对象年龄分布以 21—40 岁年轻人口为多，占 39.5%，其余年龄段人口较为均衡，均占 15% 左右，如图 5-5-2；家庭人口数以 4—5 人为主，占 55.7%，三代家庭占据主导，如图 5-5-3。

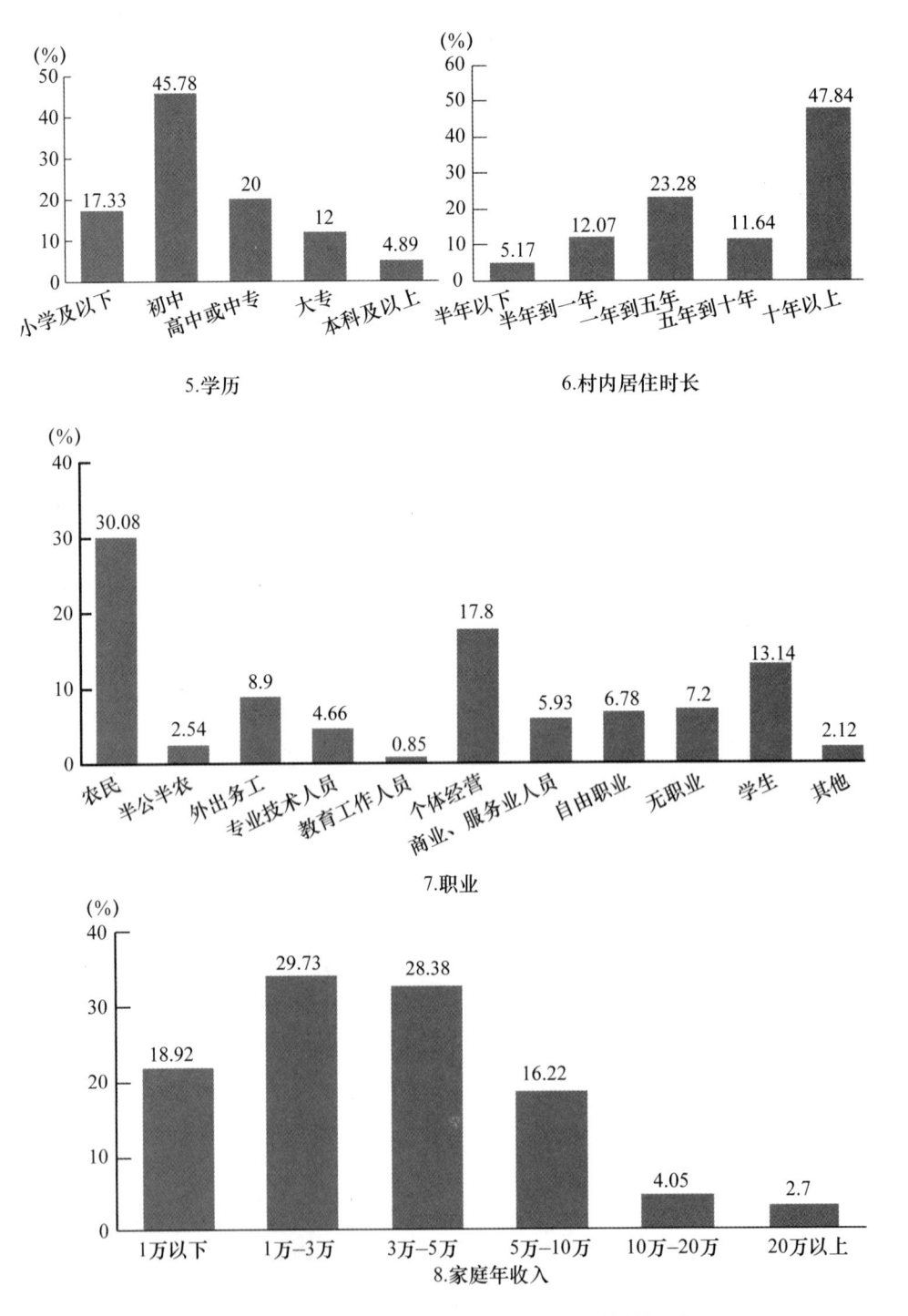

图 5-5 五个典型村落居民的社会经济特征汇总

来源：作者自绘。

2. 本次调查对象中，外来人员占 52.77%。

实际上，遗址区该时段的外来人口已超过原住民，如图 5-5-4；然而，这些外来人口中也包括了在遗址区居住已超过五年的非户籍人口，调查对象在村中居住五年以上的占到 59.48%，如图 5-5-6。

3. 遗址区居民的整体文化水平仍比较低。

调查对象中初中学历占到 45.78%，如图 5-5-5；职业主要是农民（30.08%）、个体经营者（17.8%）和学生（13.14%），如图 5-5-7；家庭年收入大多在 1 万—3 万（29.73%）与 3 万—5 万（28.38%）两个区间，分别接近 30%，如图 5-5-8。

（二）五个典型村落居民满意度的比较

为进一步探寻遗址区村落发展的差异和各村的突出问题，本节对五个典型村落居民满意度进行横向对比，具体方法采用"第二部分的满意度对比和第三部分的问卷进行解释和补充"的方式，以保障本研究的客观性。

根据李克特量表，统计得出问卷第二部分五个典型村落对于 22 项生活满意度的评价分值汇总表 5-2。综合来看，汉长安城遗址区内五个典型村落的居民生活满意度的得分范围为 2—4。根据研究需要，参考国内外相关文献，我们将居民按其平均满意度的得分划分为：高满意群体（平均满意度大于或等于 3.5），中满意群体（平均满意度大于或等于 3.0，小于 3.5），低满意群体（平均满意度小于 3.0）。同时计算出每个指标满意度评价中最高分与最低分的差值，方便后期进行比较。表 5-2 可充分显现出五个典型村落居民的生活满意度存在的具体差异。

1. 居住需求。

从图 5-6 可以看到居民居住需求满意度的整体情况，其中米字形节点线为居住需求的平均满意度。距离城市较近，受城市化影响较大的扬善村和阁老门村明显低于其他 3 个位于遗址区中部的村落。并且，居住需求中各评价指标的满意度，扬善村和阁老门村的满意度分值多数为

表5-2 遗址区内五村落居民生活满意度汇总

一级指标	二级指标	三级指标	扬善村	夹城堡村	阁老门村	徐寨村	讲武殿村	差值
基础性需求	居住需求	现有住房条件满意度	3.27	3.80	3.15	3.68	3.74	0.65
		村庄居住环境满意度	3.15	3.58	3.10	3.54	3.30	0.48
		住所周边空气质量满意度	2.67	3.43	2.71	3.26	2.90	0.76
		对住所村容村貌、卫生环境的满意度	2.96	3.53	2.63	3.40	3.18	0.9
		对住所附近交通方便程度的满意度	3.25	3.00	3.02	3.28	2.14	1.14
		住所给排水和环卫等基础设施的满意度	2.77	3.13	2.83	2.88	3.12	0.36
		目前住所供电及网络通讯等基础设施	3.25	3.68	3.21	3.56	3.36	0.47
		目前住所的治安状况	3.19	3.83	3.48	3.66	3.44	0.64
		目前住所建筑防灾能力	3.15	3.65	3.13	3.54	3.30	0.52
		目前住所医疗卫生等福利设施	2.98	3.70	2.96	3.60	3.22	0.74
		住所教育设施的满意度	3.50	3.00	3.50	3.52	3.98	0.98
	基础性需求平均满意度		3.10	3.48	3.07	3.45	3.24	0.42
福利性需求	休闲需求	对所在村镇老年活动场所满意度	3.38	3.48	3.06	3.48	2.80	0.68
		对住所文化娱乐、体育健身设施的满意度	3.06	3.50	3.08	3.60	3.16	0.54
		对住所公共休闲空间的满意度	3.25	3.45	3.52	3.60	2.86	0.74

第五章　空间视角下的汉长安城遗址区民生发展对比研究

续表

一级指标	二级指标	三级指标	扬善村	夹城堡村	阁老门村	徐寨村	讲武殿村	差值
福利性需求	情感需求	对住所的历史文化资源和景观的保护与利用的满意度	3.56	2.90	3.35	3.28	3.18	0.66
		对地方传统民俗文化活动的展示与传播的满意度	3.17	3.10	3.10	3.14	2.96	0.21
		对邻里关系、社会交往融洽程度的满意度	3.71	3.93	3.75	3.98	3.90	0.27
	福利性需求平均满意度		3.36	3.39	3.31	3.51	3.14	0.37
发展性需求	就业需求	对家庭经济收入的满意度	3.08	3.00	2.79	3.00	2.92	0.29
		对目前从事工作的满意度	3.52	3.18	3.29	3.46	3.38	0.34
		对汉长安城遗址保护与旅游开发所创造的工作机会（多或少、优或劣）的满意度	3.38	2.78	3.27	3.02	3.20	0.6
	参与和权利需求	对参与（融入）汉长安城遗址保护与开发相关工作程度的满意度	3.15	2.83	2.90	2.96	3.04	0.32
		对工作或"村内和自身相关的事"中受尊重程度的满意度	3.06	3.13	3.23	3.14	3.30	0.24

127

表5-3 典型村落居住需求满意度汇总

一级指标	二级指标	三级指标	扬善村	夹城堡村	阁老门村	徐寨村	讲武殿村	差值
基础性需求	居住需求	现有住房条件满意度	3.27	3.80	3.15	3.68	3.74	0.65
		村庄居住环境满意度	3.15	3.58	3.10	3.54	3.30	0.48
		住所周边空气质量满意度	2.67	3.43	2.71	3.26	2.90	0.76
		对住所村容村貌、卫生环境的满意度	2.96	3.53	2.63	3.40	3.18	0.9
		对住所附近交通方便程度的满意度	3.25	3.00	3.02	3.28	2.14	1.14
		住所给排水和环卫等基础设施的满意度	2.77	3.13	2.83	2.88	3.12	0.36
		目前住所供电及网络通讯等基础设施	3.25	3.68	3.21	3.56	3.36	0.47
		目前住所的治安状况	3.19	3.83	3.48	3.66	3.44	0.64
		目前住所建筑防灾能力	3.15	3.65	3.13	3.54	3.30	0.52
		目前住所医疗卫生等福利设施	2.98	3.70	2.96	3.60	3.22	0.74
		住所教育设施的满意度	3.50	3.00	3.50	3.52	3.98	0.98
	基础性需求平均满意度		3.10	3.48	3.07	3.45	3.24	0.42

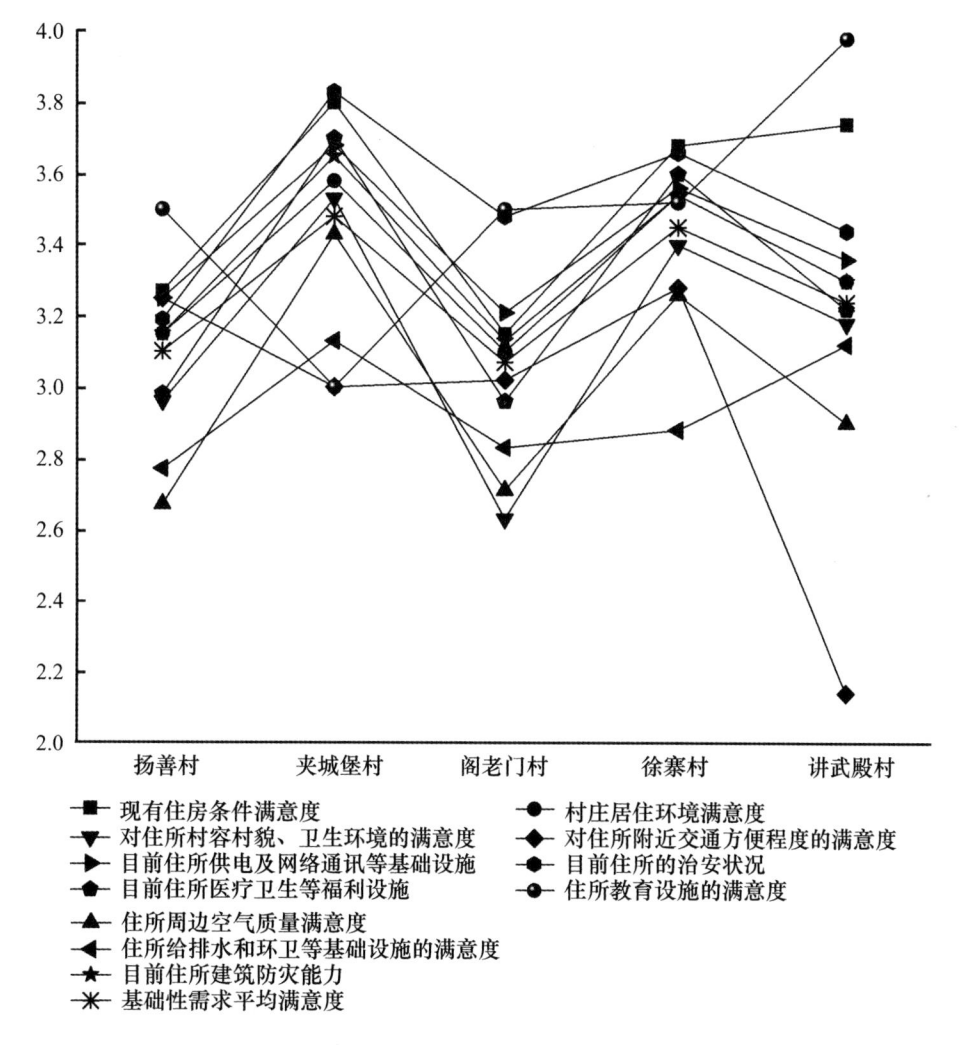

图 5-6 遗址区五个典型村落居住需求满意度总体状况

来源：作者自绘。

五个村落的较低水平。图 5-7 则反映出，高收入人群占比大的扬善村和阁老门村居民的经济收入满意度反而低于夹城堡村和徐寨村。这主要体现于：外来人口使得城中村型村落租户较多，人口密度大，人均住房面积较小。

第一，在"住房条件"方面，根据调查问卷第三部分比较夹城堡村与阁老门村两村的居住面积和厨卫总面积，可以看出，夹城堡村居住

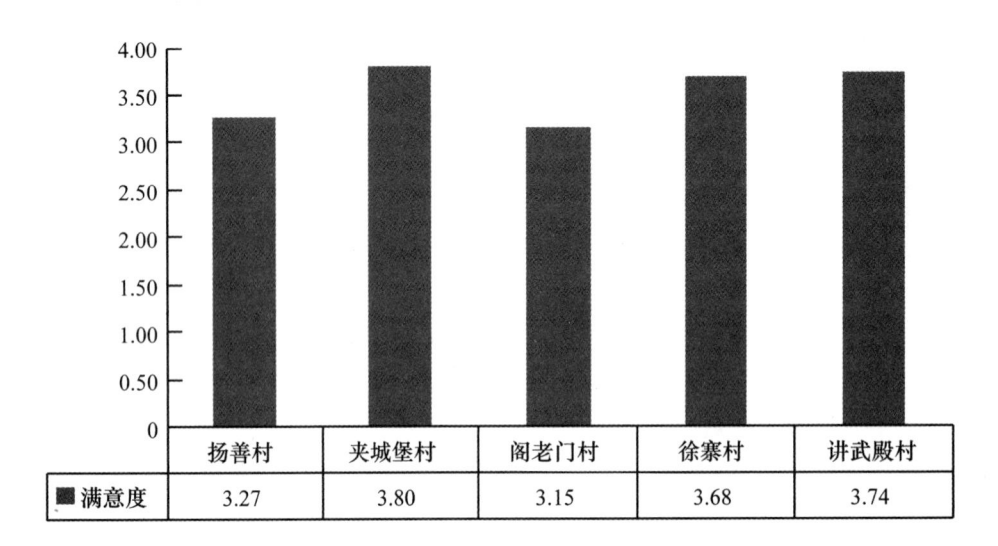

	扬善村	夹城堡村	阁老门村	徐寨村	讲武殿村
■满意度	3.27	3.80	3.15	3.68	3.74

图 5-7　遗址区五个典型村落居住需求满意度对比

来源：作者自绘。

面积在 120 平米以上的住户比例远远高于阁老门村，且夹城堡村居民住房的厨卫总面积明显大于阁老门村。（图 5-8、图 5-9）

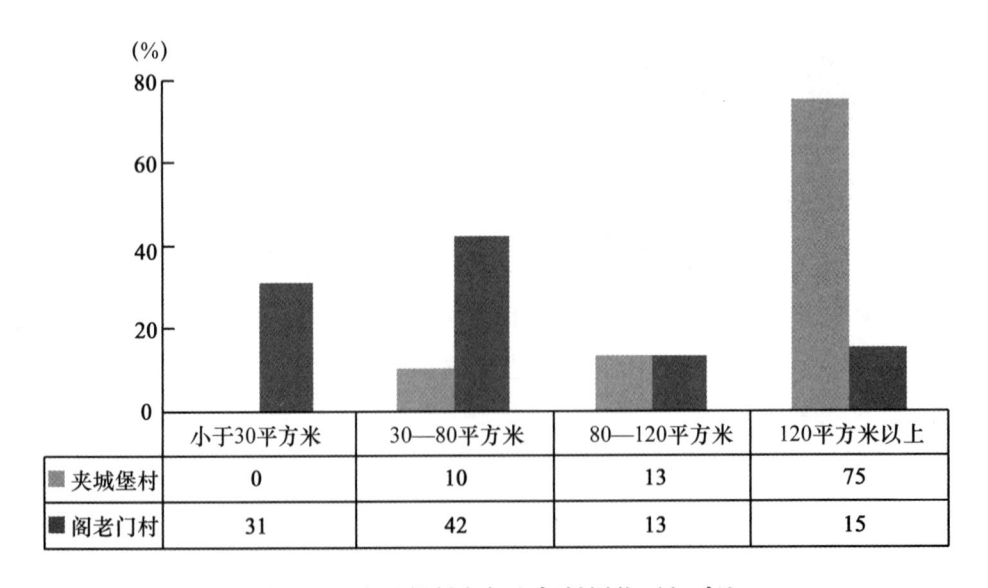

(%)	小于30平方米	30—80平方米	80—120平方米	120平方米以上
夹城堡村	0	10	13	75
阁老门村	31	42	13	15

图 5-8　夹城堡村和阁老门村居住面积对比

来源：作者自绘。

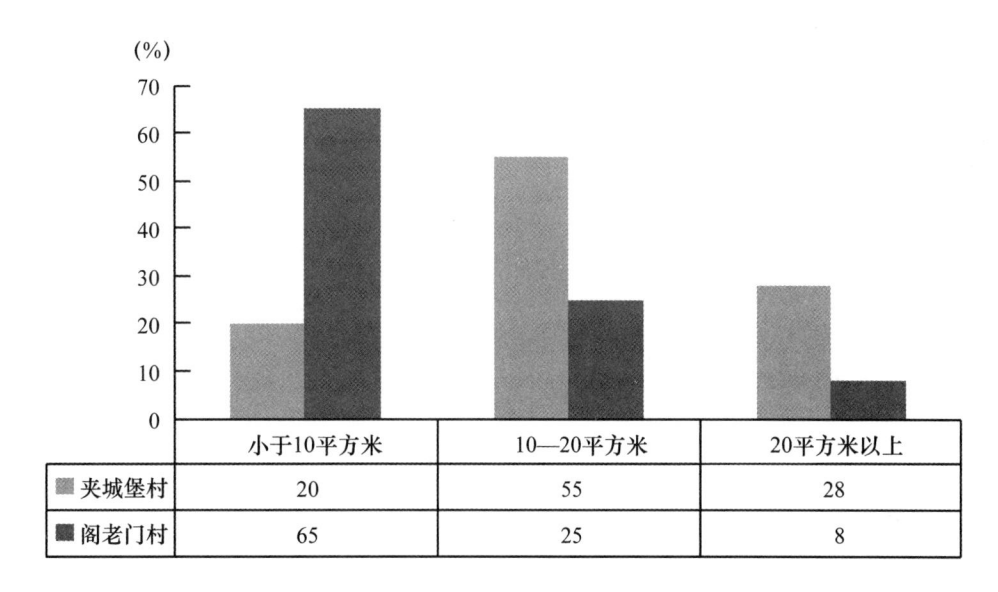

第五章　空间视角下的汉长安城遗址区民生发展对比研究

	小于10平方米	10—20平方米	20平方米以上
夹城堡村	20	55	28
阁老门村	65	25	8

图 5-9　夹城堡村和阁老门村居民厨卫总面积对比

来源：作者自绘。

第二，在居住环境方面，由于靠近遗址区，在村庄居住环境满意度、住所周边空气质量满意度、对住所村容村貌和卫生环境的满意度三个题项中，靠近遗址区的村落满意度也普遍高于靠近城市的村落。在三项评价中，最高的夹城堡村，比最低的阁老门村，满意度差值均超过了0.5。实际上，世界遗产地保护与环境整治给遗址区周边村落的环境带来积极影响。如图5-10，离遗址较近村落的居民满意度明显高于离遗址较远村落（扬善村和阁老门村）。需要注意的是，与汉城湖公园仅一墙之隔的阁老门村作为景区型村落又同时被城市化和外来人口影响，其居民对"住所周边空气质量"的满意度并未凸显出毗邻景区的环境优势，景区对周边村落的环境正效应还需挖潜。而和旁边城市连通度最高的扬善村，空气质量受城市影响大，其居民对其空气质量的满意度也是最低的。

第三，城中村是人口密集区域，因此环境（村容、村貌及卫生环境）评价较低。外来人口居多的扬善、阁老门、徐寨三个村子对"住所给排水和环卫等基础设施的满意度"依次为2.77、2.83、2.88，该

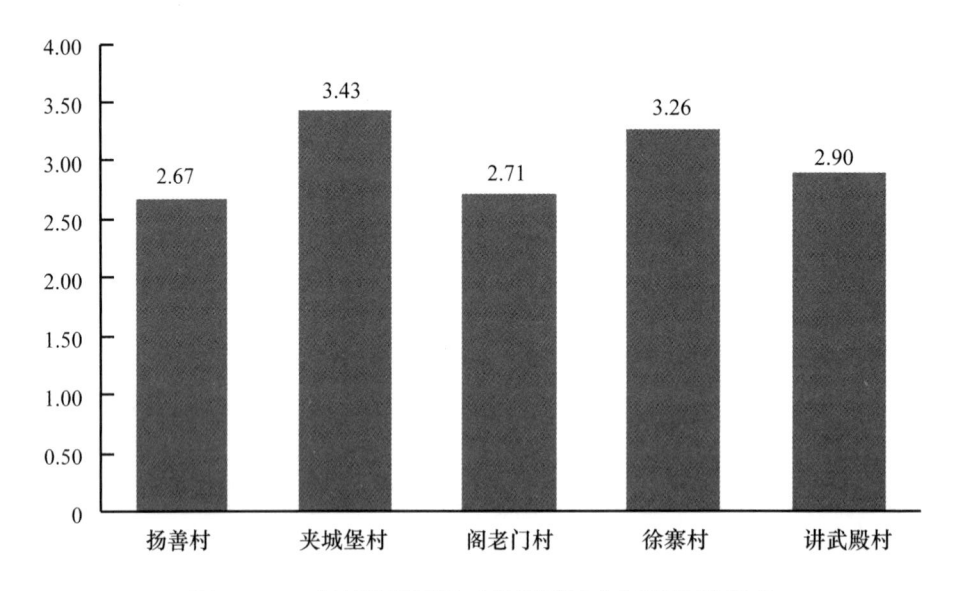

图 5-10　典型村落居民对住所周边空气质量满意度

来源：作者自绘。

结果明显低于夹城堡村和讲武殿村的 3.13 和 3.12。如图 5-11，对于调查问卷第三部分中的题目"村里最需加强的三项市政设施"反馈结果是，阁老门村对污水设施、环卫设施的需要程度远高于夹城堡村。

第四，关于交通方面，世界遗产地建设的负效应使得遗址区不如城市边缘区村落。徐寨村（3.28）与扬善村（3.25）及阁老门村（3.02）三个村均超过了 3，而夹城堡村和讲武殿村较低，讲武殿村甚至只有 2.14，与徐寨村的分差达到 1.14，为本次 22 个题项村与村对比的最大分差。原因在于，由于"申遗"引起的村落搬迁而使得原来经过讲武殿村的 403 路公交车改线，这也引致讲武殿村的村民对需加强道路交通设施建设的极强愿望。问卷第三部分统计显示 74% 的讲武殿村居民认为本村最需要改进的地方是交通条件。相比徐寨和扬善两村，分别只有 26% 和 19% 的居民认为出行不便（图 5-12）。

此外，互联网社会背景下，共享单车、网约车越发普及。如图 5-13，统计五个典型村落居民对共享单车、网约车的使用情况，夹城堡村、徐寨村和讲武殿村的居民使用频率较低，该结果也与五村居民对出行方便程度评价基本相符。网约车的使用状况也在一定程度上揭示遗址区内老年人口较多的传统、封闭型村落对网约车接受困难、使用率低。

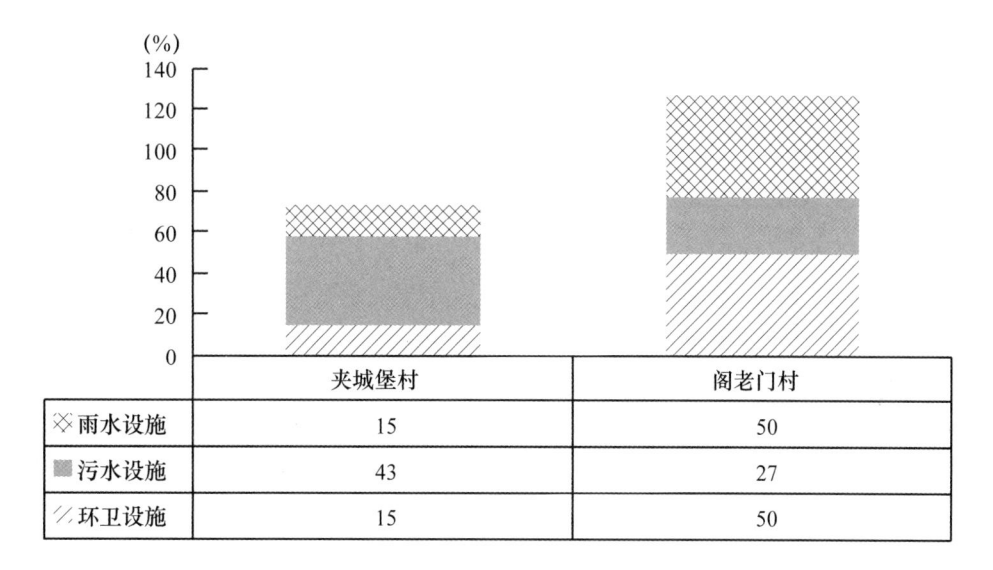

	夹城堡村	阁老门村
雨水设施	15	50
污水设施	43	27
环卫设施	15	50

图 5-11 夹城堡村和阁老门村居民对环卫设施的满意度对比

来源：作者自绘。

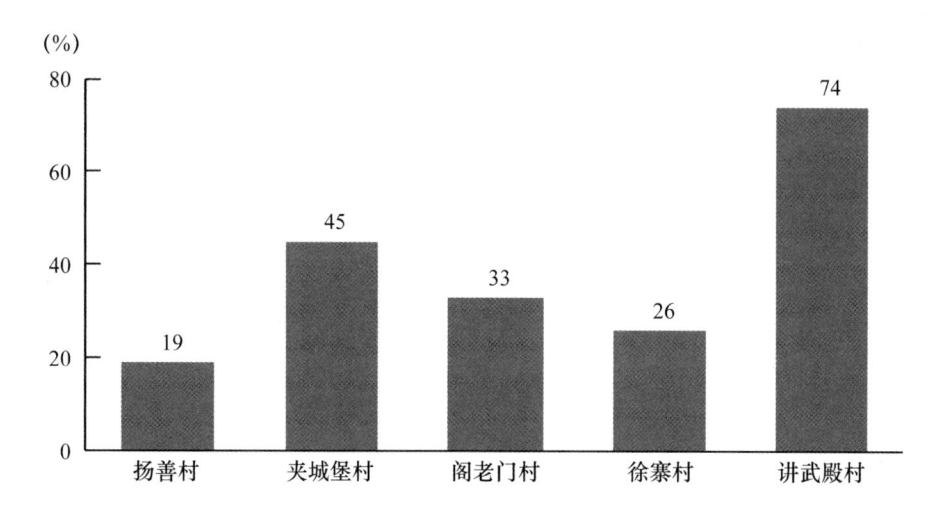

扬善村 19；夹城堡村 45；阁老门村 33；徐寨村 26；讲武殿村 74

图 5-12 典型村落居民对道路交通评价对比

来源：作者自绘。

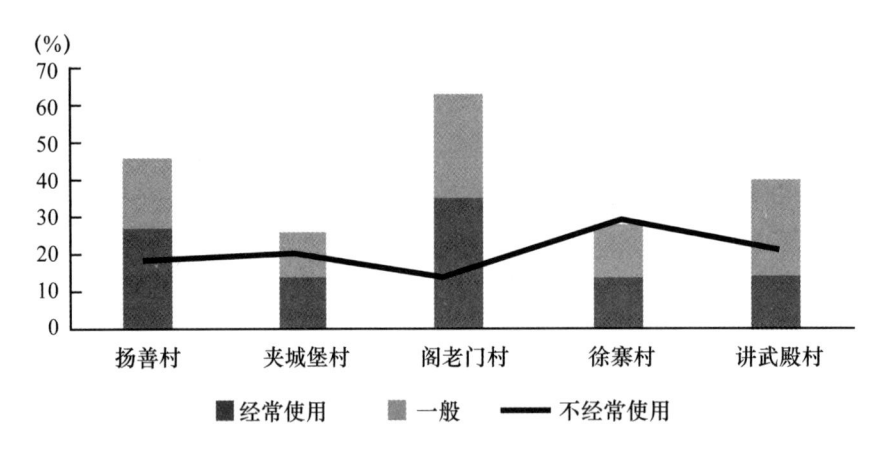

图 5-13　典型村落居民对网约车使用情况的使用频率统计

来源：作者自绘。

第五，受外来人口影响，城中村型的扬善村"治安状况"满意度评价分数最低（3.19），外来人口比例较少的夹城堡村"治安状况"满意度最高（3.83）。结合问卷第一部分统计五村原住民与非原住民的数量比例，扬善村非户籍人口是原住民的 3.8 倍，夹城堡村非户籍人口仅为原住民的五分之一（图 5-14、图 5-15）。此外，外来人口的比例也进一步影响到遗址区的消防。由于阁老门村因近年来外来人口较多，原住民为获取更大的出租面积而加盖房屋。此举影响居住环境，同时进一步加大建筑的安全隐患，在"建筑防灾"的满意度评价中，阁老门村（3.13）满意度最低，明显低于外来人口较少的夹城堡村（3.65）。

第六，在"住所教育设施"的满意度调查中，传统封闭型村落代表的夹城堡村（3.0），满意度明显低于其他村落。由于村内学生需到邻村就学或进城就学，夹城堡村居民强烈要求修建学校。在问及村内最需加强建设的公共服务设施时，近六成以上的居民希望建设小学或幼儿园，这一愿景也远大于教育设施齐备、离城市较近的讲武殿村（"住所教育设施"的满意度3.98）、扬善村（"住所教育设施"的满意度3.5）等。夹城堡村没有学校，村内学生需到邻村就学或进城就学，居民对修

第五章　空间视角下的汉长安城遗址区民生发展对比研究

建学校的愿望强烈。希望修建幼儿园和小学的居民比例远远高于讲武殿村居民，如图 5-16。

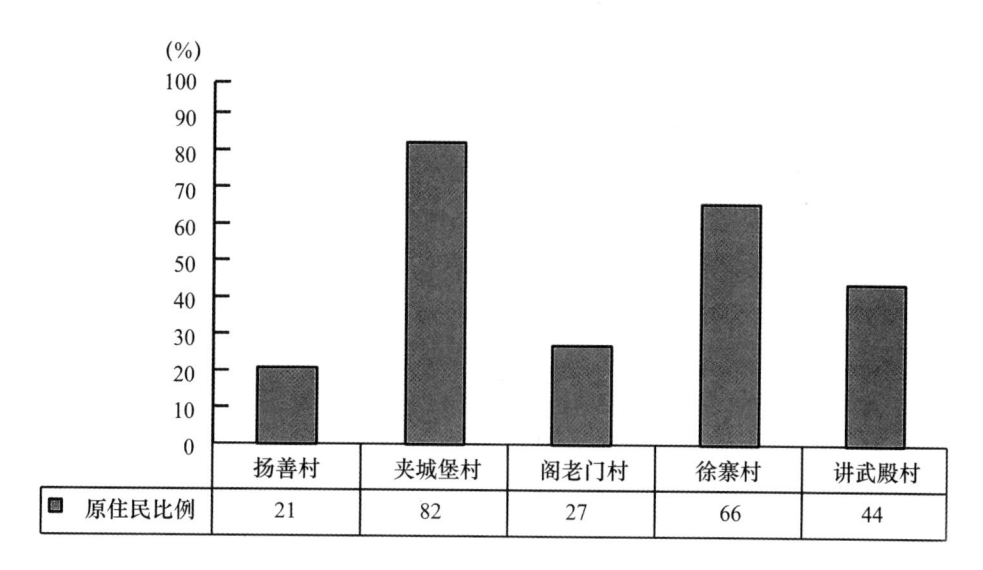

(%)	扬善村	夹城堡村	阁老门村	徐寨村	讲武殿村
原住民比例	21	82	27	66	44

图 5-14　典型村落原住民比例

来源：作者自绘。

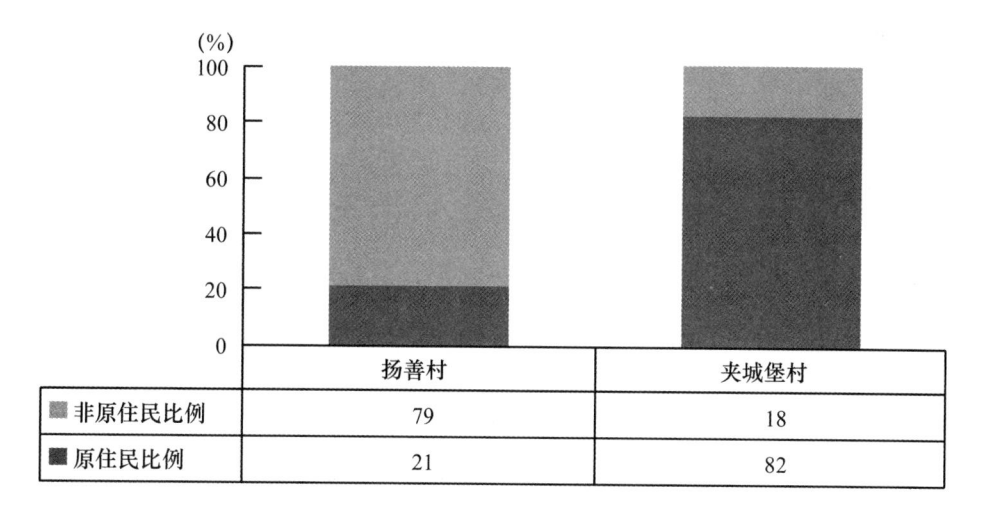

(%)	扬善村	夹城堡村
非原住民比例	79	18
原住民比例	21	82

图 5-15　扬善村、夹城堡村原住民比例

来源：作者自绘。

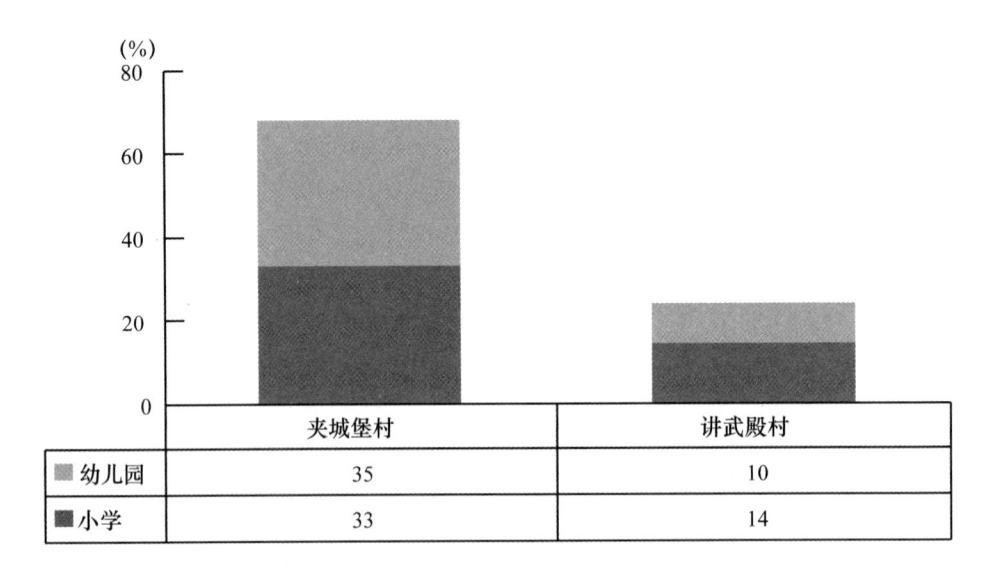

	夹城堡村	讲武殿村
幼儿园	35	10
小学	33	14

图 5-16　夹城堡村、讲武殿村希望修建幼儿园及小学的居民对比

来源：作者自绘。

第七，需要注意的是，一些村落由于靠近景区或城市，其居民在主观满意度调查中出现了与客观现实不相匹配的满意度评价情况。如阁老门村的交通情况以及设施情况由于靠近城市，比更为封闭的夹城堡村和讲武殿村要好很多，然而由于更容易感受到周边城市地区的经济社会城市化进程中的巨变，村民更容易产生心理落差。阁老门村居民"住所给排水和环卫等基础设施、供电及网络通讯等基础设施、医疗卫生等福利设施等方面"相对较低的满意度评价在一定程度上表现出因心理落差而产生的主观满意度下降。

2. 休闲需求。

总体而言，遗址区五个典型村落，不论是对于休闲需求总体平均满意度，还是对于三个专项问题，均表现出了较大差异，其平均差值和各分项差值均超过了0.5（表5-4）。

首先，受到"申遗"和景区建设影响较大的村落在其阵痛期对休闲需求满意度较低。相比而言，传统稳定的村落明显强于受到"申遗"和景区建设影响的村落。"对所在村镇老年活动场所的满意度，对住所

第五章 空间视角下的汉长安城遗址区民生发展对比研究

表5-4 遗址区五个典型村落居民休闲需求满意度汇总

一级指标	二级指标	三级指标	扬善村	夹城堡村	阁老门村	徐寨村	讲武殿村	差值
福利性需求	休闲需求	对所在村镇老年活动场所满意度	3.38	3.48	3.06	3.48	2.80	0.68
		对住所文化娱乐、体育健身设施的满意度	3.06	3.50	3.08	3.60	3.16	0.54
		对住所公共休闲空间的满意度	3.25	3.45	3.52	3.60	2.86	0.74
	休闲需求平均满意度		3.23	3.48	3.22	3.56	2.94	0.62

文化娱乐、体育健身设施的满意度",实际情况是,一些比较稳定的传统村子如徐寨村已形成了固定的活动和娱乐群体。这个结果相对于人口变动较大的城中村型村落(阁老门村、扬善村),和受"申遗"和景区建设影响较大的村落(讲武殿村)在休闲需求满意度方面的评价高了很多。数据显示,徐寨村满意度最高(3.56),夹城堡村(3.48)明显高于其他三个村子。

其次,在"对住所公共休闲空间的满意度"方面,未央宫遗址区公园在"申遗"成功后两三年时间里一直处于环境整治状态,2015年后,虽然还不具备开展大规模的遗址旅游活动,但遗址公园的公共空间价值逐渐显现。风筝比赛、高校自行车交流赛等活动相继举办,一些周边市民选择在节假日进入遗址公园休闲放松。而汉城湖景区在2011年开园后,在2018年之前近十年来的经营中也逐渐走向成熟,已成为集遗址保护、园林景观、水域生态、防洪保护的综合景区,同时,其作为城市绿地与公共空间的功能逐渐显现。因此,距离未央宫遗址公园较近的夹城堡村、徐寨村,以及距离汉城湖公园较近的阁老门村居民对住所公共休闲空间的满意度相对较高(图5-17)。

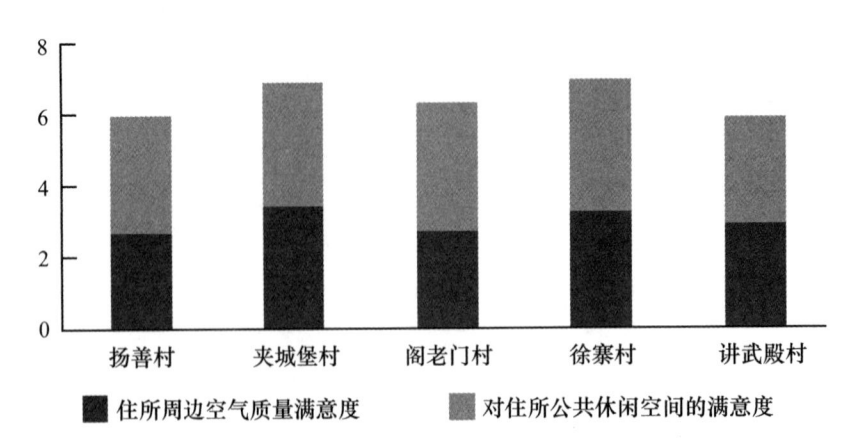

图5-17 典型村落居民对空气质量、公共空间评价对比

来源:作者自绘。

第五章　空间视角下的汉长安城遗址区民生发展对比研究

最后，在互联网社会背景下，网络对于居民休闲娱乐的满足越来越重要。互联网、智能手机已成为居民休闲娱乐的重要方式。作者统计五村居民对互联网的使用情况之后发现，离城市较近、外向性好的扬善村和阁老门村两个村子的村民互联网使用率较高，并且利用网络开展休闲娱乐活动的人数比例同样高于其他三村。但需要注意的是，这两个村落居民对娱乐休闲的满意度却比较低。由此可见，网络对休闲娱乐活动的影响目前在遗址区还并未显现。进一步调查发现，由于遗址区内村落普遍面临着人口老龄化的问题，老年人的娱乐休闲还是以较为传统的方式为主，遗址区居民对传统休闲娱乐方式依赖性较强（图5-18）。

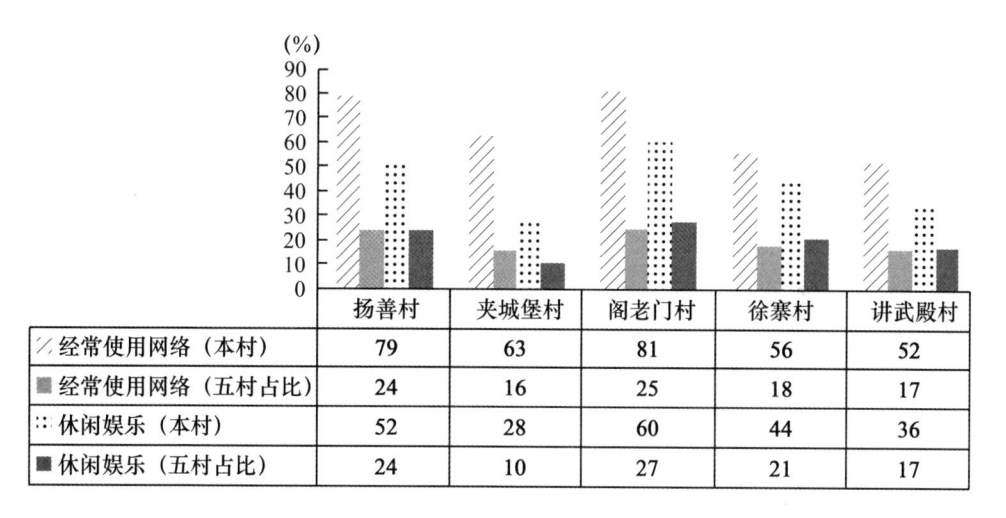

(%)	扬善村	夹城堡村	阁老门村	徐寨村	讲武殿村
经常使用网络（本村）	79	63	81	56	52
经常使用网络（五村占比）	24	16	25	18	17
休闲娱乐（本村）	52	28	60	44	36
休闲娱乐（五村占比）	24	10	27	21	17

图5-18　五个典型村落网络使用情况对比

来源：作者自绘。

3. 情感需求。

根据表5-5的数据显示，五个典型村落的居民对本村情感需求的满意度评价中，扬善村满意度最高，其平均满意度为3.48；夹城堡村满意度最低，其平均满意度为3.31。需要注意的是在三项问题中，体现出分异明显，同时也反映一些具体情况：

首先，在"对住所的历史文化资源和景观的保护与利用的满意度"统计中，扬善村最高（3.56），而靠近世界遗产地的夹城堡村最低（2.90）

表 5-5　遗址区五个典型村落居民情感需求满意度汇总

一级指标	二级指标	三级指标	扬善村	夹城堡村	阁老门村	徐寨村	讲武殿村	差值
福利性需求	情感需求	对住所的历史文化资源和景观的保护与利用的满意度	3.56	2.90	3.35	3.28	3.18	0.66
		对地方传统民俗文化活动的展示与传播的满意度	3.17	3.10	3.10	3.14	2.96	0.21
		对邻里关系、社会交往融洽程度的满意度	3.71	3.93	3.75	3.98	3.90	0.27
情感需求平均满意度			3.48	3.31	3.4	3.47	3.35	0.17

来源：作者自绘。

第五章 空间视角下的汉长安城遗址区民生发展对比研究

两者差值达到了0.66，原因在于：扬善村周边出现一些历史文化资源利用——如其北侧的宣平里景区、南侧汉城湖景区，而夹城堡村和讲武殿村虽然靠近世界遗产地未央宫遗址，但由于世界遗产地历史资源开发进程较慢，加上大遗址本身的可观赏性有限，以及当时以基址复原为主的展示方式，都决定了这些本来对遗址资源利用抱有较大期望的居民并未从遗址开发与利用中获得实际的经济收益。此外，这些村子原住民较多，对遗址感情和期望更深，正所谓爱之深、痛之切，这也进一步导致了这些村落居民对历史文化资源和景观的保护与利用的不满。相比而言，"对地方传统民俗文化活动的展示与传播的满意度"，五个村子较为接近但普遍较低，一般在3.17—2.96。靠近遗址的讲武殿村为2.96和夹城堡村为3.10依然较低，这也进一步说明整个遗址区对于历史文化的重视与汉朝都城的区位并不匹配。

其次，"对邻里关系、社会交往融洽程度的满意度"调查中，在五个村落的满意度均较高的基本面上，其中"外来人口较多、距离城市较近、开放性更强"的扬善村和阁老门村的居民满意度相对其他三村略低。该项数据也是为数不多的与12年前（2005年初）统计相比，满意度有所下降的一项指标。这也进一步反映出遗址区突出的外来人口的融入问题。

再次，第三部分涉及居民情感需求的题项，在被问及"若搬迁，村内最留恋什么""村内什么感觉最好"，以及"认为需要传承哪些"等问题时，选择"传承文化""村内气氛好""留恋熟人""留恋村落"这几项的居民人数比例汇总分析不难发现：原住民占比最大的夹城堡村，居民对村落的依恋程度反而是五个村落中最低的（图5-19）。进一步调研发现，作为传统型村落、封闭型村落代表，夹城堡村居民除受到"遗址保护政策不能深耕……内部和外部交通不便、设施落后"等管制外，离世界遗产地较近，但并未充分享受到遗址区历史资源带来正面效应，遗址资源在给村落带来种种限制的同时并未给村落带来实际的经济收益和工作机会，这一窘况显著降低了村民作为世界遗产区域居民的自豪感,也在一定程度上影响到了居民对村落的认同感和依恋度。

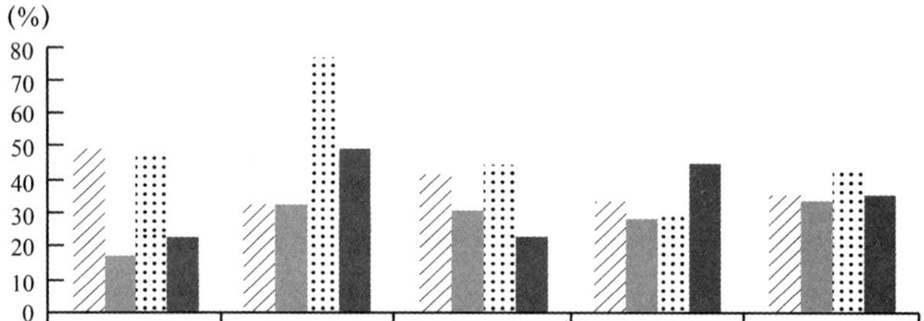

	扬善村	夹城堡村	阁老门村	徐寨村	讲武殿村
留恋村落	50	33	42	34	38
留恋熟人	17	33	31	28	34
村内气氛好	47	78	46	30	44
传承文化	23	50	23	46	36

图 5-19 五个典型村落居民情感需求对比

来源:作者自绘。

最后,进一步关注外来人口的融入对居民情感需求的影响。原住民比例较高的夹城堡村和讲武殿村,居民选择"留恋熟人"的比例较高,而外来人口比例较高的扬善村和阁老门村,居民选择"传承文化"的比例较低。这也进一步说明原住民对村落熟人依恋性更强,外来人口对本村文化的认同感有限。如此,在遗址区外来人口已超过原住民的情况下,如何提升外来人口的归属感和家园感是保障遗址区村落情感需求的关键(图5-19)。

4. 就业需求。

就整体情况而言,就业需求平均满意度普遍较低,其中主要体现在家庭收入这项上。相比而言,与城市连通性较好、开放度较高,产业多样性较强的城中村扬善村(3.3)和交通节点性村落徐寨村(3.23)对就业需求的平均满意度略高于其他村(表5-6)。

首先,作为汉城街道办政府的所在地,以及和城市连通度最高的一个村落,扬善村周边有商业街、农贸市场等传统产业,村落经济基础

第五章　空间视角下的汉长安城遗址区民生发展对比研究

表5-6　五个典型村落居民对就业需求的满意度对比

一级指标	二级指标	三级指标	扬善村	夹城堡村	阁老门村	徐寨村	讲武殿村	差值
发展性需求	就业需求	对家庭经济收入的满意度	3.08	3.00	2.79	3.00	2.92	0.29
		对目前从事工作的满意度	3.52	3.18	3.29	3.46	3.38	0.34
就业需求平均满意度			3.3	3.09	3.04	3.23	3.15	0.26

来源：作者自绘。

好,外来人口多,属于遗址区内的"发达地区"。而徐寨村,一直以来都是遗址区内传统的商贸重地,云集了汽修公司、物流公司、配件构件加工等各类正规和非正规产业,外来人口多,人口流动性强,就业机会多。因此,这两个村不论"对家庭经济收入的满意度"还是"对目前从事工作的满意度",均高于其他三个村。

其次,毗邻汉城湖景区、又靠近城市的阁老门村的居民,家庭经济收入的满意度最低。进一步调研发现,汉城湖的旅游开发并未给阁老门村居民带来足量的工作机会和明显的经济收益。与此同时,源于城市发展和遗址保护政策的耦合效应,使得阁老门村居民更容易感受到和遗址区外的正常发展区域居民有一定的经济社会水平差距,居民心理落差也是遗址区村镇中最明显的。此外,受到遗址保护政策管制,村内房屋加盖一直受限,而2018年前的十多年又恰恰是遗址区村落外来人口增长带来"瓦片经济"最盛行的时段,多数以房租为主要生计来源的居民内心充满怨言。阁老门村居民对于家庭收入的不满程度,甚至超过了"更封闭、就业机会更少、实际收入更低"的夹城堡村居民和讲武殿村居民(图5-20)。

	扬善村	夹城堡村	阁老门村	徐寨村	讲武殿村
20万以上	2	0	4	0	4
10万—20万	8	3	4	0	4

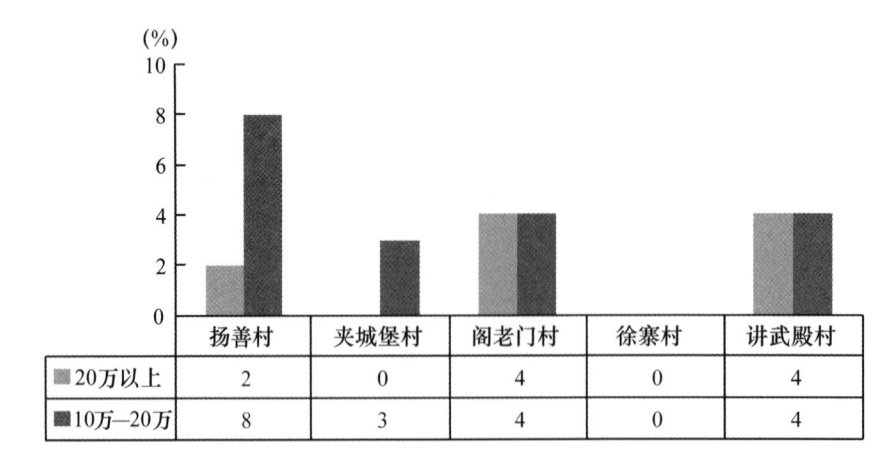

图5-20 五个典型村落居民年收入对比

来源:作者自绘。

第五章 空间视角下的汉长安城遗址区民生发展对比研究

再次,从"目前从事工作的满意度"的统计结果来看,封闭性最强的传统型村落夹城堡村果然是评价值最低(3.18)。这一数据和扬善村的差距达到了0.34。从第三部分对五个典型村落中居民职业状况的统计可以看出,相比扬善村、阁老门村等城中村型村落,夹城堡村务农人数最多(图5-21)。进一步调研发现,夹城堡村被部分仓储工厂及耕地包围,交通不便,村落区位封闭且缺乏活力。从第一部分人口结构统计结果可以发现,遗址内部村落面临着较为明显的青年劳力流失和人口老龄化趋势(图5-22)。在传统封闭的夹城堡村和讲武殿村,"60岁以上居民数量"均超过了总人口的四分之一,这也使得传统封闭型村落居民未来的就业状况的改善受到了一定限制(图5-23)。

需要注意的是,"申遗"成功后,未央宫遗址公园在这一时期并未对夹城堡村的就业发挥带动作用。实际上,在2018年之前的十多年,除汉城湖景区外,包括未央宫遗址公园在内的遗址区内的旅游开发活动数量很少,对居民就业的促进十分有限。在问卷第三部分"目前遗址保护和利用带动了本村经济发展"和"遗址保护与利用为当地人提供更多就业"的调查中,可以看出,位于遗址区边缘、距离遗址较远的扬

	扬善村	夹城堡村	阁老门村	徐寨村	讲武殿村
■ 农民	6	58	15	42	34
╱ 半工半农	2	10	2	8	14
■ 无职业	0	5	6	2	0

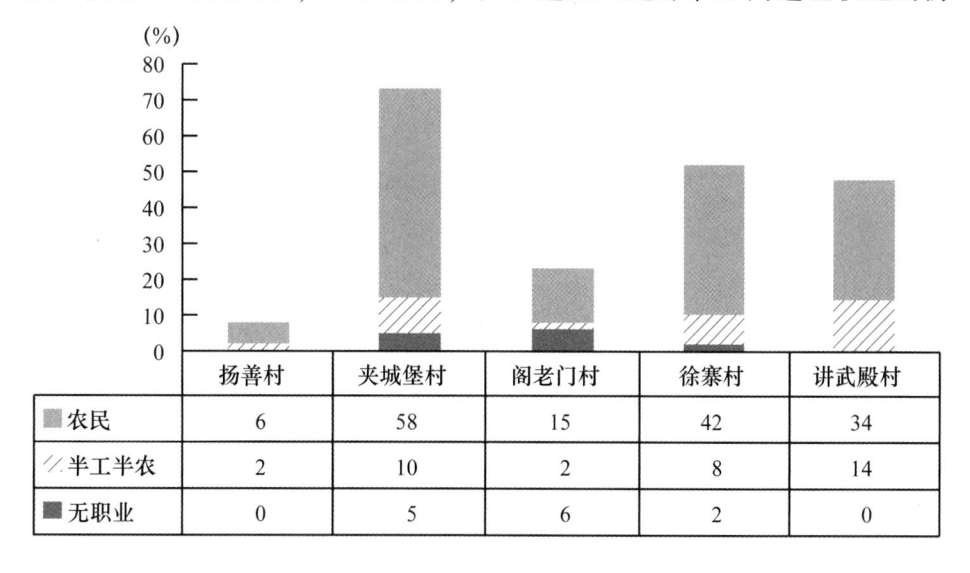

图5-21 五个典型村落居民职业对比

来源:作者自绘。

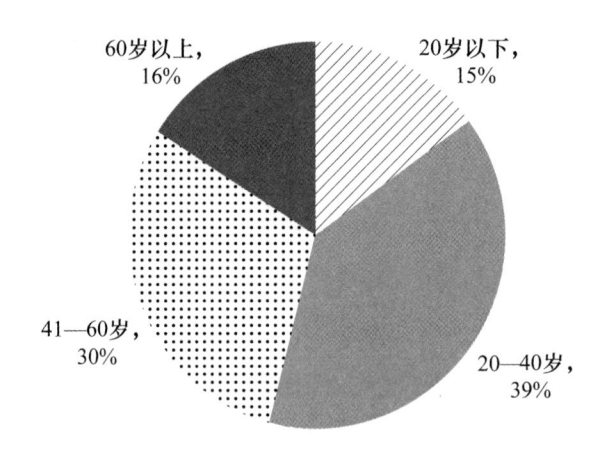

图 5-22 遗址区典型村落居民年龄结构

来源：作者自绘。

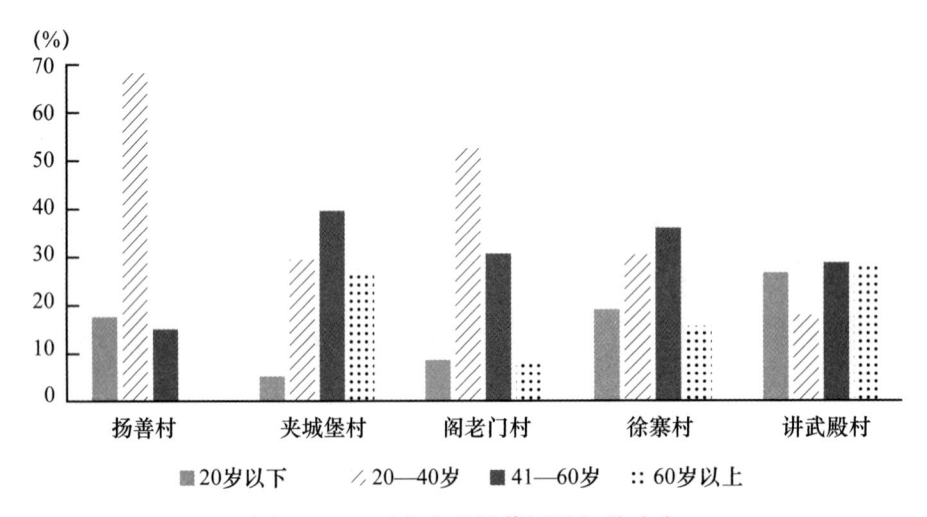

图 5-23 五个典型村落居民年龄分布

来源：作者自绘。

善村和阁老门村两项的人数占比反而很高。而距离世界遗产地相对较近的讲武殿村、夹城堡村与徐寨村却很低（图 5-24）。实际上，直至现在，汉长安城遗址展示和利用并未给遗址区村落带来明显的发展机会，也未给村民带来更多与文化旅游相关的工作机会。值得欣慰与期待的是，2018 年时遗址区仍有多数居民认为，本村有潜力开展遗址相关产业。尤其外向性较好的扬善村与阁老门村，受到遗址区东部沿线汉城湖景区、玉女门景区、宣平里景区开发尝试的影响，两村居民都有较强意愿开展"遗址旅游相关产业"(图5-25)。

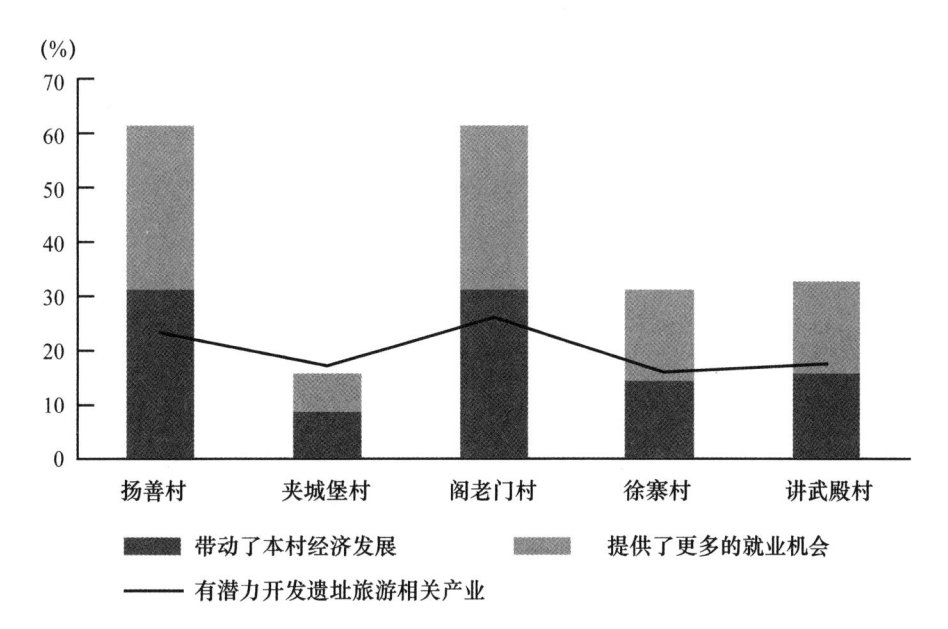

图5-24 五个典型村落关于就业需求的部分题项

来源:作者自绘。

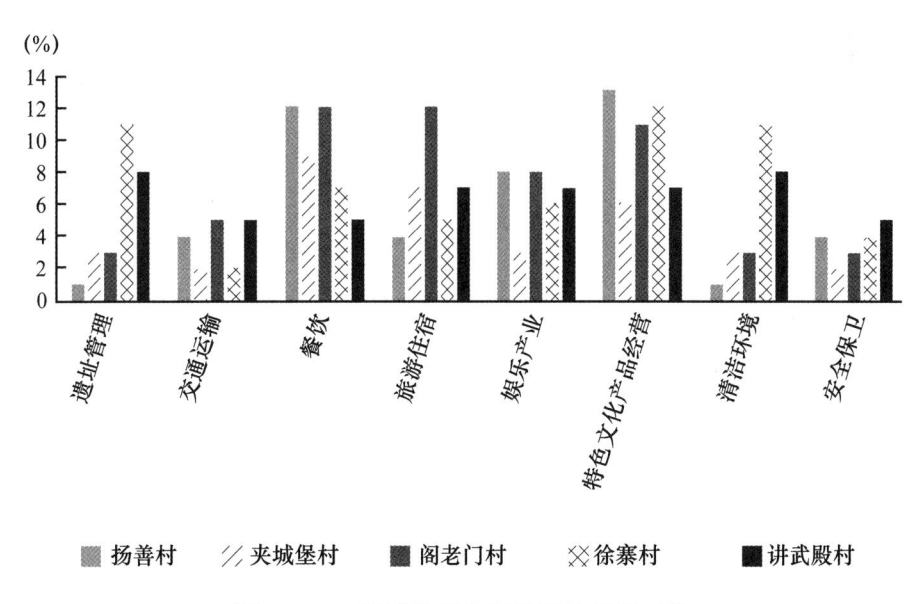

图5-25 居民希望参与的遗址相关工作

来源:作者自绘。

最后，对于遗址区居民就业意愿，五村同样存在明显分异，问卷第三部分在对遗址区居民未来就业打算的统计中，被问及"更愿意参与的遗址开发建设工作类型"时，五村居民反应不一：位于遗址区边缘的城中村型村落居民（扬善村和阁老门村）更愿意参与"餐饮、娱乐、特色文化产品经营等"服务类工作；而地处遗址腹地的讲武殿村、夹城堡村、徐寨村居民则表达出了对"环境清洁、安全保卫、遗址维护管理等与遗址直接相关的工作"更强的参与意愿（图5-25）。

不容乐观的是：有高达95.8%的五个村居民反映，"没有参加过"甚至"不清楚"遗址相关技能培训。进一步调研发现，与未来大力发展遗址旅游产业相比，各级政府并未对居民进行过有组织、有计划的技能培训，这也成为居民参与遗址保护等相关工作进而提升其就业满意度的重要阻力（图5-26）。

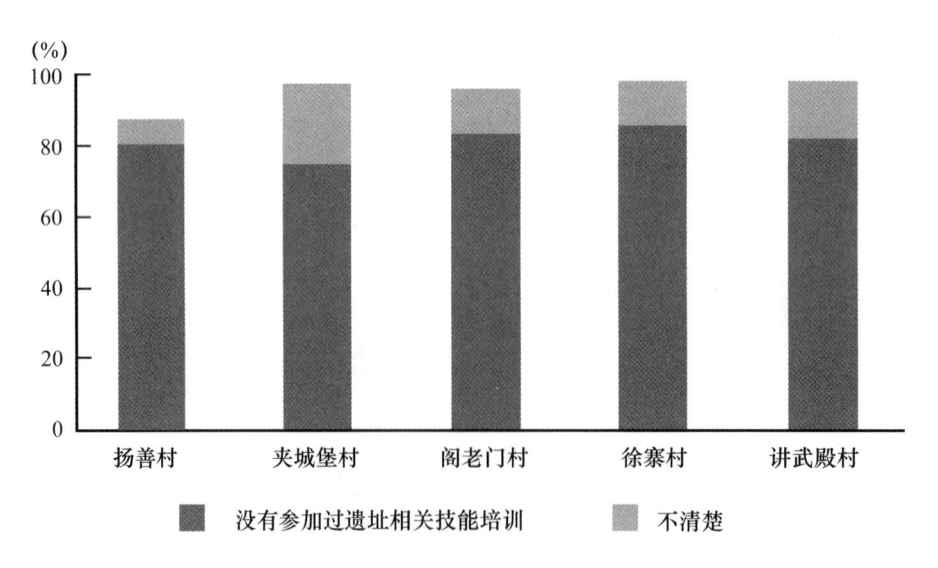

图5-26 五个典型村落居民关于参与遗址相关技能培训的咨询对比
来源：作者自绘。

5. 参与和权力需求。

在"参与和权力需求平均满意度"统计中，五个村落的居民满意度普遍较低，平均满意度得分在 2.91—3.19 之间，差值不到 0.3（表 5-7）。当被问及"是否有人组织村民参与到遗址保护与开发的相关工作中"时，五个村落多数居民表示"无人组织"。由此可见，在 2018 年前，居民实际参与"和遗址保护与文化旅游相关的工作"的人数非常有限。其中，距离世界遗产地最近的夹城堡村在参与和权利需求涉及的三项调查中评价都比较低。

如表 5-7 所示，"汉长安城遗址保护与旅游开发所创造的工作机会的满意度"，靠近已开发的景区的扬善村（宣平里景区），居民满意度较高。相比而言，遗址区内靠近未央宫遗址的几个村子，此项回答则得分较低。这也充分反映了 2018 年时，居民实际参与遗址旅游与具体遗址的旅游周期高度相关。与之相应，在问卷第三部分对"遗址保护与利用是否为当地人提供了更多的就业机会"调查中，扬善村与阁老门村这两个比邻成熟型景区的居民，获得工作机会比例很大，而遗址区内其他三个村子从遗址区保护与利用中得到的工作机会比例较少（图 5-27）。

就工作机会满意度而言，如表 5-7，呈现出外高内低的差异化布局，最靠近城市的扬善村与最靠近世界遗产地的夹城堡村，差值达到 0.6。而就居民参与程度和质量而言，实际参与度较高的村落与实际参与度较低的村落，悬差就不太明显。如表 5-7，在被问及"对参与（融入）汉长安城遗址保护与开发的相关工作程度的满意度"时，五个村落居民的满意度得分的平均值最低，差值也仅有 0.32。而比邻汉城湖景区的阁老门村，对融入遗址保护与开发相关工作程度的满意度，甚至不如遗址区腹地的讲武殿村和徐寨村。由此可见，居民参与遗址旅游的程度和质量均不容乐观。而被问及"对工作或村内和自身相关的事中受尊重程度"的满意度，五个村落居民的评价普遍很低，参与遗址旅游机会较多的扬善村居民对其受尊重程度的满意度居然是最低的。由

表5-7 遗址区五个典型村落居民对参与和权利需求的满意度对比

一级指标	二级指标	三级指标	扬善村	夹城堡村	阁老门村	徐寨村	讲武殿村	差值
发展性需求	就业需求	对汉长安城遗址保护与旅游开发所创造的工作机会（多或少、优或劣）的满意度	3.38	2.78	3.27	3.02	3.20	0.6
		对参与（融入）汉长安城遗址保护与开发的相关工作程度的满意度	3.15	2.83	2.90	2.96	3.04	0.32
		对工作或"村内和自身相关事"中受尊重程度的满意度	3.06	3.13	3.23	3.14	3.30	0.24
参与和权力需求平均满意度			3.19	2.91	3.13	3.04	3.18	0.28

来源：作者自绘。

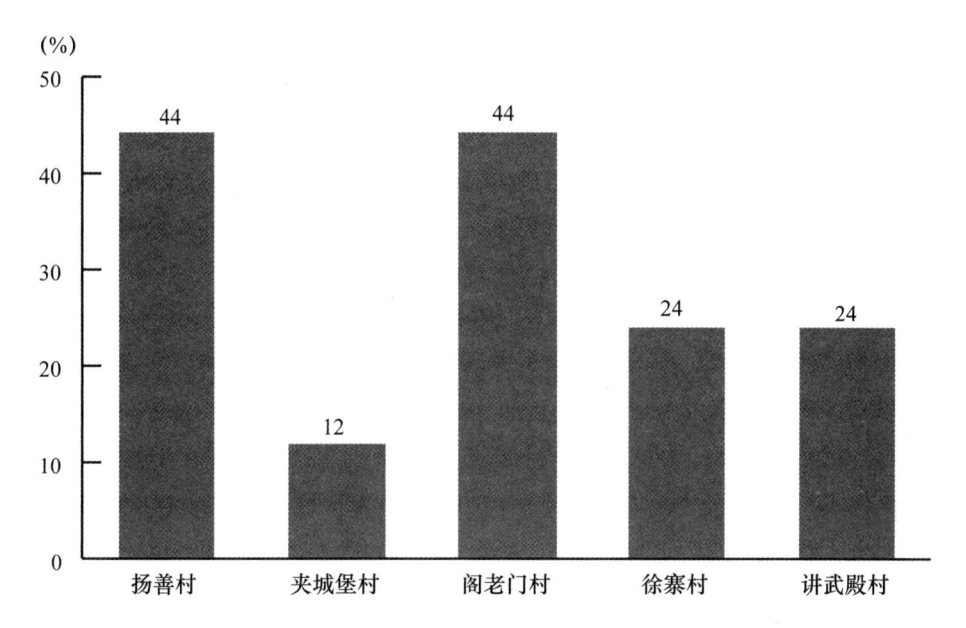

第五章　空间视角下的汉长安城遗址区民生发展对比研究

图 5-27　典型村落遗址的保护与利用为当地人提供了就业机会对比
来源：作者自绘。

此可见，与获取参与遗址旅游机会相比，居民在参与过程中的融入程度以及受尊重程度较不乐观。进一步调研了解到，参与景区旅游活动的村民多从事低端服务工作，不稳定、收入低，这一现实状况再妄谈"尊重与话语权"确实勉为其难。

对于"参与和权力需求平均满意度"调查，五个典型村落的居民满意度评价普遍较低。就整体而言，距离世界遗产地最近的夹城堡村居民在参与和权力需求涉及的三项评价中都比较低。在问卷第三部分对"遗址保护与利用是否为当地人提供了更多的就业机会"调查中，夹城堡村居民人数同样最少（图 5-27），由此可见，世界遗产地的保护与利用在 2018 年前还属于过渡期和策划期。

除了遗址旅游能够客观地给居民提供实际的机会之外，居民作为主体的主动参与意愿和诉求同样重要。对于"居民对遗址关注程度"调查中，夹城堡村居民对遗址长期关注的人数最多（图 5-28）。这与靠近城市、外来人口居多的一些村子对比鲜明。观察图 5-28 可以发现，外向性好、外来人口占比较大的扬善村居民和阁老门村居民，对遗址长期关注度较低。因此，从关注度及参与意愿而言，原住民对遗址关注明显高于外来人口，很多外来人口对于汉长安城历史文化价值知之甚少，甚至相当一部分非户籍人口不知道未央宫遗址已作为"丝路"起点之一被纳入了《世界遗产名录》。

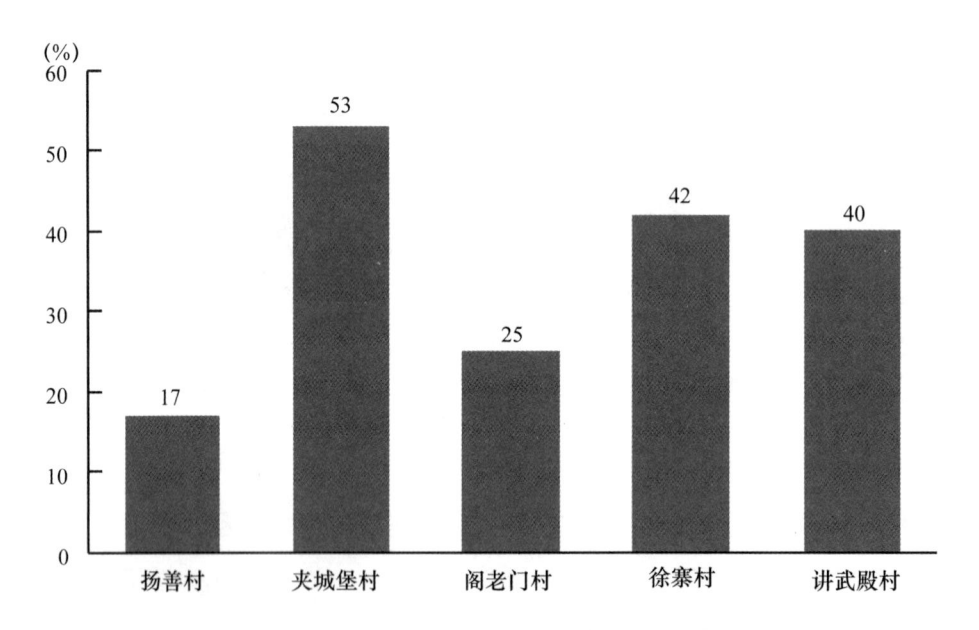

图 5-28　五个典型村落居民对遗址长期关注状况对比

来源：作者自绘。

与此相应，在问卷第三部分，认为自己"有权利参与到遗址旅游发展并具有分享旅游收益的权利"，原住民较多的内部村落比如夹城堡村，评分明显高于外来人口居多的扬善村和阁老门村（图 5-29）。这其中，夹城堡村和讲武殿村认为自己"有权利参与到遗址旅游发展并具有分享旅游收益的权利"的居民占比最大，这也反映出两村居民对遗址持续关注、参与到遗址保护利用工作的意愿最强。同时，这也进一步说明了相比外来人口，原住民更多的村落"对遗址持续关注、参与到遗址保护利用工作"的意愿最强。

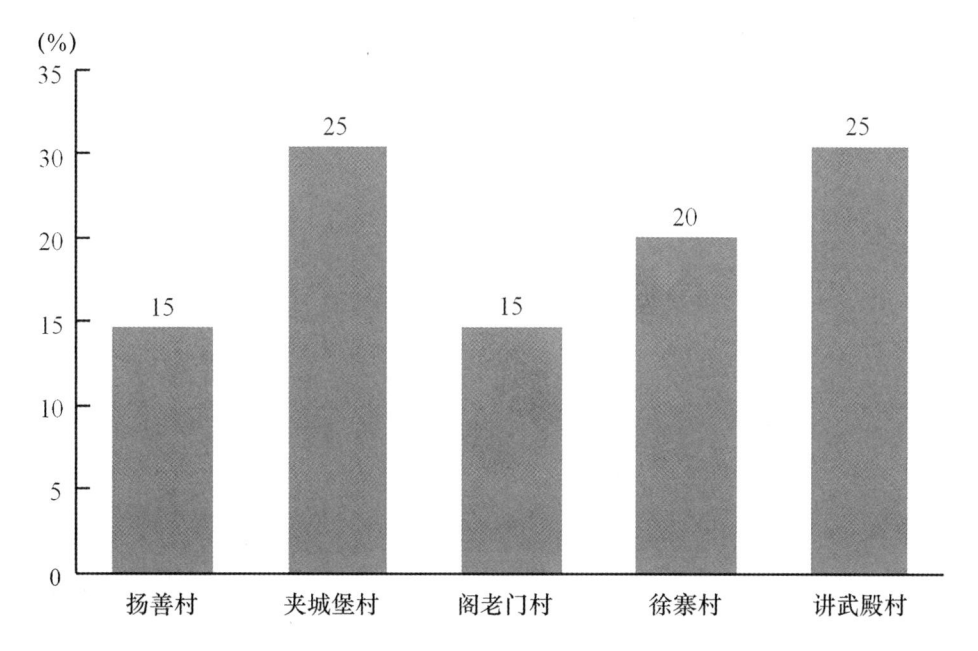

第五章　空间视角下的汉长安城遗址区民生发展对比研究

图 5-29　典型村落居民参与到遗址旅游发展、分享旅游收益权利调查情况
来源：作者自绘。

除了客观条件能提供的机会以及主体参与意愿外，能够促进居民参与且保障其权利的中介也很重要。遗址区在这方面还很不成熟。居民对遗址的关注，并未换得实质性收获，表5-7"对参与（融入）汉长安城遗址保护与开发的相关工作程度的满意度"表明，夹城堡村依然是最低的，居民的关注并未得到"村领导组织或能人带头"的支持。这也进一步影响到了原住民的参与热情和积极性。

进一步调研发现，遗址区居民参与遗址保护与发展，普遍"缺乏村干部和村内精英"的带动。在问卷第三部分，当被问及"村领导是否曾组织村民参与遗址保护与发展"时，54%的居民表示"没人组织"；当被问及"有无政府相关人士咨询过村民关于遗址保护与开发的意见"时，39%的居民表示"不清楚"，47%的居民直接表示"无人询问"（图5-30）。进一步调研发现，遗址区内各级政府并未组织居民参与到遗址保护和利用的相关工作中去。在某种程度上而言，就像前文所提及的以及表5-7所反映的,多数居民在对工作或对"村内和自身相关的事"中受尊重程度的满意度较低,也与"村领导这些基层的缺位,各级政府与相关人士的咨询的缺位"关系紧密。

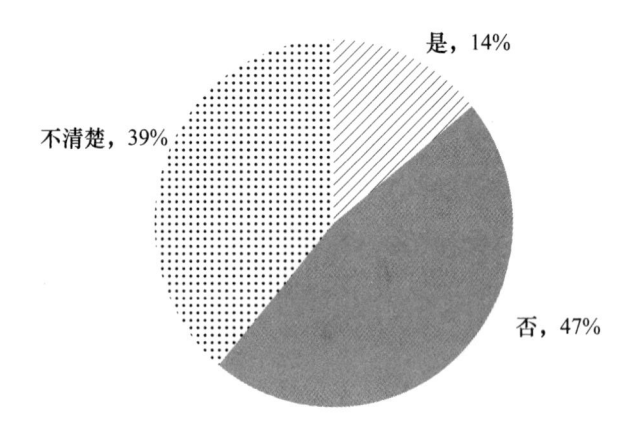

图5-30 五个典型村落居民"关于遗址保护与开发中被咨询"的统计
来源:作者自绘。

在被问及"村中是否有能人"时,有51%的居民持肯定回答。该结果也说明,在村民心理认知层面各村均存在能人和精英。然而,仅有9%的居民认为这些精英能站出来带领大家共同致富(图5-31)

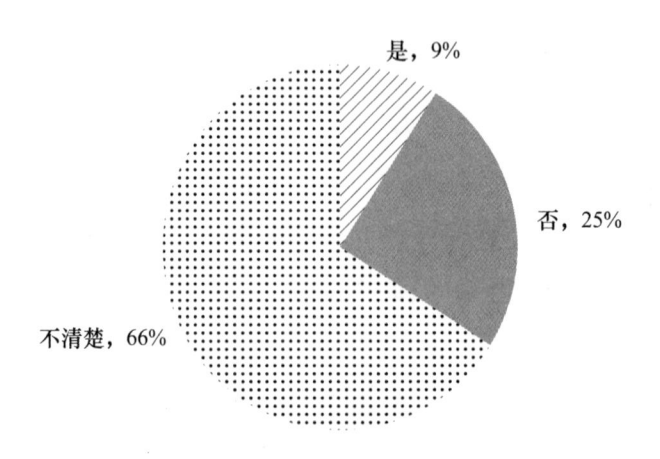

图5-31 五个典型村落对能人是否发挥了带动大家共同致富的作用的调查
来源:作者自绘。

实际上，中介的缺失直接导致"原住民居多的村落实际很难参与到遗址保护与利用中"。比如，夹城堡村居民对遗址区关注度最大，认为自己"有权力参与到遗址旅游发展并具有分享旅游收益的权利"的居民占比最高，这充分说明了：夹城堡村居民对遗址持续关注、参与到遗址保护利用工作的意愿最强。但是，由于"基层政府缺位、没有能人带头组织、村民难有机会进行遗址相关工作的技能培训"等原因，使得这些居民实际很难参与到遗址相关工作并获得经济利益。理想与现实的差距进一步导致夹城堡村这类原住民居多者"对参与和权利性需求"的满意度最低。

第三节 本章小结

在不同时间阶段，处于不同外部环境，村落的类型也会发生变化。据2018年初的调研，五个典型村落的民生发展在不同的需求层面已产生了明显分异：

扬善村和阁老门村，两村离城市近，外向性好。然而，因外来人口多，在治安和医疗等基本保障需求的调查中，低满意群体居多，相比而言，较为封闭的夹城堡村对居住和安全的满意度相对较高。

随着外来人口和陪读群体涌入，景区和遗产地开发所形成的社会效益、环境效益难于外溢等，已影响到遗址腹地的讲武殿村对休闲娱乐和交通运输的需求满意度。公交改线现象更直接使得讲武殿村居民的交通运输需求满意度冰点化。

距遗址和景区较近的夹城堡村和阁老门村，由于未从遗址利用和景区开发中过多受益，而对就业需求满意度降低。

在五村居民对参与和权利需求普遍较低的整体状况下，夹城堡村和徐寨村由于地处遗址区内，对遗址的关注度较高，参与的预期较高。而难以融入的现实也使其产生逆反心理引致两村居民对参与和权利需求的满意度降低。

第六章 汉长安城遗址保护与民生发展的问题诊断

第一节 不同层面的影响因素分析

从上一章不难发现，不同类型村落在不同时空条件下产生的问题多元且复杂。这些时空现象的机理不仅涉及"宏观国家尺度，中观城市、区域尺度，更包括微观村落和居民个体尺度"，如何从空间尺度廓清并梳理这些驱动因素则是变焦分析与系统分析的重要前提。

一 宏观尺度的影响因素

(一) 文物保护政策的限制

1961年3月4日，汉长安城遗址被纳入第一批全国重点文物保护单位，自此以来，相关文物保护单位的保护要求和管理规定就一直对遗址区村落居民具有一定的约束。随着改革开放，尤其是20世纪90年代后，遗址区周边地区进入快速发展阶段，文物保护政策对汉长安城居民的限制日益凸显。国家层面颁布的有《"十一五"期间大遗址保护总体规划》和《关于加强文物保护利用改革的若干意见》，区域层面公布的有《西安市周丰镐、秦阿房宫、汉长安城和唐大明宫遗址保护管理条例》，"申遗"后公布的有《西安市丝绸之路历史文化遗产保护管理办法》，汉长安城遗址相关文物保护政策对遗址区居民的限制包括了不同空间尺度。"不论是日常的盖房取土还是基础设施建设，不论是工业企业的发展还是深根系经济作物的种植",均受到一定程度的限制。遗址区居民生活质量的满意度在21世纪的第一个十年达到了最低水平。

居民对于保护政策的抵触,在一定程度上诱发出自发建设行为。加上2012年成立的遗址保护特区管委会的管理权限有限(属于未央区下属的副厅级单位),管理人员欠缺,难以覆盖37.8平方公里的整个遗址范围——这一综合性管理机构实质上难以有效履行统筹保护与利用这一综合管理职能——这也导致近年来遗址区不断出现非正规产业与违章建筑。近年来,以上非正规产业虽然得到了遏制。但是,一方面,这些产业在政策管控下"灵活"应对发展;另一方面,因不符合该区域发展被拆除的违建,却又无人接管造成了土地闲置。

(二)世界遗产地申报、建设与发展对村落的影响

2012年,国家在汉长安城遗址设立了大遗址保护特区,在加强对汉长安城遗址区整体保护的同时,也为其申请世界文化遗产助力。为配合"丝路申遗工作",未央宫遗址区内9个村落和罗寨村共1.6万居民迁出遗址区。搬迁行为给村落本身以及遗址区内未搬迁村落的居民带来了一定的影响。

对于这些村民而言,村落拆迁,在安置房不能及时入住的过渡期,有诸多不便,个别村民由于老人养老或子女上学,在过渡期不得不在附近村落租房。例如,西安第76中在讲武殿村,搬迁区域许多村子的小孩在此就学。拆迁后,许多居民都选择在同属于未央宫街道的讲武殿村租房陪读。这在提升讲武殿村环境容量的同时,也产生了一些社会融合问题。又如,距离搬迁村落较近的阁老门村,也由于一些搬迁村落的原住民及其外来人口的流入,使得村内污水设施、环卫设施超负荷运转,出现垃圾乱倒、污水乱排等状况。遗址区10个村子近2万人搬迁也对区域环境、交通环境产生了影响。分别位于世界遗产地东侧和北侧的讲武殿村和夹城堡村,均因区域居民锐减和道路改线等原因,使得原来经过村子的公交改线,影响到了居民出行。

2014年6月,汉长安城未央宫遗址"申遗"成功。遗址区内的村

落也顺利搬迁。遗址公园进行了环境整治和旅游策划，周边村落居民在地方感和区域自豪感有所提升的同时，对遗址区展示利用和旅游发展也有所感悟，居民期望在世界遗产的发展中获得村集体的利益和个人的生计改善。然而，未央宫遗址公园的建设由于资金问题，存在分期开发的渐进性，而前期以环境整治和遗址展示为主的保护利用阶段对周边村落和居民的实际利益和工作机会的改善十分有限，遗址公园仅能提供保安、管理、保洁等为数不多的工作岗位。因此，这对增加遗址区居民的经济收入和工作机会没有产生想象一样的帮助。高期望带来了对遗址利用的不满情绪，加之这些村子本身就处于"居住拥挤、交通受阻、设施超负荷、环境混乱"的转型阵痛期，因此，居民对遗址的不满情绪上升。在上一章中，未央宫遗址公园周边村落居民在参与、工作机会的低满意度评价也印证了这一点。

2017 年颁布的第三批国家考古遗址公园名单，包含了未央宫考古遗址公园。为了改变过去遗址公园单一封闭的展示利用模式，开展汉长安城国家文化公园建设成为大势所趋。近年来，未央宫遗址旅游事业发展，大遗址的文化效应和空间价值逐步显现。首先，为遗址区内外居民提供了文化旅游、康体休闲的场所，并提升了周边村落的环境效益。其次，借助自身国家级大遗址和世界遗产地的金字招牌举办了一些大型活动——2018 年 8 月的"长安大讲堂·汉文化论坛"、2022 年 5 月的"汉城千年·未央印记"等等。这对汉长安城遗址的文化交流与传播有着一定的帮助。再次，国家文化公园导向下的建设，也对周边村镇产生了文化带动效应。比如，徐寨村拥有较多的历史遗址，如状元塔、大庙、文昌庙、土塔、土地庙、汉代屠宰场、汉代钱窑等，更有 1400 余年的国槐（一级保护树种），未央宫遗址区公园的二期工程距离该村较近，徐寨村基层党委和退休老干部近期在编制村史，努力通过其村内历史文化梳理和挖掘，融入遗址旅游。再比如，讲武殿村位于汉长安城遗址区未央宫和长乐宫之间，在村南、村北、村西发现了长乐宫西门遗址、讲武殿遗址及武库遗址，村史记载有樗里子墓，近期该村也试图通过讲武台遗址的保护与利用发展文化旅游。

需要注意的是,在互联网时代,未央宫遗址区建立"汉长安城未央宫"的微信公众号,开发了文创产品。举办了"我和汉长安城的故事"征文等主题活动,这对遗址公园本身以及对汉长安城遗址的展示和利用都具有较大推动作用,而该过程对于周边村落的乡村振兴也带来契机。接下来,如何利用这一时空机遇,使得未央宫遗址公园能和周边村民形成多元互动,并让未央宫周边村落的文化渗透到城市环境中,都成为遗址保护与民生发展的重要课题。

(三) 乡村振兴战略的实施

改革开放以来,不论城市如何发展,社会如何进步,三农问题一直以来都是党和国家关注的首要问题。由于遗址区保护的原因,汉长安城遗址区的城市化程度一直在西安市三环以内保持在比较低的水平,遗址区内的现有的33个行政村也是未央区最大的一片乡村。从2007年的新农村建设到近年来推进的乡村振兴战略,乡村的发展一直也是遗址区所在的各级政府与社会各界关注的重点。

2021年,未央区政府印发了《未央区深入实施乡村振兴战略促进城乡融合发展工作行动方案》,将产业振兴、遗址公园提升改造、人居环境整治、遗址区基础设施提升等列入主要目标。人居环境整治,力图通过"花园乡村"建设行动及各类基础设施、相关公共服务设施的提升工程促进村庄美化;产业振兴层面,行动方案符合文保规划、土地管理政策的前提下,开展农业产业规划设计、布局工作。2021年,积极出台《西安市未央区汉长安城遗址区农业产业规划》,为遗址区内乡村振兴和农业产业发展奠定基础。相关机构牵头组织一系列活动,比如,未央区新生代企业家联谊会、青年企业家协会汉长安城遗址区创业行活动,共议"大棚房"清理整治后,土地利用、未来产业发展问题。2022年6月,未央区在汉城街道楼阁台村举行由相关政府部门和意向企业共同参加的"汇聚万千力量,筑梦乡村振兴"——"千企联千村"集中签约仪式,西安丝路文旅投资有限公司与楼阁台村合作,通过村企结对实现资源共享、共同发展的双赢。

此外，2019年，西安市城市规划设计研究院在遗址区开展"守望·共享——探索汉长安城大遗址保护的新路径"规划设计工作营活动，开办汉长安城国家大遗址保护特区规划师实践基地，对遗址区村落开展村庄规划研究。与此同时，西安的众多高校（西北大学、西安建筑科技大学、长安大学）一直对遗址区的众多村落进行跟踪调研和规划研究。比如，西北大学结合遗址保护总体规划编制了《汉长安城遗址区周家河湾村新农村建设规划》，西安建筑科技大学开展了《汉长安城长乐宫遗址罗寨村聚落规划设计》活动，长安大学探索了《民本视角下的汉长安城遗址区阁老门村保护与发展研究》等。

应该说，不论是政府的实际行动还是规划业界和学术界的关注，都充分说明了遗址区村落发展问题的重要性。在各级政府和单位的部署与支持下，遗址区乡村振兴工作近年来一直在开展，这主要体现于自上而下的村内基础设施提升工作。比如，近期丰景路上沿着历史道路铺设排水管道。又比如，六村堡街道部分村燃气、电力和供水等一系列民生工程的开展。

在乡村振兴导向下，遗址区各个村落各显本领，积极探索乡村发展模式。例如，楼阁台村委会响应国家"乡村旅游助力乡村振兴"的号召，利用其比邻汉长安城东城墙北门宣平门的区位，成立了陕西宣平长安文化旅游发展有限公司，并建立"宣平里都市田园综合体"。2018年底，宣平里景区开园后即迎来其发展的黄金期：创造了近百万客流和近千万元的年收入。2019年，景区更荣获"省级乡村旅游示范村"称号。又比如，玉丰村为响应乡村振兴政策与村集体致富诉求，2017年成立汉城街道南玉丰村股份经济合作社。这是未央区首个农村集体经济组织，先后完成健身活动广场、村西道路的提升改造，2018年依托汉城湖风景区的良好旅游资源及本村历史文化资源建设玉女门小镇。除了文化旅游之外，还有一些村子也探索了一些遗址低冲击性产业，比如，高庙村与西安欣苗食用菌开发专业合作社开展合作，通过发展生态循环农业来助力乡村产业振兴。

在党中央对三农问题的持续关注下，在脱贫攻坚后全力推进乡村振兴战略的时代背景下，不论是政府和业界的推动还是各村的行动，遗址区乡村在其整体处于过渡期的时段内仍谋求着不同程度的发展，这也成为十多年来遗址区居民整体满意度提升，对立情绪缓解的关键。下一步，如何在保护文物遗址和历史文化环境的基础上振兴乡村，是遗址保护与民生发展的新课题。

（四）环境保护

党的十八大明确提出，要大力推进生态文明建设，"绿水青山就是金山银山""山水林田湖草是生命共同体"，要对国际社会实现"双碳"目标的中国承诺。

2018年之前，西安的雾霾以及整个汾渭平原的环境状况引起了国家环保部门的重视。2018年底，中央第二生态环境保护督察组对陕西省第一轮中央环境保护督察整改情况开展"回头看"。汉长安城遗址作为西安市三环以内最大的"城中村"群，其中的非正规产业及散、乱、污企业自然受到关注。

自2018年以来，一系列生态环境保护政策颁布。比如，"大棚房"问题专项整治行动等，对汉长安城遗址乡村影响深远，由此带来了当地土地利用发生变化。

汉长安城遗址位于西安市边缘地带，经济发展落后，土地租金低，并且由于遗址保护及监督管理等体系不健全，遗址区内有众多违规"大棚房"。它们主要以仓储物流及工业生产为主。随着一系列生态环境保护政策的不断落实，遗址区内大量物流基地及工厂企业逐渐停工、搬离，外来人口逐渐减少，乡村内房屋出租率也因此下降，许多以收取房租租金为主要经济来源的原住民收入大幅度减少。由于早期的工厂企业、物流仓储等多是在耕地上进行建设活动，土地污染比较严重，重新恢复为耕地较难，需要大量的资金支持，村落内部分土地杂草丛生，荒废严重。

此时，以保护基本农田为主的"大棚房"整治在开展。扫黑除恶活动使得这些散、乱、污企业背后的"靠山"垮塌。西安市举办"十四运"期间更对遗址区环境提出了要求。

这些环境整治"组合拳"，让遗址区的环境改善，迈出了重要的一步。当然，个别地方环境整治不彻底，并未对闲置用地的用途进行有序的再安排，整治之后土地租金锐减，严重影响了村民的正常生活，部分土地杂草丛生，荒废严重。相关工作依旧任重道远。

二 中观尺度的影响因素

（一）城市化

近三十年，是西安市快速扩张的时段，城市边界不断外延。汉长安城遗址已经从城市边缘区城郊型遗址演变为被城市包围的城市型遗址，汉长安城遗址区村落和城市的联系也越来越紧密。实际上，西安市城市发展对汉长安城遗址的保护与发展也从早期的协调，走向了未来可能的带动作用与越来越多的正向影响。

应该说，西安的城市发展，为遗址保护做出过很多牺牲。比如，20世纪50年代，中国第二汽车制造厂本来布局于西安并选址在遗址区主城区，但该方案因汉代都城这一重要遗址而放弃并被迁往湖北。比如，20世纪90年代，西安市二环路建设，为了对汉长安城所处的城市西北角进行避让，进而失去了整个城市与二环路（规整的环城路）相呼应的规整的圈层格局。

近年来，城市的发展使得周边地区不论城市设施还是工作机会都优于遗址区村落。遗址区内外村落全方面的经济社会悬差，也直接引发了遗址区居民强烈的心理落差。引致前文提及的居民生活满意度较低。此外，在现有遗址区管理能力还不能覆盖整个遗址区村落的现实条件下，也出现了许多城市经济利益主体和村集体利益主体滋生许多非正规交易和非正规产业的现象，这也成为了遗址区散乱污企业和违章建设的诱因。

需要注意的是,西安市为遗址区带来了大量的外来人口,而这一方面带来了城中村房屋加盖现象,另一方面外来人口也给遗址区带来我国社会转型期城乡交错地带普遍存在的社会问题。

不可否认,外来人口为原住民带来租房收入,为村庄带来了活力,在一定程度上缓解了原住民对遗址的抵触情绪。此外,小汽车等交通工具,使得遗址区原住民更容易和城市互通互动,而城市的各类机会也进一步辐射到了遗址区村落。靠近城市的村落居民对"遗址促进经济发展、提供就业机会"相对满意度比较高就由此而来。在现有汉长安城遗址的几个景区的旅游运营过程中,西安市的居民以及西安作为旅游城市而吸引的游客也成为了这些景区的重要客源,这也在一定程度上为村落的发展带来了明显的正面影响。

当下,遗址区正以不同的角色为城市服务,与城市产生的关联也越来越紧密。可以预期:西安市不论是作为一个国家中心城市还是作为一个国际旅游目的地,都会给汉长安城遗址区保护和利用的发展提供绝好的遗址旅游和国家文化公园建设环境。而在片区层面,未央区更是把汉长安城遗址区作为其未来发展的五大板块之一。随着西安市城市的更新和发展,随着遗址区村落合并与提升,遗址区居民获得安置区域和工作机会均将得到保障。遗址区未来发展也将越来越多地对城市发展产生正面影响。

(二) 非户籍人口的影响

西安城市化大发展吸引了大量的非户籍人口。一般来说,城市更新使得区域可接受和容纳的城中村数量有限。汉长安城不能开发,其相对匮乏和落后的设施而产生较低的房租和较低的地租,成为了容纳北郊低端劳动力和非正规企业的诱因。此外,非户籍人口彼此间多存在亲缘、业缘或乡缘关系,这也是其在遗址区村落快速集聚的重要因素。这些非户籍人口主要是遗址区内非正规产业的产业工人和服务人员,还有一小部分依赖于遗址区村落廉价的房租在附近城市工作。这些外来人口相当一部分都是以家庭为单元,子女在此就学,有超过30%的外来人口在遗址区的居住时间已超过3年。以上原因引致遗址区非户籍人口数量明显超过了原住民。外来人口对遗址区村落的影响也十分显著。

第一，非户籍人口带来了房租、服务业及其消费，非户籍人口的存在进一步缓解了原住民对遗址的对立情绪。首先，外来人口的到来，承租原住民的房子，为原住民提供了房租；外来人口进驻遗址区创业开办的小型工厂和小作坊，给村集体提供了地租，村民也可从中分红。其次，部分从事餐饮、零售、日常生活服务业的非户籍人口也显著改善了原住民生活的便捷程度，村落也更具活力。最后，外来人口多数为进城打拼，其工作生活的积极状态对于普遍封闭和一些慵懒的原住民都具有一定带动作用。因此，外来人口也成为遗址区村落广受欢迎的群体。

第二，非户籍人口为遗址区带来了诸多环境保护和社会治理方面问题。首先，非户籍人口引发违建高潮，在经济的驱使下，外来人口成为各村需要招募的人才，"筑巢引凤"主要表现为房屋的翻建和加盖，这在某种意义上对遗址区文化和环境承载力构成了影响。其次，非户籍人口带来邻里间的隔阂，促生城中村的混乱。时间对比研究中，邻里满意度是唯一一个不升反降的指标。再次，非户籍人口自身对遗址保护与利用较为冷漠，进而也影响到遗址区未来遗址相关产业的发展和国家文化公园的建设。

需要注意的是，2018年后的环境整治、"大棚房"整治等政策，对非户籍人口产生了较大冲击，部分遗址区腹地出现从事非正规产业的外来人口外迁。当然，仍有大部分非户籍人口留在遗址区，这其中包括靠城市较近的一些村落，这些村落的外来人口主要靠从事城市服务维持生计。仍有一些到遗址区外工作，但和家人居住在遗址区内的。扫黑除恶行动以及疫情期间居民资料普查使得每个村的社会生态环境有所改善，这也成为近期原住民和外来人口共同发展较好的外部环境。

我们必须重视的是，和原住民的搬迁一样，大部分非户籍人口疏解、改善、提升，是遗址区未来民生发展的重要命题。该类人群能否和遗址共生，也成为未来遗址保护与民生协同发展必须讨论的议题。

三 微观尺度的影响因素

（一）乡村社区治理

应该说，现在遗址区各村发展的差异，除了村落与城市的区位关系以及村落和遗址的地理关系这些原因，各村自身社区治理能力也是关键因素。就价值层面而言，其村委的治理能力不仅体现于是否可以招商引资，吸引非户籍人口等，更体现于能否在未来遗址区的国家公园建设过程中，利用遗址发展文化旅游和遗址友好型产业。

作为基层政府治理单位，负责向村民传达省、市、区和街道的在经济、社会、环保等各个维度的政策。有些村领导期望"基于村落周边汉文化自下而上的发展旅游进而实现文化遗产利用和村内文化传承"。但大部分村领导还是难以将其提上日程。原因在于依照遗址区文保和农管政策的规定，不能触碰文物保护紫线和生态与耕地保护红线。例如，2016年至2017年，宣平里景区被当地国土部门认定为非法占用农地兴建永久性建筑，并责令限期拆除。而村一级所能组织的资源不论是景区的设计抑或后期的运营能力都十分有限。例如，玉女门街区的低水平设计和粗犷化建设与经营。如上一章居民调查所看到的：居民"自身有意遗址保护与利用，却缺乏村干部和乡村精英这类领导群体组织和带动"。

实际上，现有的一些开发也确因自身有限的人力、物力和财力而面临举步维艰的境地（宣平里景区如今的惨淡经营），充分暴露了"自下而上村组织经营所面临的景区规划设计、遗址价值认知程度与景区运营宣传等"全方位的短板。

此外，遗址的保护与利用需要上下互动式的治理体系，也需要村集体自身治理能力的提升。而在这些方面，遗址区现在也存在各种问题。

首先，景区开发得到的上级支持十分有限，地方文旅部门、农业部门、环保部门的配合以及其他各部门的支持都尤为重要，而现有几个自下而上的景区开发得到上级政府部门及社会各界的支持显然不够。

其次，就村委会自身而言。部分村领导过度追求个人利益、试图通过谋求短期旅游收入，博人眼球，获取短期收益和政治资源，少有"以一个汉城人的情怀和责任来踏踏实实的保护遗址、传承文化"。实际上，遗址的保护并不只是建设汉主题景区或打造汉文化街区，也包括结合村内公共空间整治加强汉文化的宣传，或对基于村内自身历史和文化潜心的挖掘并予以展示，这些都可以体现基层对于文化旅游的治理能力。

再次，在居民层面，尤其随着外来人口不断涌入，居民对遗址正反两方面的情感都有所下降，原住民对遗址的态度也渐渐冷漠。这也在上一章居民认为"村委会对村落发展无作用甚至是反作用"的评价结果得到印证。一些文化旅游不但得不到民众的支持，反倒会受到自下而上的掣肘。如何在未来遗产利用中，充分调动居民，并且使其在未来文化旅游中得到一个"汉城人"该有的权益，进而为其现有的归属感和自豪感匹配上文物利用的实际利益，才是进一步增强居民和遗址情感，提升文化旅游可持续的关键。

近年来，各界对遗址区村落发展逐步重视。党建工作在各地基层全面展开，各级党组织在遗址区乡村治理中发挥的作用十分显著。实际上，宣平里景区、玉女门景区旅游开发，党组织在村内各项大事中均发挥了重要作用。这其中，村级党委自身的廉洁性也有所改良。各村在治理过程中，不断加强自身先进性建设，通过各级党委的上下联动，充分吸纳社会、市场及高校资源，合力助力乡村文化旅游发展，是遗址区保护和民生发展协同的关键。

(二) 景区建设

禀赋丰厚的文化资源和公共空间，是遗址区建设景区、发展旅游的基础。对于汉长安城遗址区而言，其被西安市包围的区位优势，使得遗址区发展旅游具备相对较好的区位优势。此外，不论是汉长安城遗址本身的保护抑或遗址区村落经济的需求，依托于遗址区文化资源发展文化旅游产业都是遗址区未来的一个重要目标。

第六章　汉长安城遗址保护与民生发展的问题诊断

关于遗址区的景区建设，除了上一章较多提及的"未央宫遗址景区"外，开园于2011年的汉城湖景区以及近年来自下而上的宣平里景区的发展，是影响遗址区村落发展和居民生产生活的典型（表6-1）。

由西安市水务局主导建设的汉城湖景区，是在原来西安市北郊的污水集结地团结湖水库的基础上改造而来的。汉城湖景区主要包括汉文化主题旅游开发、水治理科普教育、国家4A级景区展示等功能。当然，汉城湖景区与村落的融合还存在以下不足："汉城湖与城墙形成的遗址城防系统及自然界限"使临近村落与城市建成区连通度受限，汉城湖景区的开发并未给周边村落带来明显的经济收益，景区目前为周边村落创造就业机会有限，且少数的景区从业者多从事低端的景区维护、环卫等工作。这也印证了前文提及的阁老门村居民对景区产生对立情绪和排斥心理。

宣平里景区，是为数不多的依托汉文化与楼阁台村落周边遗址（宣平门）而建设的一个文化旅游景区。该景区是自下而上的村集体组织模式在楼阁台村的尝试。宣平里景区建成后，在一定程度上推动了楼阁台村乡村振兴及乡村旅游的发展，景区以文化产业为主导，综合餐饮、古玩市场、大型演艺，博物馆展示等，也为公众营建了更好的交流场所。在治理层面，景区成立楼阁台村宣平里党群致富联合体，并在宣平里设立了党群服务中心，需要注意的是，宣平里的发展，也激发了遗址区其他村落通过景区振兴乡村的尝试。例如，玉丰村修建了"玉女门"商业步行街，阁老门村编制了《未央宫街道阁老门村文化特色小镇规划》等。

当然，由于人力、物力、财力的限制，这些村落缺乏高水平设计、缺乏在文化遗产保护与利用理念指导下开展景区建设，如玉女门景区，就表现了对于汉文化的粗放理解和缺乏地域特色的设计。景区环境缺乏遗产真实性、商业化严重，历史环境逐渐消失，没有发挥自身特色，商业项目内容同质化。宣平里景区也经营惨淡。需要注意的是，这些景区在其发展过程中，面临着文物、环保、大棚房整治等问题。面对以上诸多挑战，现有的景区经营主体既无法在技术层面正面应对"质疑"，实现

表 6-1 遗址区已有的景区建设状况对比

遗址性质	汉长安城未央宫国家考古遗址公园	汉城湖景区	宜平里景区	玉女门景区
	世界遗产	汉城湖国家 AAAA 级旅游景区	都市田园综合体	商业步行街
经营	西安曲江新区管理委员会	西安市水务局	楼阁台村集体合作社及陕西宣平长安文化旅游发展有限公司联合建设	玉丰村集体
发展态势	稳步向好：随着兼备文化、生态、科教、经济等综合功能的未央宫遗址公园的建设完善，在逐步开放的过程中，作为汉长安城遗址区内大型遗址公园发展势头稳中向好	平稳发展：汉城湖景区遗址展示利用虽已具备一定规模，但旅游发展尚处于初级阶段，对民众的吸引力不足，因此景区内的建设项目并没有为周围村落带来相应的经济收益，汉城湖景区也缺乏对周围村落居民的吸纳，处于一个低水平向稳定发展的局面	逐渐没落：景区游客较少，一方面由于景区知名度较低；另一方面由于运营及管理模式混乱，并且娱乐活动缺乏创新性，对游客吸引力较低。另外，楼阁台村外来人口较多，因宜地租便宜建有物流基地，但村内违法圈地现象严重	昙花一现：景区环境缺乏真实性，商业化严重，使历史环境逐渐消失，没有发挥自身特色，项目内容同质化，在疫情影响下没有带来相应的人流量导致并未实质性的发展
对村落的影响	对周边村落具有文化振兴的带动作用，吸引务工人员参与其中推动村落经济产业发展，遗址区内基础设施与景区设施分布对周围边村落带来便利，现实创造的就业机会有限，布对于居民的地方感认同感及文化提升了周边居民益使周边村民益，景区环境使村民感染力	环境效应慢显现，周边村落的人逐年增多，景区提供的公共活动空间加强了村落间、村落与城市间人与人、人与地方之间的联系，污水治理及水治理的科普基地，具有正向辐射，汉城湖与城墙形成的遗址城市建成区连通具有界限使临近村落居住与城市建成区连通，因景区创造就业机会有限，民就业机率小	解决了一部分就业，探索了自下而上的联合组织的模式：宜平里景区建成后，在一定程度上推动了楼阁台村乡村振兴及乡村旅游的发展，文化产业比例较高，因景区建设间接形成了村落基层两村委与村民联合村监督组织，给周边居民带来经济收益，构建了更好的文化交流场所	依托汉城湖景区的游客发展商业经济，促进周边村落的经济，在一定程度上突出或寄生了玉丰村的文化历史

168

第六章 汉长安城遗址保护与民生发展的问题诊断

续表

遗址性质	汉长安城未央宫国家考古遗址公园	汉城湖景区	宣平里景区	玉女门景区
	世界遗产	汉城湖国家AAAA级旅游景区	都市田园综合体	商业步行街
和城市关联	稳定游客，市民康体健身；实现西安市文化绿色文脉网络；因其文化生态价值和开敞空间成为城市游客的新宠	稳定游客，市民康体健身；因其文化生态价值成为链接城市的重要纽带	一度成为城市中文化和旅游发展的辐射点和网红打卡地	短暂性地吸引游客，带动经济增收

来源：作者自绘。

169

景区发展和文物保护与基本农田保护的协同,也无法从治理层面合理调节"景区涉及的不同管理部门及其各利益相关主体的关系"。如此,该类景区在短时间发挥一定经济社会功能并宣传文化惠及民生后,也给村落本身留下隐患,如投资者负债等。由此可见,遗址区村落在村集体层面如何自下而上探索文化旅游的发展,成为了遗址区未来发展必须攻克的一个难题。

第二节 不同焦点(空间层面)所需要协同的重点问题

一 国家文化公园建设与聚落搬迁

汉朝都城和世界遗产地的身份,使得现有条件下的汉长安城遗址呈现出"临时性过渡状态"(也决定了未来有相当一部分聚落将搬出遗址区)。村落外迁腾出的更多空间及其随之产生的文化旅游发展和遗址公园营造,对汉长安城遗址回归正途、科学发展形成正向推动。

当下,一方面,遗址和村落两者存在矛盾,加上现有遗址保护与利用的资源投入力度决定了遗址旅游仍处于初级阶段,这也导致了现时的遗址利用并未很好地惠及居民。而正如前文所提及的:世界遗产地的申报产生村落搬迁,搬迁后这些村子在过渡和安置中也暴露出"过渡期过长、安置区生活成本高、居民就业困难等"诸多问题。另一方面,世界遗产已经给居民带来切实的环境效益,如夹城堡村居民对其居所周边环境的认同。世界遗产地周边有越来越多的村落如讲武殿村、徐寨村、六村堡村等均意欲利用世界遗产地的辐射效应和国家文化公园建设的契机挖掘其文化资源,进而通过产业优化实现村落发展转型。

愿景推演与深层次思考:

未央宫遗址的世界遗产地申报与初期建设为汉长安城遗址区一些村落带来阵痛,这不仅显现于搬迁村落居民生产生活转变,也体现在遗址区内一些未搬迁村落的经济社会嬗变。实际上,遗址区不论是作为世界遗产还是国家重点文物保护单位抑或未来的国家文化公园，这些"国字号"头衔意味着居民实质上是为一个国家甚至于世界牺牲自身利益、守卫遗产。就某种意义而言，国家应该给汉长安城遗址区更多的资源，其资源关照的对象不仅应包括搬迁村落也应包括未搬迁村落，不仅要关注安置区居民的一次性赔偿和安置区物质空间建设，也要关注这些居民可持续的生计，以及情感和精神。

可以预期，不论是现在世界遗产建设，还是未来国家文化公园的营造，均将使居民获益。一方面，区域影响力的提升，汉唐文化的彰显，必将进一步捍卫西安作为中国"文化中心"的名号；另一方面，大遗址保护和生态区的建设必将优化城市的空间结构，能给市民带来更多的开敞空间。如此，西安市和未央区政府相关决策者更应将这些实际的区域利益补偿给"与遗址相伴而生并做出过多年牺牲"的居民。

二　城市发展与乡村发展

随着城市不断的扩张，遗址区的村落进入了一种状态，外来人口和原住民双方各有需求，彼此满足。

一方面，遗址区离城市较近，对于原住民和常驻于此的外来人口而言，随着小汽车交通的普及，遗址区村落和城市的连通性显著提升，这些村子更像是一个大的居住组团。在村内居住、在城市工作是许多村民的选择。

另一方面，随着城市不断扩张，外来人口尤其是一些低端劳动力需要廉价的租住房，外来人口和原住居民双方各有需求，彼此满足，遗址区的村子进入了一种城中村的状态。同时，遗址区还承载着一些临时性的非正规产业和违章建筑，正是这些非正规空间容纳着相当部分外来人口和原住民，进而也维系着村内的商业和服务业。

实质上，现有城市和遗址的关系是：村落为城市提供打工的原住民，也为城市外来人员提供廉价的居所和相关服务。现在村落起到了多数城市增长过程中"城中村"的作用。

愿景推演与更深层次的思考：

一方面，可以预期，遗址区这种以外来人口占较大比例的"城中村"，还会在相当一段时间内存在。如此，城乡交错地带的区域属性也势必成为整个遗址区建设需要协调的重要因素。此外，在社会层面，城市边缘区问题又会给原住民和外来人口的生计维持与经济社会发展带来更多的挑战。

另一方面，就趋势而言，随着西咸一体化和大西安城市框架的拉开，城市更新必然会渗透到汉长安城遗址区，遗址区的功能升级成为必然。此外，西安市的城市高质量发展显然需要汉长安城遗址营造出更多的城市公园和特色环境区域。在此导向下，遗址环境改善需要收缩村落、搬迁原住民以及逐渐外迁非户籍人口。

2021年9月，中共中央办公厅和国务院办公厅印发《关于在城乡建设中加强历史文化保护传承的意见》，更加突显大遗址保护与城市发展的协同的重要性。汉长安城遗址与城市关系的走势，以及遗址和其中的村落，能否在未来城市发展中找到自己合理的定位，一定会成为衡量世界遗产地及国家重点文物保护单位保护和发展成败的重要表征，也将进一步决定汉长安城遗址区以怎样的姿态和层次存在于未来文化遗产大家庭之中。

三 遗址区环境提升与村落人居环境建设

前面有关对遗址区环境满意度的调查表明，世界遗产地周边村落居民和城中村居民已存在明显的空间差异。由此可见，世界遗产地、景区，已经给村落人居环境带来一定正效应。在高质量发展的背景下，越来越多的居民尤其是原住民开始注意到，遗址作为公共开敞空间具有康体休闲功能。随着汉长安城遗址国家文化公园建设的推进，越来越多的区域环境将被提升。近年来，遗址区一些村子在进行乡村振兴和人居环境建设时，均开始有意识挖掘村落的历史文化资源和"利用"历史环境。

2018年后，环境整治为遗址区留下了很多的闲置土地。然而，动态地看，未央宫遗址公园今日的鸟语花香也是从土地先被征用然后闲置开始。近日，遗址区在向外流转农地，可以预期，虽然闲置土地现象在某种意义上给村落带来了阵痛，但也给许多村落带来了希望。

愿景推演与更深层次的思考：

实质上，遗址区环境的改善必然惠及城市，同时遗址区村落未来也将吸引更多的与之匹配的高质量人群（创客、艺术家等）。这必将引致遗址区人口结构的优化。同时，作为公园式环境区抑或生态博物馆，汉长安城遗址也将吸引更多的市民和游客，遗址和城市的互动关系将得到迭代与升级。

四　遗址利用与居民发展就业

目前，遗址区内对遗址利用还十分有限。其一，未央宫遗址公园和汉城湖景区这类大型文化遗产地或景区对于周边居民就业的改善，对于周边村镇产业的优化所发挥的作用，应该说还远远不够；其二，就具体遗迹的展示而言，遗址区内长乐宫四号遗址、六号遗址静态式的博物馆展示因数量少、规模小而难以给居民带来实际的就业；其三，宣平里景区和玉女门景区这类文化旅游项目，因为村镇自下而上经营，面临人力、物力财力有限以及策划水平低等硬伤。这类景区在对居民形成过"短时间"的文化旅游产业发展和就业高潮后，近期也面临着遗址旅游的可持续发展问题。由此可见，遗址吸纳村内劳动力目前还十分有限，如何依托遗址区创造出更多的"巅峰期的宣平里和可持续的宣平里"，成为未来的关键。

愿景推演与更深层次思考：

未央宫遗址公园的开发、游客的增多已经撬动了一些村子挖掘本村自身文化——如徐寨村开始编制村史、讲武殿村试图保护讲武台等等。可以预期，在生态文明背景下，文物、环保、农业等部门必将对"遗址区生态影响和文化影响冲击较为严重的非正规产业"进行整治，遗址区也将有更多公共开敞空间和文化旅游发展空间，而如何引入遗址相关的文化产业，以及如何推进居民可参与的经营项目尤其是原住民融入遗址相关产业亟待探索。只有相关问题得到改善，居民才能适应因环境整治而引致外来人口外逃导致房租下降的局面。

遗址区环境的改善、外来人口的收缩、产业的优化是进一步推进西安市城市高质量发展的基础。

第三节　本章小结

机理研究存在跨层级的现象。文保政策、乡村振兴战略和各类环保政策，源于宏观国家或区域层面并向省市层面及乡镇层面的传导，存在跨尺度现象。

同时，在现象及其动力机制的对应研究过程中，常出现分析的不够系统和全面，对于主导因素和非主导因素的判断也比较模糊的现象。虽然是在从一对强相关的因果方向展开分析，但很容易推演到其他时空尺度，导致遗址区保护与村落发展关联呈现出的情景可能性多，机理关系复杂，难以判断。

由此可见，若从不同焦点完全理清矛盾与问题，达到尺度内关键矛盾化解和相关要素的协同并非易事。在愿景推演和更深层次思考的专栏中，不难发现，尺度之间的影响伴随着时间的推进似乎总在或多或少、或强或弱的彼此影响。如此，需要展开时空耦合的系统研究，并探求各尺度之间的跨尺度影响。

第七章 多尺度分析视角下的汉长安城遗址保护与民生发展

从第四章至第六章，作者从时空视角切入，对汉长安城遗址展开了时空对比研究及其问题诊断，由此可以发现，遗址区村落存在的各类复杂问题是一种彼此交织的现象。

从第二章汉长安城遗址保护与利用的研究动态也不难发现，常年来一直关注遗址区民生问题的学者们也发现汉长安城保护与发展受到的影响因素越加多元，并开始从更为多元和系统的视角对其进行研究，其中既包括定性文化生态的多元系统分析[1]，也包括从人地关系系统视角出发定量的脆弱性研究[2]。

应该说，在新形势下，从矛盾分析到系统研究业已成为汉长安城遗址保护与发展系列研究的客观要求。

第一节 汉长安城遗址区作为社会生态系统所需关注的尺度问题

在过去的20年中，系统技术的应用越来越多，这其中社会生态系

---

[1] 朱晓渭：《基于考古遗址公园的城市文化生态系统研究——以西安市为例》，《人文地理》2011年第2期；陈稳亮、孙圣举、高忠等：《共生还是绝离？——居民融入汉长安城遗址保护与发展问题探究》，《城市发展研究》2014年第11期。

[2] 张立新、杨新军、陈佳等：《大遗址区人地系统脆弱性评价及影响机制——以汉长安城大遗址区为例》，《资源科学》2015年第9期。

统（SES）更成为分析和解释社会和生态各种因素之间相互作用的重要抓手。社会生态系统是包括社会、经济和生态元素及它们之间的相互作用的系统。在一些生态保护区治理的相关文献中，社会生态系统这个概念明确地表示出，保护区管理者、相关利益者、相关机构都是这个耦合系统的一部分。这些要素纳入系统动态模型中，相互作用，而不是把它们作为生态系统不变的外部影响因素。

对于汉长安城遗址区而言，若将遗址保护和居民发展作为焦点与目标，那么在传统的认知下，就属于不同空间层级的影响因素。然而，我们会发现，现在遗址保护区所出现的复杂问题，并非以遗址安全或民生发展为主旨和目标而发生，它表现出遗址区作为一个城市区域而发生自然改变，其包含着不同社会、经济和管理诉求。实际上，遗址区并不是处于真空中，而是和/或嵌套在其他的社会生态系统中，相互包含及影响。遗址保护和利用也并非单纯的控制与发展，而是需要去适应。在 SES 视域下，遗址及其环境的保护和遗产地居民的社会经济发展，也并非是一对简单的此消彼长关系。现在遗址区所显现的复杂问题恰恰反映了其作为一个生态系统的复杂性。若我们如保护区一样把遗址区各方面的复杂问题纳入社会生态系统分析框架去理解，那么，目前所出现的复杂问题的破解将获得一把新钥匙。

社会生态系统是社会环境、生态环境、文化环境有机结合。综合系统来看，涉及尺度及层次属性[1]。时空研究不难看出，汉长安城复杂问题很大程度上是由于尺度的问题，而尺度切入社会生态系统的研究也成为国外环境有关的公共政策研究者关注的重点。前已述及，如同许多生态保护区和旅游地，汉长安城遗址存在其作为一个社会生态系统各尺度之间的相互作用。因此，基于系统思维的社会生态系统认知及其多尺度

---

[1] Pennisi, E., "Tracing Life's Circuitry", Science, Vol. 302, No. 5651, December 2003, pp. 1646–1649；付立华：《社会生态系统理论视角下的社区矫正与和谐社区建设》，《中国人口·资源与环境》2009 年第 4 期；Scheffer M. and Carpenter S. R., "Catastrophic Regime Shifts in Ecosystems: Linking Theory to Observation", Trends in Ecology & Evolution, Vol 18, No 12, June 2003, pp. 648–656。

分析，值得汉长安城遗址借鉴。

对于汉长安城遗址区而言，遗址保护和居民发展的协同是其管理的核心目标。作为城市边缘区，遗址区社会生态系统的演化并非单纯以遗址安全或民生发展为指向，而是受到不同的社会诉求、经济诉求和管理诉求的驱动。在多尺度视域下，扩张中的城市、开发中的景区、逐年增多的外来人口都不再是遗址区以外的影响因素，而是与遗址区内遗迹、环境、居民一起，成为其社会生态系统的构成要素。遗址区当下多元复杂的问题正是系统中各要素多尺度作用的结果。实际上，作为一个复杂的自适应系统，汉长安城遗址已经被多级管理体系嵌套，因而我们不能保证如管委会这样的综合管理机构能完全有效地整合起各个层次的规则和制度，遗址区管理政策的制定者也不应奢望有一个能够解决多层级系统所有问题的万全之策。理想的大遗址治理将是一个不断反馈、适应和学习的持续过程。在此导向下，对遗址区系统各尺度间相互作用的分析及其演化机理的探究显得尤为切要。

第二节　汉长安城遗址区的多尺度分析

一　空间尺度分析

正如空间韧性概念所描述的，遗址区村落的保护与发展和其他空间尺度存在跨级关联。村落发展除受到自身经济社会等内部因素的影响之外，更受到国家、省、市、区、街办及遗址区等不同层次空间要素的跨尺度影响（图7-1），其类型主要包括：第一，一直以来，国家文物保护政策对遗址区的管理规定和对乡村建设的管理要求；第二，20世纪90年代后，西安市北郊城市快速发展对遗址区和村落的影响；第三，近年来自上而下的政策影响：具体包括脱贫攻坚这样的国家重点工程；国家各部门一插到底的管理政策（如生态：环境整治"回头看"，公安：扫黑除恶，农业："大棚房"整治）；由市、区或街办制定针对村落的地方性管理办法。

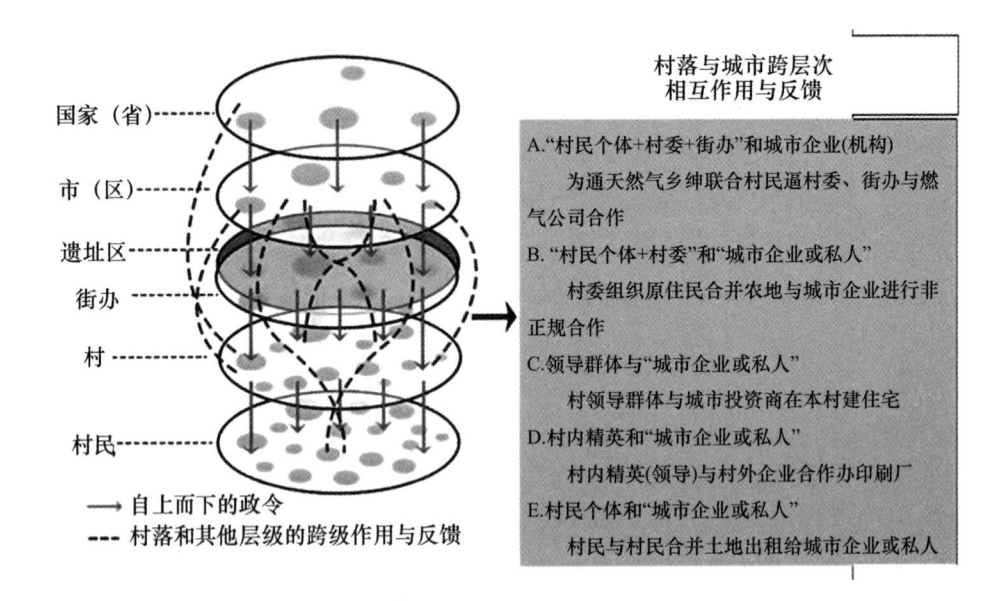

图 7-1　汉长安城遗址区村落和其他层次空间要素的跨尺度影响与反馈示意
来源：作者自绘。

受内外部因素驱动，遗址区村落在不同时期的反馈表现不一。在城市快速扩张时期，受文物保护管理规制以及城市发展等不同层级要素的互动，这一时期的反馈具体包括村集体或街道与市区企业（机构）产生关联；也包括个体（村干部、乡绅、精英、村民等）或少数群体与城市企业或私人发生交易（图7-1）。这一文保对抗性的反馈使得村落自身得到非正规发展且承担部分城市功能，但同时却对遗址和环境造成破坏。2018年后，随着国家一系列环保政令的实施，遗址区村落也产生新反馈：多数村落响应国家政策关停违章企业，遗址环境得以改良，村落经济社会却受到不同程度的冲击。例如，由于地处遗址区内重要的交通节点，徐寨村成为遗址区畸形发展的典型。2018年的环境整治"回头看"和扫黑除恶专项行动使得徐寨村的违规企业被勒令拆除，遗址区环境得以提升的同时村落系统却面临重组：外来人口骤减，青年人外出打工，等等。村民经济生活发生改变的同时，社会心理也产生诸多不适应。

第七章　多尺度分析视角下的汉长安城遗址保护与民生发展

从空间层级分析可以发现，不论是常年来的村城互动抑或近期的政策传导，作为焦点的村落均受到跨级影响与反馈，村落与城市频繁非正规的层次关联印证了"空间邻近是要素互动重要驱动力"的论点[1]。然而，在各层级交互影响中，"村落和遗址区的连通性"则相对较弱，这也导致了遗址保护语境下多数村落受跨层级扰动后所表现出的负反馈效应。在生态文明背景下，未来遗址区的文化生态管制势必趋紧，这对于常年来一直处于非正规发展状态的村落及其振兴提出挑战。若无法融入遗址并拓展乡村发展的文化维度，遗址区村落将长期面临发展正当性质疑。

二　时间尺度分析

通过前文对遗址区不同层级的相互作用及其反馈分析，不难发现，各层级对村落的影响实质上还存在着时间维度的差异。文物保护管理政策对村落的影响是长期的，其实施是一个需要各层级文保部门政策传导与反馈的慢过程[2]，而城市发展所提供的瞬时机会则可能为村落带来短期收益。

随着时间演进，不同村落系统对于这些不同驱动因素的相互作用与反馈的强度也会发生变化[3]。伴生西安北郊的城市拓展，地处遗址区边缘或处于城市交通节点的村落更倾向于短期收益而和城市发生关联，遗址区也越加受到城市经济社会及其相关政策的影响，聚落景观愈益城市化、畸形化。而地处遗址区腹地，交通闭塞的封闭型村落，则呈现设施落后、社会凋敝的乡村景象，村落依然受到文保政策影响，村民保有强烈的"遗址"情结。

---

[1] Maciejewski K. and Cumming G., "The Relevance of Socioeconomic Interactions for the Resilience of Protected Area Networks", *Ecosphere*, Vol. 6, No. 9, September 2015, pp. 1–14.

[2] Termeer C. J. A. M., Dewulf A. and van Lieshout M., "Disentangling Scale Approaches in Governance Research: Comparing Monocen-Tric, Multilevel, and Adaptive Governance", *Ecology and Society*, Vol. 15, No. 4, December 2010, p. 29.

[3] Sundstrom S. M., Tarsha Eason and Nelson R. J., et al., "Detecting Spatial Regimes in Ecological Systems", *Ecology Letters*, Vol. 20, No. 1, January 2017, pp. 19–32; Millar C. I., Stephenson N. L. and Stephens S. L., "Climate Change and Forests of the Future: Managing in the Face of Uncertainty", *Ecological Applications*, Vol. 17, No. 8, December 2007, pp. 2145–2151; Hobbs R. J., Eric Higgs and Harris J. A., "Novel Ecosystems: Implications for Conservation and Restoration", *Trends in Ecology and Evolution*, Vol. 24, No. 11, June 2009, pp. 599–605.

村落倾向短期效益，村民理性但不利于遗址区文化生态的行动主要源于其面对文保要求慢速影响过程与城市发展快速扰动过程的不确定心理[1]。村民对遗址保护所勾勒的愿景感到遥远而抽象（多数指向国家和区域等宏观层面，和村落、村民相关性不强）；而动态的考古发掘和文物确认也可能给村落发展带来新的限制，村民甚至难于确认未来能否留在汉城，这一系列不确定性导致村民表现出一些韧性及公共政策治理文献所提及的"更关注自身短期社会经济效益"并被动服从于即时性的政令[2]。2018年的环境治理行动为遗址区村镇带来了大变化，城中村型村落村民的心理落差陡增，村落系统面临重组；封闭型村落虽然受到冲击较小，但其衰变也未见扭转。

通过对遗址区村落时间动态分析可以发现：当村落面临未来的不确定时，不论是被长期的（慢变量）文保法规牵制，还是一味的去倾向短期效益，都没有较好协同文物保护的长期要求与城市发展的瞬时机会。对于遗址区占比较大的城中村型村落而言，在面对时间尺度失配问题时[3]，不确定性驱使村民做出理性但不利于遗址区文化生态的行为后，自身恢复力下降，已难于对社会和环保政令这类突如其来的不可预测事件做出及时的调节与适应[4]。

---

[1] Falleth E. and Rydin Y., eds., *Networks and Institutions in Natural Resource Management*, UK: Edward Elgar Publishing, March 2006, pp. 181–201.

[2] Falleth E. and Rydin Y., eds., *Networks and Institutions in Natural Resource Management*, UK: Edward Elgar Publishing, March 2006, pp. 181–201; Galaz V., Olsson P. and Hahn T. et al., *The Problem of Fit Among Biophysical Systems, Environmental and Resource Regimes, and Broader Governance Systems: Insights and Emerging Challenges*, Cambridge: MIT Press, 2008, pp. 147–186; Brian W., Lance G. and Ann K., et al., "A Handful of Heuristics and Some Propositions for Understanding Resilience in Social-Ecological Systems", *Ecology and Society*, Vol. 11, No. 1, June 2006, pp. 13–27.

[3] Pierce S. M., Cowling R. M. and Knight A. et al., "Systematic Conservation Planning Products for Land-Use Planning: Interpretation for Implementation", *Biological Conservation*, Vol. 125, No. 4, November 2005, pp. 441–458; Pressey R. L. and Bottrill M. C., "Approaches To Landscape And Seascape-Scale Conservation Planning: Convergence, Contrasts And Challenges", *Oryx*, Vol. 43, No. 4, October 2009, pp. 464–475; Maciejewski K., De Vos A. and Cumming G. S. et al., "Cross-Scale Feedbacks and Scale Mismatches as Influences on Cultural Services and the Resilience of Protected Areas", *Ecological Applications*, Vol. 25, No. 1, January 2015, pp. 11–23.

[4] Cumming G. S., Allen C. R. and Ban N. C., et al., "Understanding Protected Area Resilience: A Multi-Scale, Social-Ecological Approach", *Ecological Applications*, Vol. 25, No. 2, March 2015, pp. 299–319.

三 时空尺度分析

汉长安城遗址周边乡村聚落的发展既受内部因素变化的影响，也同时受到乡村地域外部的干扰，可能引起乡村聚落社会生态系统内部要素不断变更与重组，非平衡状态不断地进行调整、适应与转化。而且，外部干扰的复杂多变可能导致系统的不同变化，相应的，其内部要素重组和发展的特征、方式与程度也大不相同。作者以扰沌模型的作用途径为基础，通过表格（表7-1）推演20世纪90年代中期以来，汉长安城遗址地区乡村聚落在不同尺度的扰动作用下的发展与变化。

表7-1 不同尺度干扰因素影响下遗址区域乡村聚落变化的时间轴线

尺度＼时间变化	20世纪90年代中期之前	20世纪90年代中期至2004年	2004年至2012年	2012年至今
国家尺度	文物保护政策			
西安市	城市发展缓慢	城市开始发展	西安城市快速扩张	城市边缘郊区成为城市功能区
汉长安城遗址区	重点文物保护单位	国家文物保护政策限制发展	汉长安城编制总体规划	国家大遗址保护特区世界遗产地（丝路起点）未央宫遗址公园汉城湖景区
乡村聚落尺度	多数为一般村镇，低水平平均	限制发展，村镇和周边出现城乡分异	城中村现象、环境破败	未央宫遗址地9个村镇搬迁，与城市中心距离短的村落的外来人口以及经济活动进一步加剧
居民尺度	正常乡村生活	低生活质量，破坏遗址	在低水平生活质量中适应，居民自发发展	外来人口进一步变多，原住民重新适应变化

注：箭头起始表示干扰因素来源，箭头指向表示作用方向

来源：冀剑雄硕士论文《汉长安城遗址周边乡村聚落韧性发展研究》[①]。

[①] 冀剑雄：《汉长安城遗址周边乡村聚落韧性发展研究》，硕士学位论文，长安大学，2020年。

四 多尺度分析模型的建构

多尺度问题除了时空维度外,还体现于其他不同维度。尤其是在中国现有背景下,不同条块和不同部门这类多中心问题是必须注意的。因此,在前文分析的基础上,重点借鉴卡明(Cumming)的研究,在分析保护区建立时空框架的基础上,还注意到经济、生态和社会的分别[①]。多尺度分析还需考虑不同维度经济、生态、社会、文保、管理。据此,作者拟借助多尺度分析的方法对汉长安城遗址区的2018年之前复杂问题进行模拟与解构。具体方法主要是:在时空坐标的分析框架下,对一些典型事件和管理政策按照文物保护、生态、经济、社会与管理五个维度进行时空定位与关联分析。结合遗址区社会生态系统发展的阶段性特征,本研究按照汉长安城未央宫遗址"申遗"前后的两个不同时段,分别以遗址区和典型村落作为焦点对遗址区系统进行多尺度分析。

(一)"申遗"前遗址区的多尺度分析

在西安市开始快速城市化之前,遗址保护的压力相对较小,作为全国第一批重点文物保护单位,从国家到地方各级的文物保护管理规定有效地保护了遗址区的遗迹安全和文化生态环境,这也为汉长安城遗址作为西安市西北郊最大的生态"绿肺"和文化功能区奠定了重要基础。20世纪90年代中后期,西安市城市发展边界快速拓展,既有文物保护管理规定和限制政策在某种程度上管制了遗址区对文化遗产的干扰,这在导致遗址区内外非均衡发展格局的同时引发了遗址区居民的心理落差和对遗址的抵触情绪。而居民源于发展需求的个体建设行为及村集体的违章行为也对遗址及其环境带来一定的负反馈。此外,城市化的持续推进引致遗址区各村落相继出现了不同规模的外来人口和零散分布的违章企业,村落社会生态环境乃至整个遗址区环境均受到威胁。

[①] Cumming G. S., Allen C. R. and Ban N. C., et al., "Understanding Protected Area Resilience: A Multi-Scale, Social-Ecological Approach", *Ecological Applications*, Vol. 25, No. 2, March 2015, pp. 299–319.

第七章　多尺度分析视角下的汉长安城遗址保护与民生发展

基于多尺度分析可以发现：一方面，"申遗"前从国家到地方各级文物部门的管理规定在保护了遗址区文物安全与自然环境并提升了整个城市生态与文化环境的同时，也客观上影响到了遗址区村落的社会经济发展和居民生活质量。另一方面，城市扩张、村庄建设和居民生产生活这些不同空间层次的经济活动也在一定程度上破坏了遗址及其环境（图7-2）。

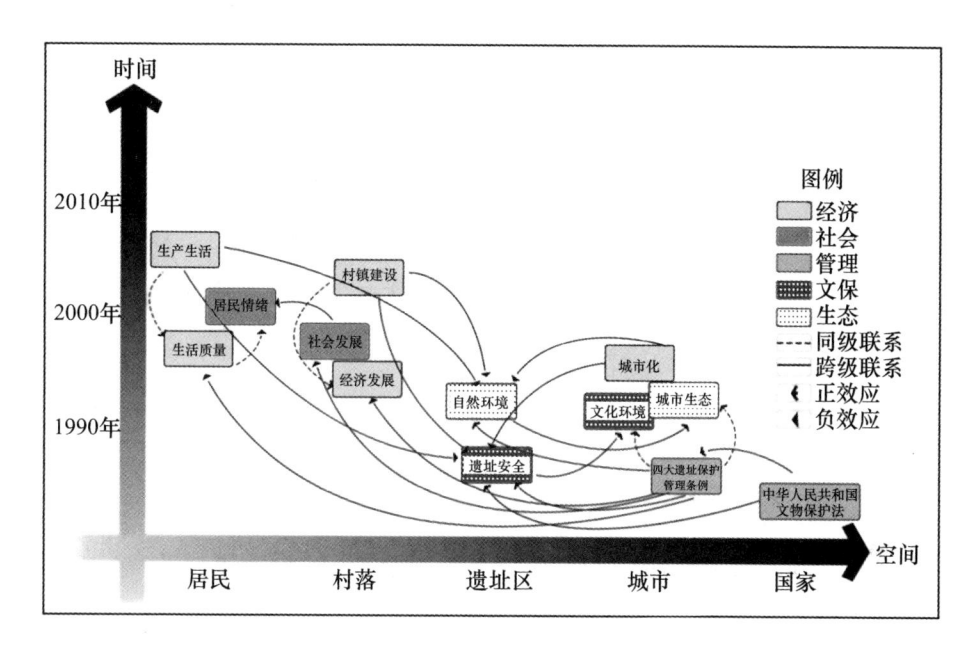

图7-2　遗址区多尺度分析

来源：作者自绘。

（二）"申遗"后遗址区的多尺度分析

2010年后，随着《汉长安城遗址保护总体规划》的批复，汉长安城未央宫遗址的"申遗"工作全面展开。2011年5月，汉城湖旅游景区建成运营并向市民开放。2012年国家在汉长安城遗址设立了大遗址保护特区并启动世界遗产地范围内的村落搬迁与环境整治工作。2014年6月，汉长安城未央宫遗址"申遗"成功，遗产地开始出现小规模的遗址展示和旅游活动。该阶段，伴随周边城市化进程的进一步推进，遗址区村落的外来人口持续增加。此时，几十年来遗址保护管理与城市

183

发展的累积效应和"申遗"后遗址区的剧烈变革，引致汉长安城遗址显现出复杂多元的发展格局，遗址区出现了搬迁型、城中村型、传统封闭型等多类村落。该阶段，各村落的发展因不同尺度、不同要素的不同作用而出现显著分异，已不能单一再用"遗址区村落"来作为抽象的分析单元。因此，为了客观清晰地透视系统多尺度之间的相互作用，笔者将分别以三个典型村落为案例对"申遗"后遗址区社会生态系统展开更为具体的多尺度分析（图7-3）。

讲武殿村：位于遗址区腹地，地处世界文化遗产未央宫遗址的东北。为申报世界遗产，未央宫遗址范围内的9个村落被搬迁，中巴客运公司基于运营成本考虑而将原来通过讲武殿村的公交线路改道运行，该现象显著影响到村民出行；此外，基于自身工作、子女就学等方面的考量，原未央宫区域的许多村民均选择在讲武殿村租房暂居，这也在一定程度上引发了一些社会融合问题。多尺度分析可以发现，"申遗"这一国家层面的大事件促使城市政府实施聚落搬迁的管理决策，并引发"公交改线"这一市场行为，这些肇始于不同层级不同维度的连锁反应为讲武殿村带来了社会、经济转型的不适，进而影响到村民的生活满意度（图7-4）。

阁老门村：地处汉长安城遗址区东南部，靠近西安市北二环且毗邻汉城湖景区。2011年，汉城湖景区的开放优化了遗址区的环境，并为包括阁老门村在内的周边村民提供了一定的就业机会。然而，景区开发也使得阁老门村外向度进一步提升；与此同时，受近年来西安市北郊城市发展的影响（新行政中心、高铁站和国家级西安经济技术开发区的建设与发展），阁老门村涌入大量外来人口，村内房屋加建现象陡增，该窘况在影响村庄卫生环境和自然环境的同时也引发了外来人口融入及其衍生的治安问题。城中村的混乱更在某种程度上破坏了遗址区的旅游文化和自然生态环境。多尺度分析可以发现，城市层面的景区开发在为遗址区带来生态效益的同时，也进一步提升了村落的经济活力；而景区开发加上城市扩张这一城市层面的社会经济现象也跨层级为村落带来诸多社会和生态维度的负效应。作为反馈，城中村的畸形发展更显著影响到遗址区的文化生态（图7-5）。

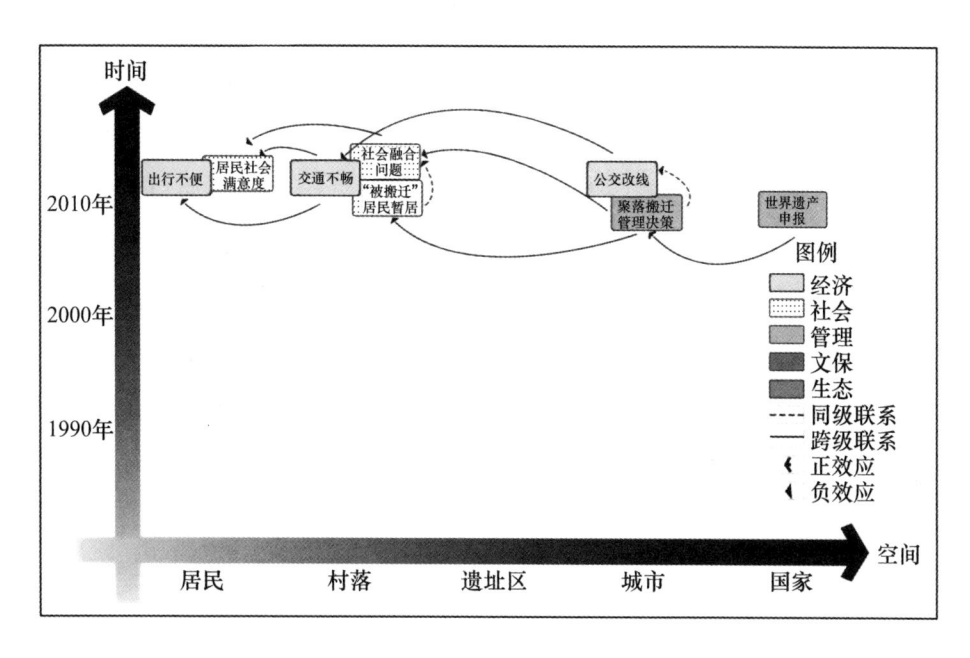

图7-4 讲武殿村多尺度分析

来源：作者自绘。

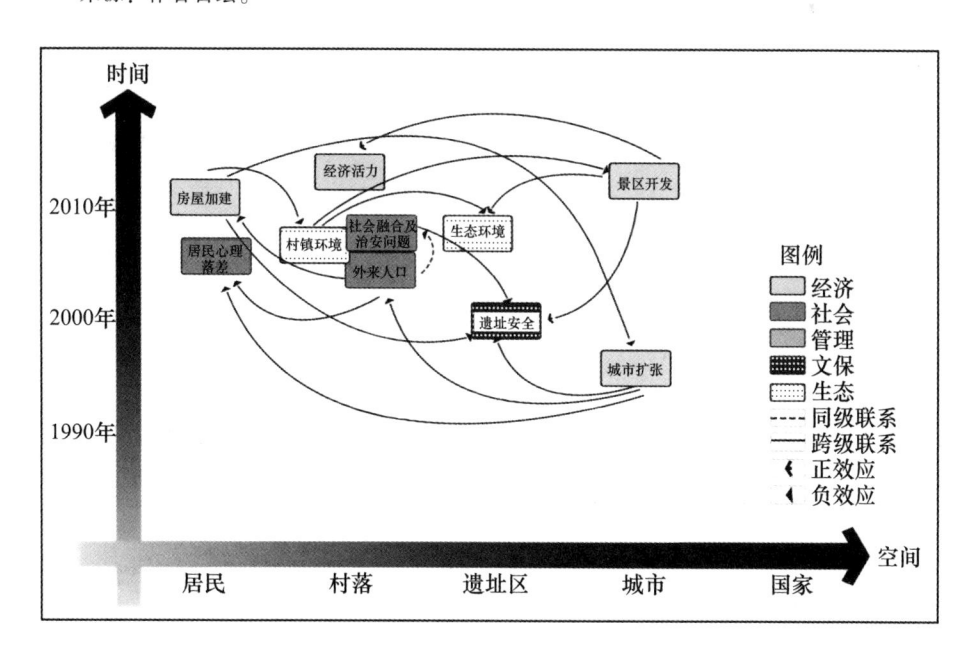

图7-5 阁老门村多尺度分析

来源：作者自绘。

夹城堡村：地处遗址区中西部，因远离西安市中心区而较为闭塞。一方面，长久以来文物保护政策的管制使得夹城堡村的设施更新滞后，老龄化与少龄化现象突出，村落出现了当下我国多数乡村普遍存在的社会经济发展趋缓的现象。另一方面，文物保护政策加上世界遗产地的环境整治使得夹城堡村相比于遗址区多数村落在自然环境方面显现出一定的比较优势，而远离城市的区位使得村落中外来人口比例较低，多数村民对其生活现状的总体满意度相对较高。多尺度分析可以发现，长年来，各级文物保护的管理政策在固化居民低水平生活质量的同时，也为其带来了生态维度的正效应。而远离城市中心的区位致使夹城堡村显现出传统村落相对"集约"的生产生活方式和居民相对稳定的社会情绪，这也在一定程度上对遗址区生态和文化环境的保护产生了积极作用（图7-6）。

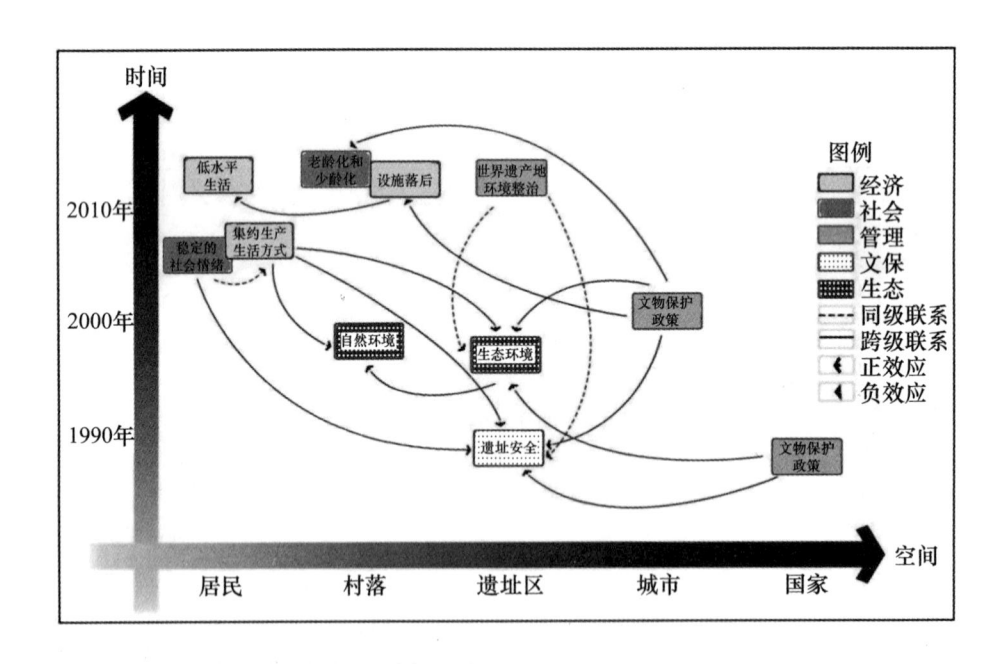

图7-6 夹城堡村多尺度分析

来源：作者自绘。

五 发现与启示

作为一个复杂的社会生态系统，汉长安城遗址存在不同空间、不同时间和不同维度（社会、经济、生态、文保、管理）的跨尺度作用。

就尺度间相互作用的轨迹而言，不仅遗址区与各村落存在分异，各典型村之间也存在显著差别，每个村实质上独立构成了遗址区社会生态系统的子系统，汉长安城遗址显现出层次性和嵌套性的系统结构特征。由此可见，促进遗址区系统各层之间的连通并加强以村落为核心的地方一级的管理是日后遗址区"善治"的重要前提。

就尺度间相互作用的驱动力而言，城市层面的社会经济过程成为遗址区系统演化的重要驱动因素。然而，目前不论是业界还是学术界均对"城市及其相关的利益群体可能给遗址带来的影响"缺乏足够重视。因此，在居民、村领导、文物保护管理者等既有利益主体的基础上如何统筹包括城市在内的各尺度的不同参与者（企业、外来人口、市民、游客等）的利益是未来遗址区治理的核心命题。

就系统演化的趋势而言，"申遗"后各尺度间的相互作用愈发频繁，这也造成了现时大遗址保护特区管委会难于掌控的多元复杂的格局。随着"一带一路"的推进和西咸新区的发展，汉长安城遗址在国家和区域的战略地位与空间价值均将进一步提升。可以想见，遗址区系统未来不仅将经受更多动态跨尺度变量的扰动，还可能面对一些不确定的政策变化所引发的系统波动。因此，探索动态适应性的治理机制是遗址区系统可持续的关键。

第三节 基于多尺度分析的汉长安城遗址治理模式探讨

一 建构多层次、立体化的治理结构

作为一个多尺度嵌套的社会生态系统，从宏观到中观再到微观，遗

址区利益主体愈趋多元。而在现时遗址区管理各自为政的整体格局下,遗址区地方管理尤其是街道和村一级的管理更呈现明显的弱势状态。因此,为实现遗址区治理对策与问题的尺度匹配,应考虑行政和社会资源的重心下移,强化区、街道、村等地方一级的管理机构在遗址区社会经济方面的协同管理作用。在此基础上,一方面,为实现各层之间的有效联系与协作,遗址区应在规范"世界遗产组织—国家文物局—陕西省文物局—西安市文物局—汉长安城遗址区文管所"这一自上而下的遗址监管体系的前提下,着力疏通自下而上的社会治理通道,进而构成双向互动的跨层级管理体系;另一方面,遗址区还需在地方层面进一步加强各村落内不同微观主体、各村之间、村委会—文保部门—地方政府之间的短程沟通与多边联动,进而通过横向互动与纵向联通的相互支撑,建构遗址区多层次、立体化并具有网络拓扑关系的治理结构(图7-7)。

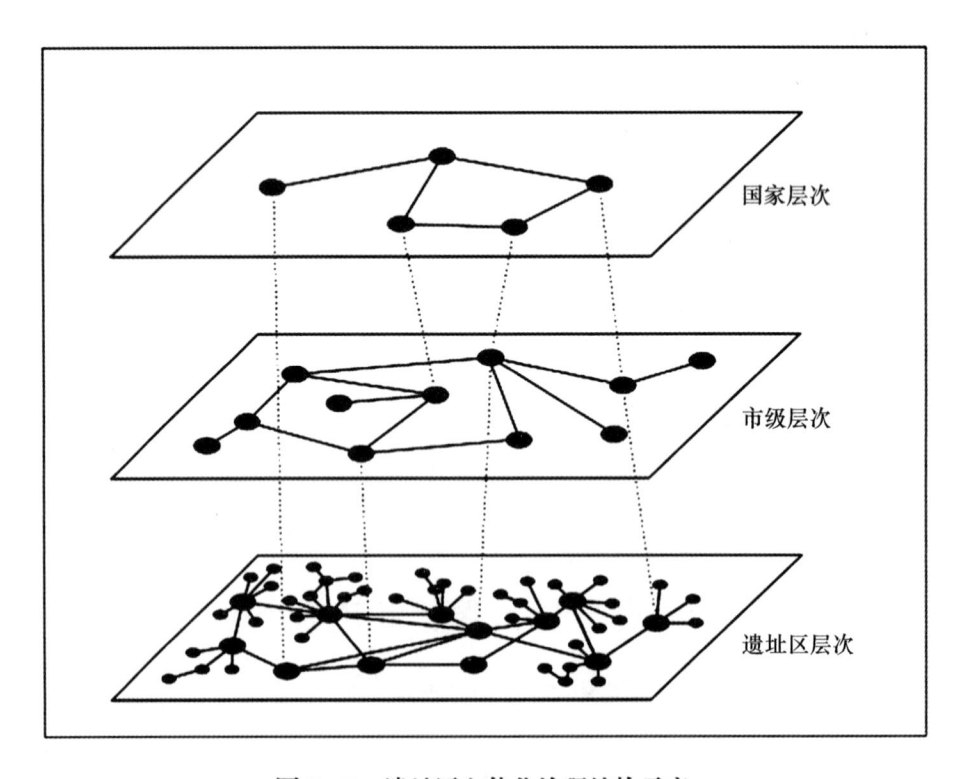

图 7-7 遗址区立体化治理结构示意

来源:作者自绘。

二 培育分层级、嵌套式的社会网络

遗址区社会生态系统除了存在跨层级的相互作用之外,还存在着文保、生态、社会、经济等不同维度之间相互影响以及彼此间的跨空间层级和跨时间尺度的交互作用。因此,借鉴社会网络理论[①],遗址区可考虑在建构立体化治理结构的基础上,培育一个链接各尺度不同利益群体的社会网络。社会网络的嵌入可考虑先以论坛、研讨会等形式吸纳各层级的不同相关利益群体以及不同角色的参与者进行定期的会晤与讨论;在交流信息、促进学习、建立信任、并识别相互依存关系的基础上,可借助遗址区办公室、生态博物馆等形式建立由各层级利益代表所组成的正式的可信中介机构。机构成员不仅包括世界遗产组织、国家、省市等各级文物部门的代表,也包括与遗址区相关的地方各部门的代表;不仅包括各相关专业的专家学者、企业代表,更包括市民、地方精英、村领导以及各村的居民和外来人口等核心利益相关者的代表。有鉴于遗址区层次性和嵌套性系统结构特征,社会网络培育也应关注以村为焦点的子网络。与此相应,网络节点应增设次一级的桥接组织(分机构、分论坛或分会场等),必要时甚至可以专门就某一典型村落的保护与发展举办专题论坛。

三 导入学习型、适应性的治理机制

立体化的治理框架的建构和分层级社会网络的培育,有助于提升遗址区治理体系的整体性和连通性。那么,如何使遗址区社会生态系统在未来的动态发展中更具韧性和适应性呢?针对遗址区各村落的异质性特征,可进一步借助多尺度分析,综合判断各村落子系统发展的驱动要素和演化机理,进而探寻其适宜性的发展模式。据此,在形成"各村落

---

① Bodin O. and Crona B. I. , "The Role of Social Networks in Natural Resource Governance: What Relational Patterns Make a Difference?", *Global Environmental Change*, Vol. 19, No. 3, June 2009, pp. 366 – 374; Newman L. and Dale A. , "Homophily and Agency: Creating Effective Sustainable Development Networks", *Environment, Development and Sustainability*, Vol. 9, No. 1, February 2007, pp. 79 – 90.

差异化和多元化发展"整体格局的基础上,遗址区可依托于不同层级的社会网络,引入适应性治理中的"社会学习"机制[①]。社会学习不仅包括"各村子网络内各利益主体之间知识共享、经验互补、信任与愿景共建、集体记忆和社会资本创生"的内部过程,更包括"村代表参与中心网络机构或论坛与其他代表互动时对于各村经验和教训共享与互鉴"的外部过程。如此,当遗址区日后面对更多动态跨尺度变量的作用时,各村落可基于自身的经验和应变能力灵活应对不期而至的机遇和挑战;更可依据其他村落的实践对自身发展模式进行调整、更新甚至再造。例如,随着世界遗产地的展示与利用,当下适合生态型发展模式的夹城堡村可以借鉴"遗产地服务型村落的经验"实现自我升级;而伴生汉城湖景区的旅游开发,仍具有城中村属性的阁老门村则可以适时地向更成熟的景区型村落转型。

第四节 本章小结

多尺度分析较好揭示了遗址区复杂问题的时空相互影响的轨迹和机理,"对遗址区的系统动态进行了有效观察",同时该方法也较好地提示了处理遗址区村落复杂民生问题的路径:例如,面对讲武殿村公交改线带来居民出行问题,可以在城市层面重新进行公交站点布局,也可以协调多年来文物保护管理规定。从某种意义上而言,多尺度分析方法较好地指明了这些复杂问题从哪里解决,以及解决问题的方式、方法、体制、机制。例如,对遗址区嵌套结构的认知,对于建构多层次、立体化的治理结构的倡导。

然而,就本书研究目标而言,多尺度分析及其相应的对策研究还存

[①] Schusler T. M., Decker D. J. and Pfeffer M. J., "Social Learning for Collaborative Natural Resource Management", *Society & Natural Resources*, Vol. 16, No. 4, April 2003, pp. 309–326; Muro M. and Jeffrey P., "A Critical Review of the Theory and Application of Social Learning in Participatory Natural Resource Management Processes", *Journal of Environmental Planning and Management*, Vol. 51, No. 3, May 2008, pp. 325–344.

第七章 多尺度分析视角下的汉长安城遗址保护与民生发展

在局限,复杂问题知道从哪里解决并不代表着知道具体怎么解决。因此,为全面、深入、系统解决遗址区复杂、多元、动态问题,作者拟引入更为系统、全面、适应的韧性理论展开对策研究。应该说,在本研究整体理论推进和演化过程中,韧性理论和多尺度分析联系密切,且具有一定的承继关系和从属关系。首先,多尺度和韧性思想的理论应用前提都是将其分析对象视作一个社会生态系统。近年来,有学者认为多尺度特征就是韧性的一个重要特征。其次,多尺度分析模型建构过程所依托的扰沌模型、适应性循环理论也都是社会生态系统韧性(演进韧性)的代表性特征。再次,上文所提及的具体适应性治理策略也均能在本研究第二章中提及韧性属性特征找到印记。例如,建构多层次、立体化的治理结构体现了连通性;培育分层级、嵌套式的社会网络体现了连通性、多样性和自组织性;而导入学习型、适应性的治理机制体现了学习性、适应性等韧性属性特征。

综上,多尺度特征作为一个理论的桥梁,或者说作为韧性特征的一部分,已经较为明显揭示了遗址区复杂时空问题和韧性理论结合的必要性和适宜性。有鉴于此,本书作者接下来将在论证韧性在遗址区"如何适用"和"怎样应用"的基础上,借助韧性属性特征建构对策框架,进而展开遗址区复杂时空问题的对策研究。

第八章　韧性视角下的汉长安城遗址村落系统发展

第一节　适用性研究

一　韧性理论应用特征与本研究需要解决核心问题的切合性

在第七章中，笔者已对"汉长安城遗址区村落系统作为一个社会生态系统"进行了初步论证，并由第二章基础理论部分可知，韧性是社会—生态系统的主要属性之一，系指系统经受干扰并可维持其功能和控制的能力，是社会—生态系统概念性框架的核心理论。韧性思维的核心在于理解社会—生态系统，社会—生态系统可持续发展的核心在于系统韧性的维持，社会—生态系统的韧性研究成为了现今系统可持续发展的一套全新的理论，韧性思想为理解社会—生态系统提供了一个框架[1]。由此可见，若进一步"理解汉长安城遗址区这一复杂的社会生态系统"，将韧性理论与方法引入遗址区村落系统研究十分必要。韧性对于汉长安城遗址区村落系统的适用性主要体现于以下几方面：

首先，就遗址区村落系统可持续发展目标而言，遗址区村落系统可持续发展是"实现遗址保护与民生发展协同目标"的关键。然而，可持续本身是一个很难测量和评估的概念。过往研究"将其分解为不

---

[1] 王群：《旅游地社会—生态系统恢复力研究》，博士学位论文，安徽师范大学，2015年。

第八章 韧性视角下的汉长安城遗址村落系统发展

同层级和维度进行指标加权量化和静态评估"的方法,对于遗址区这个动态性复杂的社会生态系统而言显然存在局限性。而韧性表达了系统在遭遇外界干扰下能够主动抵御(系统维持)、适应(系统逐渐变化)或者转化(系统重构)的能力,韧性思维使"处于动态的遗址区村落系统和处于不同发展阶段的各村落"更容易找到自身可持续发展定位与阶段性目标。作为"可持续的核心指标",韧性有助于遗址区村落系统将"可持续这一静态目标"具体化为一个"动态的可持续过程",略显抽象和宏大的可持续性在遗址区村落系统也更易得到落实。

此外,由第六、七章的机理研究不难发现,遗址区各类要素存在跨尺度影响。因而,遗址区系统的可持续性势必需要探索一个"要素之间彼此关联"的、复杂的社会生态系统的可持续性。而韧性作为可持续性的一个核心指标,其本身关注的就是"社会—生态系统总的功能和系统要素间连接的相关能力"。实质上,韧性理论有助于解释复杂系统,特别是这个系统内生物多样性的重要性、自我组织的能力、记忆、系统的等级结构、反馈和非线性过程。由此可见,韧性作为理解复杂社会生态系统的重要工具[1],显然更有助于对汉长安城遗址区村落这一复杂系统展开可持续发展目标的探究。

其次,从时空观视角切入也可发现韧性理论对于遗址区村落系统的适用性。一方面,就时间维度所体现的动态性而言,近年来不断出台的文物保护政策和环境保护政策、包括疫情在内的各种各样的外界冲击、遗址区不断出现的非正规空间及其所吸纳的越来越多的外来人口等现象,均显著地提升了汉长安城遗址区村落的动态性和不确定性。韧性理论强调系统并非是静态的,而是处于动态变化之中。展现韧性思想的社会生态系统将摆脱传统以往的预警方式,转而以动态和不断演变的社会

---

[1] Folke C., "Resilience: The Emergence of A Perspective for Social-Ecological Systems Analyses", *Global Environmental Change*, Vol. 16, No. 3, June 2006, pp. 253–267.

生态系统打破应对复杂性和不确定性的固有思路[①]。因此，适时切入韧性的研究视角，不仅能有效理解遗址区社会生态系统愈发显著的动态性特征，更能进一步应对遗址区复杂多元的不确定性问题。而在具体韧性思想与遗址区实际的结合中，韧性理论的适用性在时间维度还体现于以下两点。其一，遗址区村落系统长期面临着即时性的不确定性政策和动态的考古勘探而带来的聚落搬迁等时序问题，而韧性所强调的鲁棒性、冗余性等特征对遗址区这些"不确定"政策与"不可预测事件"具有一定的防御和调节能力。需要注意的是，当下遗址区违法、违章事件频发，非正规空间较多，面临的风险和危机陡增，随时会有"政策和行动"对这些非正规空间和违规行为进行干预和纠偏，适应性、灵活性、学习性等韧性属性对遗址区村落主动适应这些"干预与扰动"进而保持在一个稳定和平衡状态同样具有重要作用。其二，面对文物保护长期要求与城市发展瞬时机会，遗址区村落系统经受着不同类型的"快、慢变量"扰动因素影响。此外，如"申遗"和环境整治等事件对遗址区村落影响实质上还存在"时滞效应"。以上社会生态系统时间性特征进一步加大了遗址区村落系统的复杂性和不确定性，而韧性所强调的"适应性循环"模型以及"适应性、学习性"等韧性属性可使遗址区这些与时间相关的"复杂性和不确定性"现象得到较好理解与应对。另一方面，就空间维度所体现的系统结构嵌套性和村落分异特征而言，韧性理论对于遗址区村落系统的适用性还体现于以下三点。其一，从空间结构而言，汉长安城遗址区村落的多层嵌套式系统结构，在某种程度上决定着遗址区村落系统内外各类要素的跨层级交互影响和扰动。而社会生态系统韧性（演进韧性）所强调适应性循环和多尺度特征，及其衍生的"立体化治理结构、嵌套式社会网络"等适应性治理模式，对"遗址区村落系统跨尺度的关联效应"的阐释与应对具有一定的适用

[①] Reed S. O., Friend R. and Toan V. C., et al., "'Shared Learning' for Building Urban Climate Resilience-Experiences from Asian Cities", *Environment & Urbanization*, Vol. 25, No. 2, October 2013, pp. 393–412.

性。其二，遗址区存在多个作为子系统的不同类型的村落，这些类似于系统中网络节点或子系统的村落如何协同、差异化地发展？社会生态系统韧性所强调的连通性、多元协作性、社会网络等特征属性对于遗址区各村落之间的链接和村落系统结构优化具有一定的适用性。其三，许多乡村韧性文献都强调了"韧性乡村是未来多功能转型的目标"[1]，汉长安城遗址的多个异质性村落在遗址保护、民生发展、乡村振兴、生态维护等多元目标下，不同村落势必结合其外部扰动，因地制宜地形成差异化的发展态势并构成遗址区村落多元化的发展格局。韧性所强调的"多样性、自组织性"等属性特征以及以上文献倡导的"应当将韧性乡村建设与乡村聚落多功能转型相结合"的构想对遗址区村落的差异化发展和系统结构优化均具有一定的启示意义。

下一部分，作者将借助韧性理论盆地模型，进一步对"韧性理论与方法"在遗址区村落系统的适用性进行论证。

二 基于盆地模型的遗址区村落系统分析

结合第二章对韧性理论和内涵部分的进一步研究，对韧性理论有较好刻画的盆地模型在实践中对许多系统问题进行了形象的阐释。借鉴该模型，可以准确表示汉长安城遗址区系统的层次，并能较好解释当下遗址区 33 个村落的状态：整个汉长安遗址区系统为一个盆地，不同小球的状态代表各类村落的发展状态。当面临外界扰动时，不同的小球在这个盆地中进行调整以达到动态平衡的目的，而当系统无法进一步调节或内部结构已然崩溃时，小球将超越原有盆地的边界或打破原有阈值而涌向另一个盆地中。本研究基于遗址保护与民生发展协同的总体目标，将该模型进一步耦合至汉长安城遗址区系统中，可以发现以下时空效应。

（一）空间层面汉长安遗址区村落盆地模型解读

需要说明的是，本研究仅为基于遗址区现状的一个简单化概念模

---

[1] 李红波：《韧性理论视角下乡村聚落研究启示》，《地理科学》2020 年第 4 期。

型，实质上如前些章节的分析，遗址区也可能出现另外一些如生态保护极化性盆地或经济发展极化性盆地。为了能更简洁形象地说明遗址区村落盆地模型，本节暂时选用较容易理解的 A、B、C 三个盆地的分析模型。

由图 8-1 所示，B 属于汉长安城遗址区系统现今所处的盆地，A 属于过度进行遗址保护而忽略民生发展的发展方向，即极化遗址保护状态盆地，C 属于背离遗址保护原则，主要以生计发展为主的村落，即极化生计发展状态盆地。这些小球 1、2、3、n 分别代表在遗址系统中但处于不同状态的村落，状态不同所处位置也有所差异。例如，某一时段的一些村落，可能为侧重于遗址保护的传统型村落，而有些村落为侧重于"吸引外来人口和发展产业"的城中村类型。越靠近盆地边缘的小球表示状态越不稳定，有可能跨越盆地边界转化至另一个盆地中；而越靠近盆地底部的小球表示其当前状态相较于其他小球稳定度越高，越易达到平衡状态。在汉长安城遗址区盆地中，遗址区为维护遗址本体而对部分村落要求迁移时，原有的村落结构要素或崩溃或消失，导致一些小球从盆地 B 转化至盆地 A。如 2012 年"申遗"过程中着重强调遗址保护，使得 10 个村落搬出汉长安城即盆地 B，进入另一个盆地 A，对于此类搬迁状态下重新安置的村落已完全转换至新的盆地中，需另外讨论这些村落的发展阶段和韧性程度。此外，当忽略遗址保护并着力进行乡村振兴与民生发展时，一些小球极有可能由盆地 B 转化至盆地 C，然而该趋向却与汉长安城遗址区发展方向和发展要求相左。因此，需结合遗址区当前的发展目标，使现有 33 个村落得到平衡且持续的发展。那么将遗址区目标投射至盆地模型中则应根据盆地 B 内的小球所处状态，考虑对盆地 B 进行宽度和深度的调整，以使小球远离危险阈值状态，达到持续发展的目的。

(二) 时间层面汉长安城遗址区村落盆地模型解读

由前文遗址区村落发展的历史沿革可以发现，20 世纪 90 年代中后期、2010 年、2018 年为重要节点。20 世纪 90 年代中后期，尤其是 21

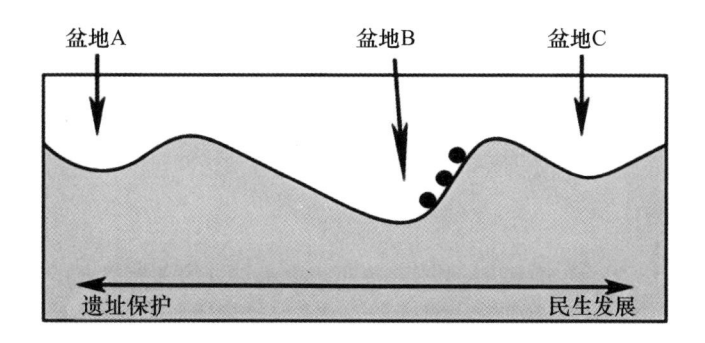

第八章 韧性视角下的汉长安城遗址村落系统发展

图 8-1 空间层面汉长安遗址区村落盆地模型示意

来源：作者自绘。

世纪以来，遗址区内居民因遗址保护政策与遗址区区外村落产生经济悬差；2010年，汉长安城遗址区开始着手未央宫遗址"申遗"以及部分村落的搬迁；2018年，一系列环境保护行动相继展开、未央宫遗址公园旅游逐渐发展。因此，在汉长安城遗址区发展的时间轴上，本研究以20世纪90年代中后期、2010年、2018年为节点划分不同阶段进行盆地模型分析（图 8-2）。

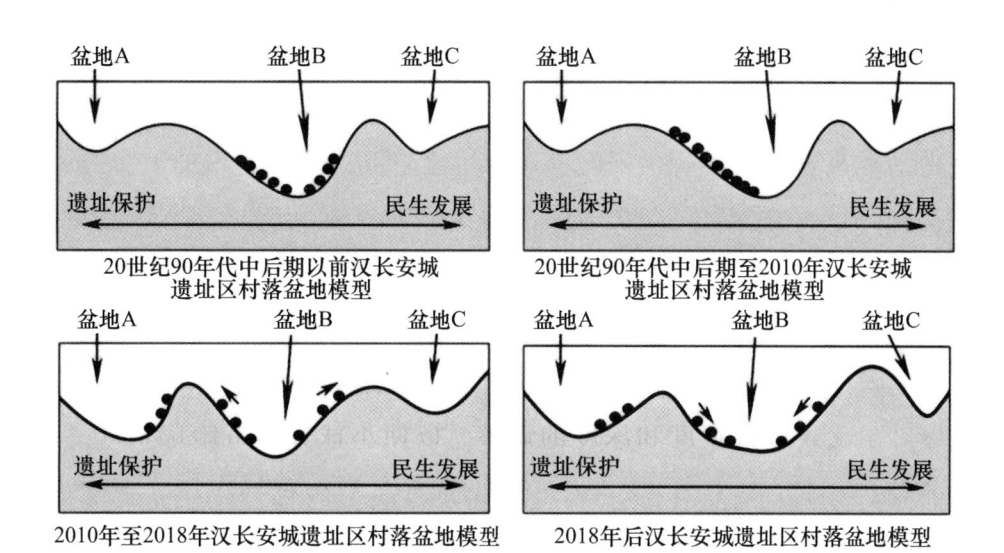

图 8-2 不同时间段汉长安城遗址区村落盆地模型示意

来源：作者自绘。

20世纪90年代中后期以前，在西安北郊出现大规模扩张之前，汉长安城遗址区传统村落较多，且多数村落与遗址处于相对和谐的状态，并未产生尖锐矛盾，村民生产并未因遗址的存在而受到过多的影响或限制。因此在盆地模型中所有小球均在盆地 B 中处于不同的位置，并进行较小范围内的调整或是维持平衡。

20世纪90年代中后期至 2010 年，因遗址保护政策的限制，多数村落已经开始出现影响经济发展的状态。因此，此时盆地 B 中的小球处于开始向左转移并靠近 A 盆地边界的不稳定状态。

2010 年至 2018 年，该阶段因遗址区开始申报世界遗产，遗址区出现三种状况：第一，在遗址区西南区域的未央宫遗址申报世界遗产的前提下，其所在范围内的 9 个村落和罗寨村因"申遗"而搬迁。该种状况属于遗址保护政令引致的遗址区内原有的 10 个村落被搬迁，使部分村落进入另一个因搬迁安置需另外讨论的新系统内，即盆地 B 中的部分小球已转化至盆地 A 中。第二，由于"申遗"为世界遗产地周边的村落带来阵痛，其经济和社会发展受到冲击，这些村落仍承受着遗址保护而产生的负面效应，并呈现出靠近盆地 A 边缘但仍处于盆地 B 的不稳定状态。第三，一些远离世界遗产地的村落，继续受城市化发展的影响，呈现出为了经济发展而破坏遗址环境的民生发展极化倾向，在此扰动下这些村落所代表的小球开始滑向更靠近 C 盆地的 B 盆地右侧边缘区域，并随时可能出现由盆地 B 转化至盆地 C 的情景。如此，在该阶段遗址区村落系统实质上处于一个极不稳定的状态。

2018 年至今，首先，一系列环境整治行动使得多数充斥着违章企业和违法建筑的村落受到限制，其小球位置相对 B 盆地右侧边缘有所回落，然而这些村落并未旋即回到 B 盆地的稳定状态，而是处于另一种不稳定状态。这些不稳定状态形成的原因具体包括以下几种情况（图 8-3）：

第一，一些村落利用"灵活性与多样性"等"特定韧性"，应对着各类环保和文保政策，在整治行动过后，村落仍然具有发展的"活

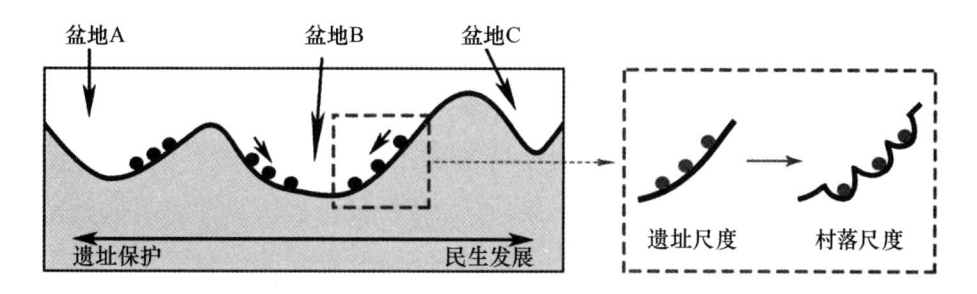

图8-3 2018年后汉长安城遗址区村落盆地模型示意

来源：作者自绘。

力"。如徐寨村、阁老门村、扬善村和高堡子村，这些村落在积极融入城市化进程中，逐渐向城中村化发展，沿街商铺及非正规商业活动带来了局部繁荣的非文化经济活动，外来人口生产生活集聚也带来了丰富的人力资源，暂时形成了村落活跃发展的稳定状态。

第二，仍有少数村落因遗址区保护政策的限制以及较弱的城市化影响，一直处于难以发展的状态。如讲武殿村、铁锁村等村落常年来受制于交通、区位的劣势，乡村的外来人口，工厂企业等长期处于一个低水平的发展状态，相比于以收取房租和地租为主要收入来源的其他村落，这些村落长期被锁定在一个"经济增长受限、村民生计压力大、生活设施落后"的状态中。

以上两类村落长期以来被锁定在小盆地中，显现出一种村落尺度的局部高韧性。这些村落在其自身的村落系统小盆地中相对固化，难以挣脱出村落小盆地的区域范围，但在遗址区系统的大盆地中却处于边缘位置且不稳定的状态。

第三，受到环境整治政策影响，一些村落没有及时进入稳定状态，其村落景观主要以待招租的闲置用地和无法耕作的农业污染地为主。实质上，这些村落虽然离开了靠近C盆地的B盆地边缘，但其远没有进入理想的稳定的可持续状态（盆地底部）。

其次，世界遗产地环境整治和旅游发展也在一定程度上使得一些村落发展和遗址保护出现了融合的端倪。一些受遗址束缚的村落开始受益于遗址的环境效益,另一些以经济振兴为导向的村落也意欲借助遗址资源发展文化旅游。因此,可以发现不论是 B 盆地左侧的小球村落还是 B 盆地右侧小球村落均出现了向盆地底部回落的良好态势。

(三) 汉长安城遗址区村落盆地模型的修正与完善

通过对时间层面汉长安城遗址区村落盆地模型的解读,我们可以发现,一些小球移动的幅度很小,尤其是在 2010 年之后的第三、四阶段,始终有一些村落位于 B 盆地但靠近 C 盆地的边缘。而同时,甚至于 20 世纪 90 年代中期以后,也有少数村落一直处于 B 盆地但靠近 A 盆地的边缘,这也说明一些村落在自身的村落系统小盆地中难以大幅移动。因此,村落系统的小盆地存在的假设,更切合遗址区村落系统多尺度嵌套的空间特征和跨尺度相互作用的扰沌特性。通过对遗址区的韧性管理,即在模型中对大盆地的大小和深度进行调整会影响到小盆地及其对应村落球体的状态;反之亦然,对小盆地大小和深度调整也会跨尺度影响到大盆地遗址区系统的韧性。综上所述,我们逐步对遗址区的盆地模型进行完善,可以示意出一个大盆地套小盆地的多层盆地系统嵌套的遗址区多尺度村落系统(图 8-4)。

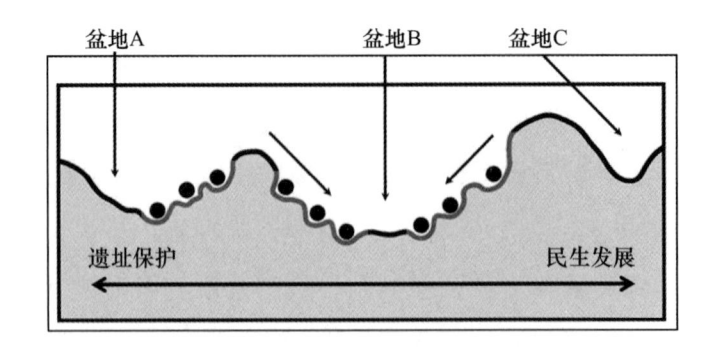

图 8-4 汉长安城遗址区村落多层盆地系统嵌套

来源:作者自绘。

（四）启示

在时空观理念导向下并以韧性理论中的盆地模型对遗址区进行时空观现象的刻画，可以发现，该模型能较好地阐释遗址区村落系统结构、时空特征以及遗址区村落系统未来发展的理想状态。

第一，不同的盆地模型虽抽象但能较好刻画遗址保护、民生发展两者间矛盾与协同的辩证关系。

第二，空间层面对村落的分异现象进行了形象的刻画与解释，在时间维度对各类村落不同阶段所处的状态进行了刻画。

第三，对遗址区村落系统多尺度嵌套的空间特征及其扰沌特性进行了生动刻画；较好地阐释了部分个体村落所存在的特定（局部）韧性和遗址区村落系统所存在的普遍（整体）韧性的关系。

第四，本研究对遗址保护与民生发展协同导向下的村落系统所需要达到的理想状态进行了刻画，该状态是使小球在本研究期限内保持在盆底的可持续稳定状态。

第五，理想状态导向下，通过调整盆地形状与大小，亦即管理韧性使得村落系统处于保护与发展协同的动态平衡与可持续状态。其中，"管理韧性"即是协同策略探索的研究任务，而"村落系统处于保护与发展协同的动态平衡与可持续状态"即是遗址区村落系统未来的发展目标。

第二节　应用性研究

一　基于韧性管理导向的协同策略研究任务论证

由前两个章节可知，不断演进的韧性理论中的"盆地模型、嵌套结构"等概念框架，对遗址区村落系统具有较强的解释力和刻画作用。然而，在明确韧性理论对遗址村落系统具有一定适用性和切合性的基础上，如何进一步利用韧性理论对遗址区村落系统展开策略研究？基于第二章韧性基础理论研究中对"扰动因素或事件、系统状态、系统目标等"基础问题的关注,本节拟通过"对遗址区村落系统盆地模型的运行状态与轨迹的机理进行模拟、解构"对遗址区村落系统韧性进行解析,进而明确遗址区村落系统发展的目标以及本研究所需要完成的核心任务。

(一) 扰动和利益相关者

扰动作为系统演化的驱动因子,是指在一定时空尺度上对系统结构造成直接损伤并改变其资源、基底或自然环境的离散事件[①],也是系统韧性能力发生的基础源。扰动对系统演化过程的累积影响可促使系统从一个平衡状态转化至另一个平衡状态。对于汉长安城遗址而言,正如第六章所描述,扰动因素或事件既包括宏观尺度的世界遗产地申报与文物保护政策、环境保护政策和乡村振兴政策,也包括中观尺度城市化和景区建设,更包括微观尺度遗址村落层面的外来人口涌入和乡村社区治理,这些扰动因素也是影响遗址区盆地模型中村落状态和运行轨迹的驱动因子。

正如前文中时空研究所显现的,对于遗址区这样的社会生态系统而言,居民、外来人口、村领导、企业、文保专家以及包括遗址特区管委会在内的各级政府人员,这些利益相关者行为及其相互作用逐渐成为驱动遗址区村落系统变化与响应的主要力量。实际上,对这些利益相关者的关注,不论是对这些扰动事件的解构还是未来在进行协同策略中具体任务和对象的落实均具有重要作用。近年来,一些学者已将利益相关者视作乡村生产空间系统韧性的重要构成[②]。对于汉长安城遗址区村落系统而言,利益主体的行为对扰动具有反馈、叠加等多重效应,各类利益相关者对系统扰动所作出的响应主要来自两方面:

一方面,利益相关者为适应城市化、文物保护政策、乡村振兴战略

---

① 王俊、孙晶、杨新军等:《基于NDVI的社会—生态系统多尺度干扰分析——以甘肃省榆中县为例》,《生态学报》2009年第3期。

② 王成、任梅菁、胡秋云等:《乡村生产空间系统韧性的科学认知及其研究域》,《地理科学进展》2021年第1期。

以及各类环境保护行动和农业保护行动等外部宏观环境变化而做出被动的行为响应，这些响应在一定程度上虽然缓解了遗址居民生计，但目前的发展呈现出短暂繁荣的"假象"，实际上以第三产业为主，主要为低端产业且并不完全符合遗址保护政策的要求。利益相关者已经通过或大或小的行动改变了原有遗址区盆地的形状与大小。该过程在某种程度上对遗址区不同尺度村落系统的韧性已经产生影响。尤其是在单个村落的个体韧性层面，如前文提及的扬善村这类城中村，在村落尺度上具有很高的特定韧性，其小盆地也由于利益相关者采取的相关措施而变得更有深度和宽度。此类举动在某种程度上加深了调控遗址区系统扰动因素的复杂程度，也影响到了遗址区村落系统整体韧性的提升。

另一方面，利益相关者又在不违背遗址区村落系统演化规律亦即"遗址保护与民生发展"协同的目标下发挥主观能动性，通过乡村文化建设、文化旅游发展、人居环境整治等措施培育村落系统的多功能与社会资本，提高系统应对扰动的能力，将系统推向遗址区所需的稳定域（B盆地的盆底位置）并保持可持续发展的平衡状态。这也说明利益相关者有改变盆地的能力和潜力。但就目前遗址区的实况而言，利益相关者更多的是通过改变若干个小盆地的形状与大小，使大盆地的大小与形状发生改变，进而提升村落系统的整体韧性，使村落的小球滑向盆底的稳定状态。

(二) 遗址区村落系统发展的目标和任务

由前文遗址区村落系统盆球模型的时空分析不难发现，不论是汉长安城遗址区系统抑或村落系统，一直处于一个在各类扰动因素和利益相关者叠合驱动作用下的不稳定的状态。毫无疑问，该状态并非为汉长安城遗址区村落系统"应然"的可持续的状态。因此，汉长安城遗址村落系统的发展目标就是通过"利益相关主体"引导系统，由目前状态转化至B盆地的盆底区域的稳定、平衡的可持续状态。在此目标导向下，有效开展韧性管理工作，具体以韧性特征的识别、提取与导控为核心内容，有序推进该项工作成为遗址区村落系统发展的重要任务。

该任务框架中，对"利益相关者"为适应外部宏观环境变化做出被动行为而带来村落混乱无序状态进行教训总结，进一步"对代表村落状态的小球偏离盆底的轨迹及其驱动因素"进行机理分析，成为了韧性管理的前提和基础。需要注意的是，该过程中有效借助多年来团队对汉长安城遗址区的跟踪研究成果，对"遗址区村落系统以及个体村落的典型事件"进行韧性特征的识别、提取和总结、分析的过程十分重要。

为此，下一部分，笔者将基于适应性、鲁棒性、连通性、多样性等韧性属性特征视角展开遗址区村落相关事件的韧性判识、分析。

二 基于韧性属性特征视角的遗址区村落相关事件的韧性判识与分析

基于适应性、鲁棒性、连通性、多样性等韧性属性特征视角展开"遗址区村落相关事件的韧性判识、分析"，不仅更易于弥合"村落系统韧性这一宽泛概念"与遗址区村落系统具体事件的鸿沟，使遗址区现有的村落系统和各村落的时空现象得到具体的阐释与解读；也更有利于在管理韧性中使具体的属性特征与未来的协同策略相结合，使宏大的韧性管理目标得到具体的分解与落实。

（一）韧性属性分析与识别

1. 韧性属性特征研究的梳理

第二章韧性理论已述及，不论定性研究还是定量研究，对于韧性基本属性特征的研究，成为了多数韧性评价和应用研究的基础。对于韧性属性特征的认知，不同学者在见仁见智的同时也体现了一定的一致性。

城市韧性属性：近年来，对于城市韧性的讨论逐年增多，原因在于城市作为一个动态实体，不仅是一个生态系统，也是一个社会系统[1]，

---

[1] Otto-Zimmermann and Konrad, eds., *Resilient Cities: Cities and Adaptation to Climate Change-Proceeclings of the Global Forum 2010*, Springer Netherlands Press, April 2011, pp. 379 – 388.

第八章 韧性视角下的汉长安城遗址村落系统发展

它作为一个动态的社会生态系统,正在经历一个不断变化和适应的过程。韧性城市研究容易更全面、更充分的显现不同的韧性属性特征。戈德沙尔克强调了应对灾难时,城市抗灾系统应该具有韧性,需要明显对立的组合,包括冗余性和效率、多样性和相互依存性、自主性和协作性以及力量、适应性八种特征[1]。邓位在对英国韧性城市研究中,归纳了数个韧性城市所需要的基本特征:冗余性、鲁棒性、多样性、灵活性、反应性以及合作性[2]。谢里菲(Sharifi)和山形(Yamagata)对韧性的特征和原则进行定义,强调任何韧性系统都应该具备以下特性:鲁棒性、稳定性、灵活性、足智多谋、协调能力、冗余性、多样性、预见能力、独立性、相互依赖性、合作性、敏捷性、适应性、自组织性、创造性、效率、公平性[3]。倪晓露在《韧性城市评价体系的三种类型及其新的发展方向》中提及了布鲁诺4R框架(抗扰性、冗余性、智慧性、迅速性);以及功能特征(鲁棒性、自组织性、学习性)和赋能特征(冗余性、快速性、规模性、多样性、灵活性、公平性)[4]。Lak Azadeh 在 *Principles in practice toward a conceptual framework for resilient urban design* 中主要提到了治理、创新、多样性、适应性设计、冗余性、稳健性、社会学习、连通性、易读性、同一性和社会资本[5]。Ayyoob 和 Sharifi 在 *Resilient urban forms: A macro-scale analysis* 中提及了健壮性、冗余性、资源性、模块性、灵活性、适应性和效率[6]。Marta Suárez 在 *Towards an*

---

[1] Godschalk D. R., "Urban Hazard Mitigation: Creating Resilient Cities", *Natural Hazards Review*, Vol. 4, No. 3, August 2003, pp. 136–143.

[2] 邓位:《化危机为机遇:英国曼彻斯特韧性城市建设策略》,《城市与减灾》2017年第4期。

[3] Sharifi A. and Yamagata Y., "Principles and Criteria for Assessing Urban Energy Resilience: A literature review", *Renewable and Sustainable Energy Reviews*, Vol. 60, No. 7, July 2016, pp. 1654–1677.

[4] 倪晓露、黎兴强:《韧性城市评价体系的三种类型及其新的发展方向》,《国际城市规划》2021年第3期。

[5] Lak, Azadeh and Hasankhan, et al., "Principles in Practice: Toward a Conceptual Framework for Resilient Urban Design", *Journal of Environmental Planning and Management*, Vol. 63, No. 12, October 2020, pp. 2194–2226.

[6] Sharifi and Ayyoob, "Resilient Urban forms: A Macro-Scale Analysis", *Cities*, Vol. 85, No. 2, February 2019, pp. 1–14.

Urban Resilience Index：A Case Study in 50 Spanish Cities 提及了多样性（城市组成部分的多样性）；模块化［系统的组件相互连接的方式。模块化系统是由内部联系强但与其他子组关系弱的组件（模块）的子组组成的］；反馈的紧密性（控制生态系统的机制，反馈的紧密性对于快速恰当地应对冲击是必要的）；社会凝聚力；革新性①。谢里菲（Sharifi）和山形（Yamagata）在 *Major Principles and Criteria for Development of an Urban Resilience Assessment Index*② 提及了冗余性；多样性；独立性［一个有弹性的系统应该有一定的自力更生的程度，使它有能力保持最低可接受的功能水平（无外部支撑）受到干扰③］；相互依赖性（指有适当的机制使系统成为集成网络的一部分，接受网络中其他系统的支持④）；健壮性（鲁棒性）；资源丰富性；创新性；协作性；自组织性；效率。

总体而言，城市韧性属性特征不仅有效地体现了中观尺度地域综合体韧性特征，也值得城郊型大遗址保护区这类复杂性区域性韧性特征研究进行借鉴。结合作者团队近年来对于中外不同学者城市韧性的属性判识，韧性城市系统具有的属性如图 8-5 所示。

社区韧性属性：汉长安城遗址区韧性属性特征的梳理，不仅应借鉴中观层面的城市韧性研究，还应考虑乡村振兴和民生发展。因此，与遗址区村落相关的相对微观尺度韧性研究中的"社区韧性"属性特征对

---

① Suárez, M. and Gómez-baggethun, et al., "Towards an Urban Resilience Index：A Case Study in 50 Spanish Cities", *Sustainability*, Vol. 8, No. 8, August 2016, p. 774.

② Sharifi A. and Yamagata Y., "Major Principles and Criteria for Development of an Urban Resilience Assessment Index", *Paper Delivered To International Conference & Utility Exhibition on Green Energy for Sustainable Development*, Pattaya, Thailand, June 12, 2014.

③ Otto-Zimmermann and Konrad, eds., *Resilient Cities：Cities and Adaptation to Climate Change-Proceeclings of the Global Forum 2010*, Springer Netherlands Press, April 2011, pp. 379-388；A Adam-hernández and Harteisen U., "A Proposed Framework for Rural Resilience-How can Peripheral Village Communities in Europe Shape Change?", *Journal of Depopulation and Rural Development Studies*, Vol. 2020, No. 28, July 2020, pp. 7-42.

④ 王成、任梅菁、胡秋云等：《乡村生产空间系统韧性的科学认知及其研究域》，《地理科学进展》2021 年第 1 期。

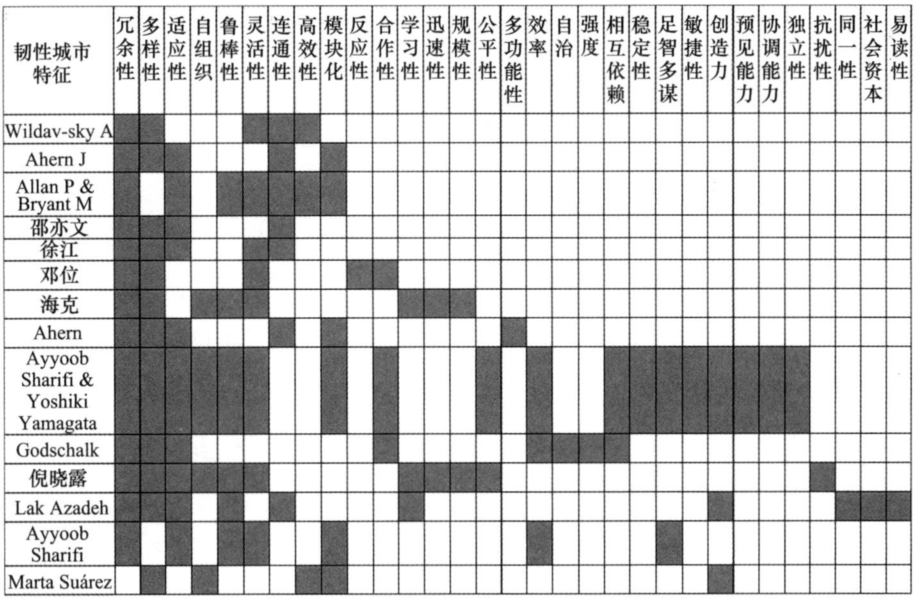

第八章　韧性视角下的汉长安城遗址村落系统发展

韧性城市特征	冗余性	多样性	适应性	自组织	鲁棒性	灵活性	连通性	高效性	模块化	反应性	合作性	学习性	迅速性	规模性	公平性	多功能性	效率	自治	强度	相互依赖	稳定性	足智多谋	敏捷性	创造力	预见能力	协调能力	独立性	抗扰性	同一性	社会资本	易读性
Wildav-sky A																															
Ahern J																															
Allan P & Bryant M																															
邵亦文																															
徐江																															
邓位																															
海克																															
Ahern																															
Ayyoob Sharifi & Yoshiki Yamagata																															
Godschalk																															
倪晓露																															
Lak Azadeh																															
Ayyoob Sharifi																															
Marta Suárez																															

图 8-5　不同文献对于城市系统属性特征的统计

基于参考文献，Aaron Wildavsky,"Searching for Safety", *Journal of Risk and Insurance*, Vol. 57, No. 3, July 1988, p. 564; Godschalk D. R., "Urban Hazard Mitigation: Creating Resilient Cities", *Natural Hazards Review*, Vol. 4, No. 3, August 2003, pp. 136 – 143; 邓位:《化危机为机遇：英国曼彻斯特韧性城市建设策略》,《城市与减灾》2017 年第 4 期; Sharifi A. and Yamagata Y., "Principles and Criteria for Assessing Urban Energy Resilience: A Literature Review", *Renewable and Sustainable Energy Reviews*, Vol. 60, No. 7, July 2016, pp. 1654 – 1677; Lak, Azadeh and Hasankhan, et al., "Principles in Practice: Toward A Conceptual Framework for Resilient Urban Design", *Journal of Environmental Planning and Management*, Vol. 63, No. 12, October 2020, pp. 2194 – 2226; Sharifi and Ayyoob., "Resilient Urban forms: A Macro-Scale Analysis", *Cities*, Vol. 85, No. 2, February 2019, pp. 1 – 14; Suárez, M. and Gómez-baggethun, et al., "Towards an Urban Resilience Index: A Case Study in 50 Spanish Cities", *Sustainability*, Vol. 8, No. 8, August 2016, p. 774; 邵亦文、徐江:《城市韧性：基于国际文献综述的概念解析》,《国际城市规划》2015 年第 2 期; Ahern J., "From Fail-Safe To Safe-To-Fail: Sustainability and Resilience in the New Urban World", *Landscape and Urban Planning*, Vol. 100, No. 4, June 2011, pp. 341 – 343; Allan P. and Bryant M., "Resilience as a Framework for Urbanism and Recovery", *Journal of Landscape Architecture*, Vol. 6, No. 2, September 2011, pp. 34 – 45; Wamsler C., Brink E. and Rivera C., "Planning for Climate Change in Urban Areas: from Theory to Practice", *Journal of Cleaner Production*, Vol. 50, No. 50, June 2013, pp. 68 – 81. 整理。

于本研究而言也尤为重要。"社区韧性"是指社区成员在以变化、不确定性、不可预测性和意外为特征的环境中生存、发展和利用社区资源。韧性社区的成员有意发展个人和集体能力,以应对和影响变化,维持和更新社区,并为社区的未来开拓新的路径①。它反映了一个社区如何在现有传统因素和社会经济转型产生的新因素的不确定性下生存和发展②。一些学者提出了社区韧性的特征,阿利斯泰尔·亚当·埃尔南德斯(Alistair Adam-Hernández)和乌尔里希·哈特森(Ulrich Harteisen)③两位学者从社区发展的角度分析相关文献并构建了当地社区的韧性属性和框架:多样性,内部连通性,学习和自我反思,治理问题,社会资本和网络,态度、价值观和信仰,领导力,系统与复杂性方法,当地强大的经济,生态限制,基础设施和服务(图8-6);并进一步规定了社区的韧性原则:社会关系和网络,学习过程、教育和自我反思,价值、态度和信仰,社区行动和决策,领导力和关键人物,多样性和一体化,人、环境和经济间的平衡,基础的公共服务和设施(图8-7)。申佳可,王云才在《基于韧性特征的城市社区规划与设计框架》中提及了可变性,多功能性与灵活性,互动性与多元化,智慧化与人性化,预先性与协作性等社区所需具备的特征④。

2. 韧性属性特征的内涵

根据不同时期学者对"不同尺度城市韧性和社区韧性应当具有属性"的认知,可以看出,首先,冗余性、多样性、适应性为城市韧性的突出特征。其次,灵活性、连通性以及模块化、鲁棒性、合作性也被

---

① Magis K., "Community Resilience: An Indicator of Social Sustainability", *Society and Natural Resources*, Vol. 23, No. 5, April 2010, pp. 401–416.

② Wilson G. A., Hu Z. and Rahman S., "Community Resilience in Rural China: The Case of Hu Village, Sichuan Province", *Journal of Rural Studies*, Vol. 60, No. 0, May 2018, pp. 130–140; Zhu J. M., "Making Urbanisation Compact and Equal: Integrating Rural Villages Into Urban Communities in Kunshan, China", *Urban Studies*, Vol. 54, No. 10, April 2016, pp. 2268–2284.

③ A Adam-HernáNdez and Harteisen U., "A Proposed Framework for Rural Resilience-How Can Peripheral Village Communities in Europe Shape Change?", *Journal of Depopulation and Rural Development Studies*, Vol. 2020, No. 28, July 2020, pp. 7–42.

④ 申佳可、王云才:《基于韧性特征的城市社区规划与设计框架》,《风景园林》2017年第3期。

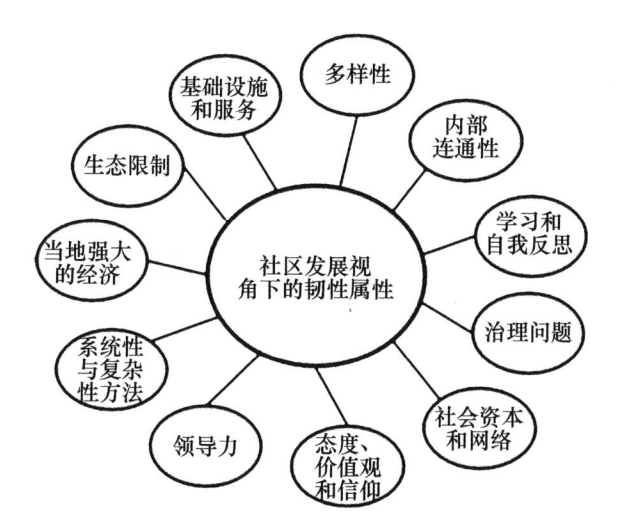

第八章 韧性视角下的汉长安城遗址村落系统发展

图 8-6 社区发展具有的属性

来源：A Adam-HernáNdez and Harteisen U., "A Proposed Framework for Rural Resilience-How Can Peripheral Village Communities in Europe Shape Change?", *Journal of Depopulation and Rural Development Studies*, Vol. 2020, No. 28, July 2020, pp. 7–42.

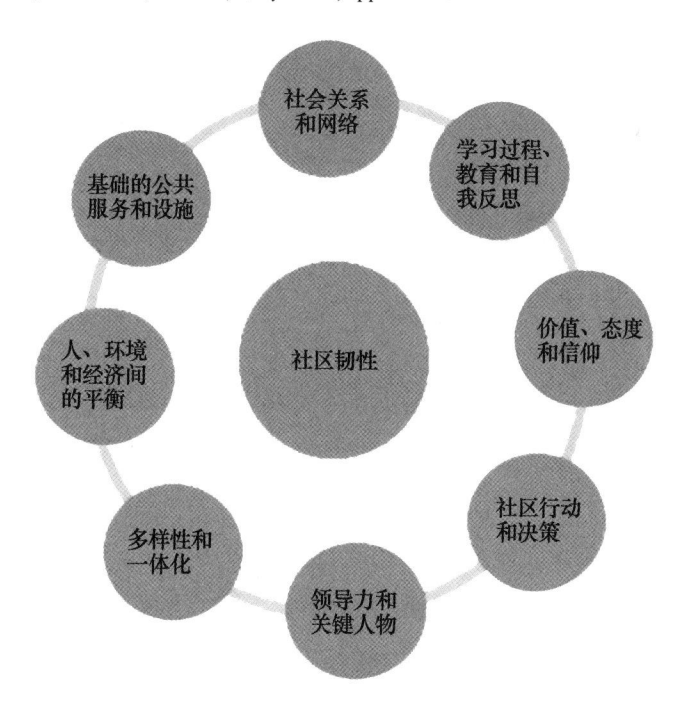

图 8-7 社区发展韧性原则

来源：A Adam-hernández and Harteisen U., "A Proposed Framework for Rural Resilience-How Can Peripheral Village Communities in Europe Shape Change?", *Journal of Depopulation and Rural Development Studies*, Vol. 2020, No. 28, July 2020, pp. 7–42. 整理。

看作是韧性的重要特征。这些特征的具体内涵如下：

冗余性：当系统面临崩溃时，系统的组成要素及其本身能被替换的属性。通过一定程度的功能重叠以防止系统的全盘失效[1]。并指有意在系统内创建备用容量，以便能够适应中断、极端压力或需求激增。它包括多样性：以多种方式实现给定需求或实现特定功能。例如，分布式基础设施网络和资源储备。冗余性应该是有意的、具有成本效益的，并在整个城市范围内优先考虑，而不应该是低效设计的外部性[2]。

多样性：指各类资源和方式的多样性。作为城市韧性的最基本标准，促进多功能城市空间作为通过空间多样性吸收干扰和恢复的重要项目，与生态结构元素的空间分布有关。绿色、蓝色和灰色基础设施、可再生能源、保护资源以及形态多样性，包括各种多中心城市形式和各种建筑类型，有助于使城市地区具有韧性[3]。

适应性：适应性是系统内主体做出的行为所产生的属性，因此被界定为系统内主体影响系统状态的能力。它控制内部机制的发展，决定了一个系统在完全屈服于外部变量的影响之前能够控制其命运的程度[4]，而且在遭受内外部扰动要素的冲击后不一定会回到系统原始的状态，它所强调的是构建"安全到失效"的系统，这些系统不仅能够从灾难中恢复，而且能够向前反弹并不断提高其性能和适应能力[5]。

---

[1] Aaron Wildavsky, "Searching for Safety", *Journal of Risk and Insurance*, Vol. 57, No. 3, July 1988, p. 564.

[2] City Resilience Framework, *Report of the Arup*, London ARUP Document, January 1, 2014.

[3] Gharai F., Masnavi M. R. and Hajibandeh M., "Urban Local-Spatial Resilience: Developing the Key Indicators and Measures, A Brief Review Of Literature", *The Scientific Journal of NAZAR Research Center (Nrc) for Art, Architecture and Urbanism*, Vol. 14, No. 57, March 2018, pp. 19 – 32.

[4] Brian W., Lance G. and Ann K., et al., "A Handful of Heuristics and Some Propositions for Understanding Resilience in Social-Ecological Systems", *Ecology and Society*, Vol 11, No 1, June 2006, pp. 13 – 27.

[5] Sharifi A. and Yamagata Y., "Principles and Criteria for Assessing Urban Energy Resilience: A Literature Review", *Renewable and Sustainable Energy Reviews*, Vol. 60, No. 7, July 2016, pp. 1654 – 1677; Ahern J., "From Fail-Safe to Safe-To-Fail: Sustainability and Resilience in the New Urban World", *Landscape and Urban Planning*, Vol. 100, No. 4, June 2011, pp. 341 – 343; Gunderson L. H., Holling C. S., *Panarchy, Understanding Transformations in Human and Natural Systems*, Washington, DC: Island Press, 2002.

第八章 韧性视角下的汉长安城遗址村落系统发展

灵活性：城市系统中的各类组成要素的设计方式及安排，使其在应对风险时能够快速地进行拆分应用，发挥功能。它将确保系统组件的多功能性，使系统具备应对短期干扰的能力，并有助于其保持关键功能、承受短期缺陷和在相对较短的时间内恢复正常功能的能力①。

连通性：城市系统的连接与增强的韧性有关，即保护城市系统免受意外影响②。强大的社会连接有助于促进福祉和合作，以实现互惠互利③。但是，连通性的属性仍是模棱两可的存在，并没有被大多数专家所认可。

模块化：韧性的系统往往采取标准化的统一模块组成整体，当某一模块发生故障，可快速替换备用模块，减小故障对整体系统的影响。通俗点来讲，即是指将不同节点封装成独立的功能，与更大的网络和更多的功能模块相连接，如此即使系统中某一功能受损或是某一区域停止运转，也能够避免整个系统的运行遭受影响④。

鲁棒性：鲁棒性源于工程韧性，主要用来表达物体的坚固性，而后被引入系统理论。鲁棒性即强度，表示系统、系统元件或其他分析单元抵御压力或需求而没有出现功能退化或损失的特性⑤。诺斯特兰德 J. V. (Nostrand J. V.)⑥ 将其描述为系统的"内稳态"。指系统在承受一定的内部和外部干扰时保持其主要功能并不退化的能力⑦。

---

① Gracceva F. and Zeniewski P., "A Systemic Approach to Assessing Energy Security in A Low-Carbon Eu Energy System", *Applied Energy*, Vol. 123, No. 6, June 2014, pp. 335 – 348.

② Ahern J., "From Fail-Safe to Safe-To-Fail: Sustainability and Resilience In The New Urban World", *Landscape and Urban Planning*, Vol. 100, No. 4, June 2011, pp. 341 – 343.

③ Pomeroy A. and Newell J., *Rural Community Resilience and Climate Change*, University of Otago, 2011, pp. 72 – 86.

④ 李帅:《基于韧性景观的城市公园空间安全规划设计》,《美与时代》(城市版) 2020 年第 5 期。

⑤ 葛怡、史培军、周忻:《水灾恢复力评估研究：以湖南省长沙市为例》,《北京师范大学学报》(自然科学版) 2011 年第 2 期。

⑥ Nostrand J. V., "Keeping the Lights on During Superstorm Sandy: Climate Change Adaptation and the Resiliency Benefits of Distributed Generation", *SSRN Electronic Journal*, Vol. 23, No. 1, January 2015, p. 92.

⑦ Longstaff P. H., *Security, Resilience, and Communication in Unpredictable Environments Such as Terrorism, Natural Disasters, and Complex Technology*, Harvard University, 2005.

合作性：指在城市系统中各类主体及利益相关者广泛参与并协作讨论积极创造共同的有利环境。其中以地方参与和向地方机构下放权力为特点的合作规划能够提高系统应对干扰的灵活性以及社区实践的能力，有助于克服阻碍有效沟通和信息自由顺畅的等级障碍，并加快调动和及时恢复所需资源的速度①。

3. 小结

综合这些代表性韧性属性的概念和内涵不难发现，正如达斯特杰尔迪 M. S. （Dastjerdi M. S.）在《基于空间韧性方法的韧性场所评估概念框架：综合评述》中所总结的，有些属于韧性系统要素的内在属性（如稳健性、一致性、灵活性、自组织、效率、智慧、预见能力、学习与知识）；有些属于韧性系统的行为属性（恢复性、适应性、转换性、创新、革新性），有些则属于增强系统相对于外部环境的韧性属性（多样性、连通性、冗余性②）。通过以上文献比对，并结合作者团队已经在遗址区周边乡村聚落开展"学习性、鲁棒性、协作性、动态性、多样性、适应性、自组织性、多尺度网络连通度"的工作③，本研究结合近年来遗址区村落发展的实际，将重点对"鲁棒性、冗余性、适应性、自组织性、学习性、连通性、多样性"结合遗址区所对应的不同时空的政策与事件进行重点分析与讨论，此外"模块化、灵活性、创新性、协作性、包容性、地方性、社会资本"等一系列韧性属性特征在遗址区的显现，作者也会结合实际对其进行解析。

（二）不同韧性属性所对应的遗址区事件分析

对于遗址区整体的村落系统（33 个行政村）及其所包含的子系统

---

① Wardekker J. A., Jong A. D. and Knoop J. M., et al., "Operationalising A Resilience Approach to Adapting an Urban Delta to Uncertain Climate Changes", *Technological Forecasting and Social Change*, Vol. 77, No. 6, July 2010, pp. 987-998.

② Dastjerdi M. S., Lak A. and Ghaffari A., et al., "A Conceptual Framework for Resilient Place Assessment Based on Spatial Resilience Approach: An Integrative Review", *Urban Climate*, Vol. 36, No. 3-4, March 2021, p. 100794.

③ 冀剑雄：《汉长安城遗址周边乡村聚落韧性发展研究》，硕士学位论文，长安大学，2020 年。

第八章　韧性视角下的汉长安城遗址村落系统发展

韧性而言,韧性是目标,同时韧性也是一个村落发展过程中一种状态的表现。实际上,在遗址区村落问题丛生过程中,遗址区村落某个事件反映的是某种韧性属性的缺失,而某个事件则可能体现着某种韧性特征。因此,通过这些事件和属性特征的匹配性研究,可以发现有些本身体现韧性,需要坚持和推广;有些在韧性视角发现了问题,需要借鉴与修正。

需要注意的是,在时空观视角下,这些事件是跨层级的,而遗址区村落系统嵌套性的结构特征,也决定一些属性体现于系统外部,一些体现在系统内部的子系统之间,一些更体现于子系统内部。这也确定了韧性目标导向的不同空间尺度的策略探索。据此,结合笔者常年来对遗址区村落进行跟踪调查,在掌握和梳理出大量事件的基础上,本节对于这些事件和属性特征的匹配性进行研究。

此外,从价值层面而言,不同韧性目标,决定着用韧性属性来选择事件和评价事件的关键。有些韧性属性体现村落当下治理,有的体现满足村落短期的经济发展却影响遗址区的环境,而有些则体现遗址区保护与民生发展的双赢。如此,在对策研究中,在这方面成为"事件和属性匹配研究考虑重点",这也构成遗址区韧性研究的难点。

1. 冗余性

定义:冗余性指通过一定程度的功能重叠以防止系统的全盘失效,它与多样性有一定的交集,如以多种方式实现给定需求或实现特定功能[1]。例如,韧性城市下的冗余度需要有一定程度的重复和备用设施模块,通过在时间和空间上分散风险,减少扰动状态下的损失[2]。

分析:就整体遗址区村落系统而言,不同类型的村落子系统在不同时期、不同扰动的条件下发挥冗余功能,保持整体系统的稳定状态。如"申遗"后55个行政村缩减至45个村落,2019年再次合并为33个行

---

[1] City Resilience Framework, *Report of the Arup*, London ARUP Document, January 1, 2014.
[2] 邵亦文、徐江:《城市韧性:基于国际文献综述的概念解析》,《国际城市规划》2015年第2期。

政村，该时间段内遗址区村落系统的冗余性、鲁棒性等各项特征依然稳定，无明显改变。再比如，在2012年因"申遗"的典型事件影响，10个村落被外迁，虽使整个遗址区村落系统受到冲击，整个系统的冗余功能有所减少，但在时间和空间上分散了一定的风险。

此外，从遗址区系统整体发挥文化功能的视角来看，因其具有丰富多样的历史文化资源，在这两千多年的历史长河中，每个（村域范围内）村落子系统散布着富裕的历史遗迹，蕴藏着深厚的文化底蕴，具有高度的文化冗余功能，彰显着汉长安城遗址作为中国古代都城大遗址的身份。村落子系统因建立时期、区域位置的差别，存在不同的文化资源，即使一些汉代的遗址不能被充分展示，而遗址区村落内可利用的其他文化资源①仍然较为丰富，这就使得该区域多样的文化资源在遗址本体不能被充分展示的前提下，依旧发挥出文化多样的冗余功能。

就遗址区各村落子系统而言，由于多数村落经济社会发展受到遗址保护影响，因此，在村落的基础设施和公共服务设施上并未显现出明显的冗余性，相反，遗址区现在出现的居民满意度问题，恰恰是因为遗址区冗余度不足所导致，如区内道路有限，公交供给不足，等等。当"申遗"和在世界遗产地建设过程中，夹城堡村、讲武殿村等村落均因公交改道和道路不足而出现出行不便的问题。

实际上，多数村落的经济社会发展因遗址保护政策而受限，在子系统内部各项基础设施的建设和公共服务设施的建设，未显现出明显的冗余性，比如，活动广场、健身器材、天然气设备、饮水净化机等基础设施并未全面覆盖至村落的每一处。虽然遗址区的建设逐渐在完善，例如，中小学的设立、基本医疗机构的保障建设，但这些基本保障未能充分发挥相应的冗余功能，仍有部分村落不能合理地享受此类资源。在遗址区村落居民满意度问题上，因区域内道路交通有限，公交站点设立不全面，公交路线不合理，以及在"申遗"和世界遗产地建设过程中，

---

① 季佳慧：《汉长安城遗址区阁老门村保护与发展协同策略研究》，硕士学位论文，长安大学，2019年。

夹城堡村、讲武殿村均因公交改线引起出行不便的情况，这些问题都在影响着居民对遗址保护的情绪。

需要注意的是，如若在西安市层面充分利用冗余度思维，以"恢复汉唐雄风"为口号大力利用汉文化，将整个遗址区系统作为汉文化的板块、古都西安的文化板块之一，那么，整个遗址区的文化冗余功能可得到充分发挥。现今整座汉长安城开发或整个遗址区村落系统的开发时机还不成熟。但是，不论是一座宫殿、一段护城河还是一个城门抑或一个文化村落，其所蕴藏的非物质文化遗产，均能对西安市的汉文化旅游有所贡献。

综上，遗址区所包含的丰厚汉文化，或者说是广义上"具备相似功能的要素的多样"和"功能复制重叠的要素的多样"，可在更大空间尺度上（西安市、陕西省）保障其对汉文化的传承与利用。

小结：第一，结构。冗余度不仅体现在村落子系统，同时也存在于整个遗址区系统。作为嵌套结构，不同空间结构所蕴含的汉文化资源对于系统以外空间尺度的文化功能的彰显。并且整个遗址区系统作为系统外更大范围内的嵌套子结构，该层子结构中蕴含的多样文化资源是遗址区系统发挥文化冗余功能的保障。第二，效果。现在遗址区村落系统，不论整个系统还是各村落子系统在基础设施和公共服务设施上的冗余度都十分有限。相较而言，其丰富的文化冗余功能目前还未充分显现，除楼阁台村、玉丰村等少数村落，许多村镇并未有效利用其周边丰富的历史文化资源。值得期待的是，近年来，受世界遗产地文化旅游发展实践的启示和国家文化公园愿景的激发，有些村落已相继开始酝酿发掘与其村落相关的历史资源（汉代文化、非汉代体系文化、村落本身的地域文化等）。第三，就价值层面而言，现有基础设施冗余度不足，从某种意义上体现遗址区村落乡村振兴和人居环境建设的不足，进而带来了诸多的民生问题。然而辩证地看，这种状况也在一定程度上保障了遗址本体的安全。而对于遗址区不同层次文化资源的挖掘和利用，在未来不论是遗址保护、民生发展甚至于对整个城市和区域的发展均将受益。进一步需要思考的是如何有序、合理地发挥遗址区较好的文化冗余功能实现遗址保护、乡村振兴、区域发展的共赢。

2. 适应性

定义：适应性是系统适应变化、调节影响和应对干扰的能力①，是系统进行感知、检测并保障系统的基本功能，并能整体改善系统的处境②。适应性能力通常用于分析系统如何对内生和外生变化做出或不做出响应，并被定义为"系统适应变化、调节影响和应对干扰的能力"③。作为一个抽象化的属性特征，适应性通常与学习、治理相结合以准确表达适应性的含义。

分析：在汉长安城遗址区域中，适应性主要表现为以下几个方面。

对于遗址区系统整体而言，遗址区在西安市层面是具有文化代表性的存在，虽然，其现状发展滞后于西安市的发展战略与目标，有趋于异质化的特征，但遗址区并未停滞不前，而是积极响应政策并结合积淀的历史文化要素，适时调整整体的发展定位与发展方向，打造出世界遗产地——汉长安城未央宫国家考古遗址公园的文化形象。从另一视角看，遗址区内部各类产业层出不穷营造出了经济繁荣的局面，但某些产业的发展与遗址保护政策是相悖的，而它能够存在的理由则在于利益主体"适应性"地应对政策限制，以营造出遗址区一时繁荣的假象。此类"对抗化"的适应性是短暂的，并不能彻底改善汉长安城遗址区遗址保护与民生相互掣肘的局面，在其他扰动因素的影响下也不能合理正确地调整自身结构以达到可持续发展状态，所以目前以此类低端产业难以长久支撑该区域的持续发展与振兴。

---

① Dastjerdi M. S., Lak A. and Ghaffari A., et al., "A Conceptual Framework for Resilient Place Assessment Based on Spatial Resilience Approach: An Integrative Review", *Urban Climate*, Vol. 36, No. 3-4, March 2021, p. 100794.

② 冀剑雄：《汉长安城遗址周边乡村聚落韧性发展研究》，硕士学位论文，长安大学，2020年。

③ Cutter S. L., Barnes L. and Berry M., et al., "A Place-Based Model for Understanding Community Resilience to Natural Disasters", *Global Environmental Change*, Vol. 18, No. 4, October 2008, pp. 598-606.

第八章　韧性视角下的汉长安城遗址村落系统发展

对于村落子系统而言，因遗址保护政策限制，一般类型的产业通常是不符合要求的。但有些村落应用适应性学习的思维模式，如为保护地下文物和规避已污染的土壤，一些村落以无土栽培的形式调整农业发展方式；讲武殿村也因遗址区发展的定位适时调整，尝试将汉代武库和讲武台遗址作为村落发展文化产业的载体；某些村落也因留守人口结构老龄化严重，推出了老人食堂以适应村落的人口现状并解决老年人的生活需求。生态环境是提升居民生活质量的必要条件之一，但遗址区禁止种植深根性树种，加之城中村公共空间有限，绿化覆盖率极低，因此居民在此限制下自发在院子前用泡沫箱培育绿植。此外，在疫情的影响下，村委会对疫情的应对方式也在因实际情况的不同，考虑不同主体的需求及时地做出调整变化，才达到了在疫情反复扰动的情况下从容应对的良好状态。由此可见，适应性与学习性相关度较高，是个体认知和社会行为的提升过程，也是居民自主学习环境改造、不断尝试并积累各种经验的过程[①]。

小结：第一，结构。适应性多体现在系统层面，遗址区整体系统或村落子系统。第二，效果。适应性因其抽象的概念，在遗址区整体系统层面上表现得并不明显，虽然调整遗址区整体的发展目标建设未央宫国家考古遗址公园，确立了村落文化振兴的发展方向，但目前其他文化展示与利用的尝试仅停留在起步阶段。对于村落子系统而言，虽在政策限制下做出一定的适应性应对策略，如草莓采摘园、玉女门文化街区、老人食堂等相关产业建设，但终究是"昙花一现"；此外，不少服务业因外来人口的涌入而繁荣起来，出租房屋的原住民也选择了以加盖方式增加经济收入，这些行为虽是在政策管控下的适应对策，但却映射了原住民的投机心理，长期来看对于目前遗址区系统状态的改善作用十分有限。而且适应性的实践是一个长久的过程，它控制着系统内部机制的发展，适应地调整也需要边观察反馈结果边调整下一步的行动，才能使系

---

① 吴其付：《社区营造与乡村旅游社区韧性培育研究——以四川省成都市蒲江县明月村为例》，《旅游研究》2022年第1期。

统在动态过程中不断调整并表现出更强的应对能力，达到适应性的应对状态。第三，就价值层面而言，遗址区村落系统的一些适应性很好的顺应遗产保护与利用的原则：例如在世界遗产地和未来国家文化公园导向下的整个遗址区村落系统文化建设；在村落子系统层面的汉代武库和讲武台遗址与非汉代文化体系的传承等。一些村落的适应性是在社会和自然条件下的"因地制宜与因时制宜"，如发展无土栽培技术与创设老年食堂。需要注意的是，更多遗址区村落的适应性体现在村集体或居民对于文物保护管理规定和环境保护政策的"阳奉阴违"以及一些"擦边球"式的违规行为，这类"对抗化"适应虽然短暂提升了一些村落经济活力和居民收入，但此类临时性的适应显然难以支撑遗址区村落持续发展与振兴，例如在经受2018年环境整治、大棚房整治风暴时，遗址区腹地的多数村落在产业遭受冲击后，均遭遇了村落整体社会经济难以恢复的窘况。

3. 自组织性

定义：自组织是以一种允许对冲击做出有效和模块化的响应和恢复的方式来安排系统形态的不同组成成分的能力[1]，指系统自身能够通过完善社会网络、促进有效领导、建立地方信任、加强各方合作等途径重新对自身进行组织[2]。

分析：对于整体遗址区村落系统而言，自组织性特征的表现并不明显。在遗址保护和利用方面，整体系统内部、各个村落子系统关于该方面的参与性较低。再者，因遗址保护的相关政策管控和大棚房整治行动后，出现大量的闲置土地，例如讲武殿、徐寨等村落。但自上而下政府既未下发相关政策对此类土地进行再利用，也不允许自下而上的居民对此自发利用，由此限制了遗址区内自组织性。而在公共事件或者

---

[1] Dastjerdi M. S., Lak A. and Ghaffari A., et al., "A Conceptual Framework for Resilient Place Assessment Based on Spatial Resilience Approach: An Integrative Review", *Urban Climate*, Vol. 36, No. 3-4, March 2021, p. 100794.

[2] 倪晓露、黎兴强：《韧性城市评价体系的三种类型及其新的发展方向》，《国际城市规划》2021年第3期。

第八章 韧性视角下的汉长安城遗址村落系统发展

兴趣爱好上，各个子系统之间因秧歌、腰鼓等娱乐活动自发地成立了相关组织联盟，促进了沟通和交流；或因红白事形成了红白理事会组织。

对于遗址区村落子系统而言，作为一个普通意义乡村和过渡期的村落，近年来一些村落的一些尝试体现了相应的自组织性，为村落的发展奠定了坚实的基础。在对文化资源的保护利用方面，徐寨村十分重视文化遗产的保护，对于内部未得到妥善保护的文物积极向上级反映；同时对于内部非汉文化体系的遗址自发且积极地进行保护修缮，如保护古树古迹，自发举行祭祀祈福、庙会等活动；村支书也自发性地主持编写徐寨村村志，梳理徐寨村的历史沿革和文化遗产，图文并茂地记录北徐村的村风村情；此外，查寨子村村民集体募资对本村的药王洞庙进行了重修等。

在村落发展和治理层面，村委会对上级政策发布时积极且迅速地成立相关工作小组，并以公示上墙的形式来明确成员责任与工作内容，如扬善村村委会成立涵盖区—街道—村三级的工作专班与小组（跨尺度连通）进行响应，通过将责任细化落实到工作清单，促进村干部在工作中的带头作用。与此相关的也存在村委会组织村内人员以及一些沿街商户对道路或商铺形象进行修缮的行动；针对疫情状况，阁老门村在疫情以来所开展的每一轮全民核酸检测工作均为村委会牵头，村干部与村内党组织成员作为志愿者负责核酸检测的场地布置以及人员导引等工作。

小结：第一，结构。自组织性主要体现于各个村落的子系统内部。第二，效果。整个遗址区系统的自组织性表现得并不明显，在遗址区前景发展上自上而下的以政府为主导的行政管理模式削弱了整体层面的自组织性。村落子系统的自组织性较于整体系统有所提升，居民的集体行动或是村委会的相关举措均在一定程度上体现了自组织性。而自组织强调的自下而上的组织形式是调整遗址区发展状态的关键举措，此类形式涵盖了多元主体间的协同合作，可充分发挥各主体的资源优势和组织能力，为风险应对和动态治理过程提供前瞻式的战略准备①。第三，就价值层面而言，自组织形式所引发的对文化的挖掘是文化保护和村落发展的双赢过程，不仅维护了历史文化的传承也促进了不同主体的交流沟通。但有些发展初衷可能是为维系村落治理，如引入和建设相关产业以此促进民生发展，但就遗址环境的保护而言则存在一定负面影响。

4. 学习性

定义：学习性从过往的视角在过去的干扰中汲取经验，并将其转化为创新能力②；从发展的视角指主动获取知识以应对变化并接受必要的变革③。学习性通常也与适应性一同出现，以响应系统变化的动态性进行灵活状态下的适应性学习，适应性学习过程是系统反馈调节的前提条件，影响着个体认知和社会行为模式。适应性学习能力和创造力培育是韧性构建的关键环节④。

分析：对于当下的遗址区村落，学习性体现在以下多个层面。

从遗址区系统整体而言，存在各个村落子系统之间或是对系统外（城市）等层面的学习。例如，因汉长安遗址区发展的特殊性，领导小组或是居民等主体须在遗址保护政策的要求下，通过其他乡村、城市区域的发展去借鉴学习相关经验，合理且合法地匹配合适的产业模式并及时掌握社会的发展潮流，归纳总结当地发展的关键突破点，以自身的尝试打造遗址区独特的产业项目，例如目前存在对无土栽培农业设施的探索，老人食堂福利设施的建设等内容。各个子系统之间的学习性体现在宣平里汉风小镇的建设，因初具成效使得南玉丰村追随建设玉女门商业街，假日呈现出经济繁荣的状态。但此类的学习并不完全是正向影响

---

① 唐任伍、郭文娟：《乡村振兴演进韧性及其内在治理逻辑》，《改革》2018年第8期。
② 冀剑雄：《汉长安城遗址周边乡村聚落韧性发展研究》，硕士学位论文，长安大学，2020年。
③ 倪晓露、黎兴强：《韧性城市评价体系的三种类型及其新的发展方向》，《国际城市规划》2021年第3期。
④ 颜文涛、卢江林：《乡村社区复兴的两种模式：韧性视角下的启示与思考》，《国际城市规划》2017年第4期。

的，当一个村落找到合适的发展突破口并取得一定成绩时，便引得其他村落盲目跟风、相继仿效学习，但从本质上忽略了是否符合发展的基本条件，造成资源浪费、恶性竞争的不利局面。

就村落子系统而言，在疫情的外在扰动下，对疫情的摸索应对是遗址区村落系统内部学习性的体现。疫情下的应对措施和经验积累都是从无到有的过程，此过程的不断完善到熟练运用充分体现了学习性的特征，况且在当下后疫情时代的社会特点，需加强多元主体之间的协作和对话，自觉从学习中反馈、不断尝试并累积经验。

小结：第一，结构。学习性体现于各个层级，而且多体现于子系统之间和系统对于系统外的学习。第二，效果。学习的行为应是常发生在当前的系统之中的，如系统内部服务业的模仿和借鉴，但囿于遗址保护政策的限制使得学习的最后结果不甚理想。学习性是就需要解决的共同问题和需要采用的一套可接受的战略达成共识的过程，不仅确保了更"开明"的可持续发展政策选择，也可过滤掉相对不符的发展策略。因此，若在政策的引导下，摸索到适合遗址区系统发展的路径，那么在整个遗址区系统中学习性的培育将是关键一环。第三，就价值层面而言，学习性在当下遗址区系统的体现，在短期过程中有些学习是可以及时解决当下问题的，但有些学习虽缓解了居民生计，但长久来看却不利于遗址区社会和生态环境建设。若兼顾这两方面，探索遗址区系统正确的发展模式，将相关学习的经验知识传播至不同参与主体，并提供相互信息共享和交流学习的机会，产生社会学习的氛围并引起一定的社会影响，从而将汉长安城遗址的价值与影响最大化。

5. 鲁棒性

定义：鲁棒性，又称作稳健性，指系统可以承受一定的内部和外部干扰，并保持其主要功能[①]。具有鲁棒性特征的系统包括精心设计、建造和管理的实物资产，以便它们能够承受危险事件的影响，而不会造成

---

① 冀剑雄：《汉长安城遗址周边乡村聚落韧性发展研究》，硕士学位论文，长安大学，2020年。

重大损坏或功能损失。此类稳健的设计能够预测系统中的潜在故障，确保故障是可预测的、安全的[①]。在相关研究中，鲁棒性通常体现在有形的基础公共服务、基础设施等方面。

分析：结合以上定义，鲁棒性在整个遗址区系统中的体现是保持相对稳定的状态，主要包括建设与遗址保护和历史风貌相匹配的村镇风貌、人居环境及相关产业，同时也包括"维持村落自身发展的一些组织、保障乡村经济社会发展及居民基本生活需求等一些组成要素"的和谐稳定。具体而言，遗址区系统的鲁棒性特征主要体现在以下几个方面：

就整体遗址区村落系统而言，2010年7月正式通过并颁布实施的《汉长安城遗址保护总体规划（2009—2025）》发挥了关键作用，规划确立的分期搬迁的社会经济调控原则保障了遗址区现有的33个行政村稳定的村落系统结构。在此框架下，不论是2012年在"申遗"过程中的遵照聚落近期调整专项规划搬迁的10个村子还是近年来市区街办对村子的缩并（45个变33个）及其重命名，都在汉长安城遗址区总体层面维系并强化遗址区村落的基本功能和结构。

就遗址区村落子系统而言，在政策管控和组织治理层面，现有遗址区保护政策和文物管理规定保障了遗址区村落系统整体格局、产业类型和作为子系统的村落的建设强度、建筑高度与风貌。与此同时，2018年后一系列的环境保护政策和大棚房整治的政策与行动都成为保护遗址区村落风貌的关键措施。应该说这些均体现了"确保遗址区村落主要功能不受损伤"的鲁棒性。现有遗址区村落的组织架构与治理体系，对于遗址区现有"村落身份的保持、村落的稳健运营及对于不可预测风险的防御"也发挥着重要作用。这其中基层村委会的作用尤为显著，楼阁台村在宣平里景区开发过程中村委会领导班子的核心作用发挥，各村村委会为代表的基层党委在防疫过程中有序的组织与管理，均成为保

---

① City Resilience Framework, *Report of the Arup*, London ARUP Document, January 1, 2014.

障遗址区村落稳定发展的重要基础。在基础设施建设层面，遗址区村落现今能相对稳定发展，居民对生活感知的满意度得以提升，在于基础设施和公共服务设施方面实施的改善工作。例如，西安第十四届全国运动会举办时遗址区内村镇对于健身器材等的改善；玉丰村对村内水、电、消防等基础设施作了全面提升，并增添了广场、小学等公共服务设施；高庙村为满足村民基本医疗保障在村内设置卫生服务站和私人诊所并均质布局；徐寨村安装覆盖全村的监控；相家巷村设置老人食堂等。

这些物质实体层面的改善、政策的刚性管控以及系统组织架构与治理体系的稳定，对于遗址区现有"村落身份的保持、村落的稳健运营及对于不可预测风险的防御"发挥着重要作用。因此，以上与鲁棒性相匹配的事件与行动及其相关政策的刚性管控，是各村落子系统和整个遗址区系统在现代社会正常稳定发展的基础，也是遗址区村落维系其自身韧性目标的关键。

小结：第一，结构。鲁棒性主要体现于遗址区系统和各个子系统上，是维系遗址区村落系统稳定的管理要素，也是维系各村落子系统保护与发展的稳定性要素。第二，效果。就整体作为一个历史遗址区的村落系统而言，虽然遗址保护的相关规定维护着遗址区整体格局和部分区域传统的村镇风貌。然而，遗址区的鲁棒性所受到的"引致系统不稳定因素"的扰动仍然较多，这些文物、环境、农业等各部门刚性的管理规定在各个阶段都经受着居民自下而上的非正规产业和违法建设的挑战，例如2018年环境整治行动后，仍然有许多村落在对村内的闲置用地进行招租。遗址区村落系统鲁棒性虽然没有完全崩溃，但却面临着被渐进性蚕食的危机。相比而言，在乡村振兴战略导向下，遗址区公共服务设施和基础设施不断补强，各村治理体系和治理能力的不断完善和改进，使得各村落作为遗址区子系统的民生状况得到一定改善。第三，就价值层面而言，在整个遗址区系统层面，一系列维系遗址区历史环境和文物安全的政策和行动，虽然对遗址区村落民生状况尤其是经济和就业产生了冲击，但对于遗址区村落保持其特征和身份以及未来文化旅游发展均发挥着稳定剂的作用。而在村落子系统层面，一系列的民生工程与组织机构建设则是对原有"只限制不发展"的静态保护政策的纠偏，也是遗址区村落可持续发展的关键。需要注意的是，作为韧性特征之一的鲁棒性在本研究中与韧性目标相关性较强。不论是遗址区村落系统整体层面的管理要素还是在各子村落系统基础设施的民生要素，其鲁棒性的显现都是与其保护或发展目标相匹配的。目前虽仍存在一些要素对短期的居民经济发展或长期的遗址保护产生影响，但值得期待的是，近年来相继出现了在遗址保护与民生发展协同目标导向下的"鲁棒性"行动，如沿着历史道路铺设管网，既惠及当下居民生活又有利于未来的国家文化公园建设。

6. 连通性

定义：连通性作为衡量韧性水平的基本品质，代表了不同内容间的通达程度。从系统视角出发，连通性指系统作为网络中的一部分，能与其他系统建立功能和物理联系并从中获得支持[①]。基于社会交往间的连通性，即人与人之间的有效连通将产生一定的社会联系从而形成不同规模的社会网络，而社会网络的建构是韧性构建的核心要素。当连通性涉及不同尺度时，相应地产生了多尺度连通性、多尺度网络连通性等概念。

分析：在第七章中我们不难发现，在遗址区这个嵌套结构中连通性是多尺度特征的有力体现。例如，在村落子系统层面，同一子系统内部和不同子系统内部人与人的交往连通；在遗址区系统层面，各个村落子系统间的连通，子系统与遗址区系统间的连通以及子系统与系统外（城市）间的连通；在更大系统层面上可考虑跨尺度间的连通，如子系统内部的主体与遗址区系统、系统外（城市、省份）间的跨尺度连接等。聚焦至遗址区系统，连通性相关事件按照类型主要包括以下内容：

首先，在空间层面，就遗址区系统对系统外部的连通性而言，因汉

[①] 冀剑雄：《汉长安城遗址周边乡村聚落韧性发展研究》，硕士学位论文，长安大学，2020年。

第八章 韧性视角下的汉长安城遗址村落系统发展

长安城遗址区西边的氵皂河、东侧与南侧的汉城湖阻隔，加之遗址保护政策的限制，整个遗址区连通外部城市的道路不多，遗址区系统（村落）和城市的连通性较弱。现今遗址区系统对外的连通性体现在东南侧汉城湖景区和西南侧未央宫遗址公园这类公共空间加强了遗址区系统与城市的连接程度。但相较之下，北侧的绕城高速则阻碍着遗址区系统与周边区域的连通。就遗址区内部的连通性而言，因文物保护的相关规定遗址区内均为原有的道路系统，在主干路方面没有新增。而未央宫遗址公园的建设使原有的丰景路和邓六路成为"断头路"，遗址区西北部因物流产业的存在，使石化大道经常处于堵塞状态；在遗址区内部或是村落子系统内部，支路的数量在近些年有不同程度的增加，村民对村庄的更新和加建，衍生出主街—次街—支巷的多层级连通的道路网络结构，道路密度逐渐升高，面对扰动，道路网络形态具有适应和进化的可能性，其适应性和可变性增强，演进韧性程度较高[①]。但从整体而言，无论是遗址区系统与系统外部或是遗址区系统内部的连通程度都十分有限。

其次，在要素层面，就遗址区系统与系统外城市的连通性而言，政府、企业等资本相关利益主体投入到遗址公园、旅游景区的建设中，实质上发挥了遗址及遗址公园在城市中的生态、文化功能，进而使遗址区与城市产生了联系，如周边居民到遗产区休闲、健身、露营和西安市民到未央宫遗址观光旅游。就村落子系统与系统外城市间的连通性而言，因宣平里景区的开放使得大量西安市居民来此休闲、观光、打卡，扬善村内的"新大农"农产品市场及与其相邻的劳务市场因其区位优势带来了大量的外来人口与资本的流通，遗址区同时也在向城市输送物资与劳动力。而一些村子所建的花卉市场，以及其他一些非正规的企业（包括物流等）实质上也是一种村落与城市的连通，使相关人群在这些实体场所进行交流沟通并产生一定的社会联系。就村落与遗址区系统的连通性而言，世界遗产地的建设和运营为周边村落的居民提供了保安、

[①] 李博宇：《基于分形理论的乡土聚落空间形态韧性解析与保护方法研究》，硕士学位论文，山东建筑大学，2022年。

保洁和景区服务的相关工作，同时也为周边村落的居民提供了良好的生态环境和康体健身的场所。就村落与村落子系统间的连通性而言，主要包括各种服务业或是各种产业需求，使得各个子系统间产生连通作用。

此外，就主体间的连通而言，在遗址区系统内部、各个子系统之间，通常因兴趣爱好或公共事件形成社会网络间的连通，如足球爱好者发起的足球比赛、歌队、锣鼓队、红白理事会等形式上不同子系统间主体的连通。在不同子系统内部的连通主要体现在因村内某一产业而形成的网络，或是村落内部原有的宗族之间形成的社会网络，这种网络往往还包括一些现有的村领导群体。现有的乡绅团体和村委会这一基层组织在许多村子都存在交织。此外，还包括外来人口因业缘、亲缘、地缘（一些群体均为同乡）形成的社会网络。这些社会网络的构成方式主要是传统的实体交流，例如汉长安城中祭祀、庙会活动、会议、生意往来、场所上的交流、组织活动间的交流等。在互联网社会背景下，微信、QQ、微博等网络 App 也在更新着交流方式扩展着人们之间的社交网络，进一步加强了不同主体之间的连通程度。

小结：第一，结构。连通性是最能体现多尺度特征的一个韧性属性，这些关联包括遗址区系统和系统外部，系统和子系统之间，子系统内部以及城市和子系统内部的跨级连通。第二，效果。由于遗址区保护政策，遗址区内村落子系统无论是在物理空间上还是非物理空间上的连通性，相比西安其他大部分区域都存在比较劣势，村落与村落之间、村落与遗址区系统整体的连通性也比较弱。然而随着近年来外来人口的不断涌入和互联网的普及，遗址区村落的连通性在社会网络层面还是得到了较大的改善。第三，从价值层面而言，较大程度的连通性将会进一步提升遗址和城市的关联。在此过程中，居民不论在工作机会上、还是在与城市融入程度上均会有所改善。某种意义上来讲，外来人口和原住民的沟通接触也是对原住民封闭状态的一种改善。与此同时，连通性也将给遗址保护带来一些影响，如一些村内道路对遗址安全的威胁，村民与外界形成的社会网络而"共同经营的非正规产业或产生的非法行为"

对遗址区环境的破坏,此类连通性均与遗址区村落理想状态背道而驰。

7. 多样性

定义:影响系统韧性能力的属性特征之一多样性,从字面解读它代表事物具有丰富多元的性质,在城市基础设施运行体系指可以有多种的方式或行为路径[1];在城市系统方面指土地利用模式、基础设施、人口结构的多样并确保系统存在冗余功能,使系统更加多元化并增强韧性能力[2]。

分析:从城市系统过渡到乡村再聚焦至遗址区内的乡村村落,其多样性可以体现在以下方面:

一方面,从整个遗址区村落系统而言,遗址区存在不同类型的村落。首先,就第五章中影响各村不同的事件和各村受到不同跨尺度的扰动要素而言,每个村落对于整个汉长安城遗址区都是明显的异质的存在。在2010年总体规划颁布以及景区建设、世界遗产地"申遗"等一系列相关扰动因素的影响下,遗址区各村落子系统产生明显分异。因此,村落子系统因发展方向、发展类型和发展程度的差异呈现出一定的多样性。然而,若在遗址保护与利用的视角下审视村落子系统的异质性和其呈现的整体多样性,暴露出更多的则是原住民与外来人口的比例、保护政策指导下正规产业和非正规产业的比例失衡造成该区域不同程度的混乱与无序。如此,对于遗址区整个系统而言,外来人口的涌入虽打破了遗址保护与民生发展的互斥僵局,但整个遗址区需在相关政策的指导下进行有序发展,而因外来人口激增带来的低端产业或是非正规产业的发展终究是短暂且不符合政策要求的,所以村落(人口结构、产业发展)积极持久的多样性还欠缺。其次,由于2018年后环境整治等原因,遗址区产业受到较大冲击,从整体遗址系统空间而言,显现出其内部村落的大量闲置用地和临近城市村落的城中村景观。需要注意的

---

[1] 倪晓露、黎兴强:《韧性城市评价体系的三种类型及其新的发展方向》,《国际城市规划》2021年第3期。

[2] 李彤玥:《韧性城市研究新进展》,《国际城市规划》2017年第5期。

是，近年来随着一些景区的开发，各村对于其自身村落文化的挖掘和村域内汉代遗址的利用也成为了未来遗址区"多样性进一步提升的可以预期的行动"。

另一方面，就遗址区各个村落子系统而言：首先，许多村落内部因外来人口的涌入，在人口结构层面产生明显的多样性。从汉长安城遗址乡村的基本情况来看，外来人口占据着总人口的大部分比例，因其年龄、受教育程度、职业等方面形成了人口层面的多样性。遗址区内多数耕地撂荒被外来资本所侵占，缺少可以支撑村民日常生计的主导产业与就业路径，房屋租赁成为相当一部分原住民的收入来源，外来人口所带来的经济效益与社会效益也在一定程度上缓和了遗址保护与民生发展的矛盾。以此视角分析，在此租住的外来人口的来源、发展目的与发展方式等方面的差异形成了村落子系统的多样性。其次，人口多样性衍生出村内产业的多样性。不同地域人口的交织和其认知或选择不同的差异使其对自身的生计发展、经营方式各有选择，如小餐馆、停车场、物流园、草莓采摘园、流动小摊等形式。遗址区多数村子均呈现"从事第一产业的人群大量减少"，以小作坊为主的第二产业逐渐发展的局面；随着外来人口和与之相匹配的小作坊类的非正规企业的发展，服务于这些人群和企业的商业和服务业也随之发展起来，这进一步丰富了产业的多样性。此外，随着未央宫遗址区公园文化旅游的带动，许多村落越来越倾向于挖掘其村内的历史文化，提升村落的文化内涵与底蕴。例如，多数村落均建有祠堂或庙堂等祭祀场所，相应地会根据供奉的神灵不同在每年不同的日子开展不同的活动，徐寨村供奉虫王以祈求年年无灾、五谷丰登，并于每年9月16日进行焚香朝拜、船游街、做斋饭等活动；讲武殿村的庙宇供奉无量天尊，宣扬道教文化，每年葡萄成熟的季节举办祭祀活动，并与葡萄采摘活动相结合。文化展示除了本村特有的地方性文化和民俗文化之外，还包括与本村相关的非汉代文化体系的发掘。如前文所述，这不仅丰富了子系统内部村落文化的多样性，也在某种意义上通过挖掘自身的特色提升了遗址区整体的文化多样性。

小结：第一，结构。多样性主要体现于遗址区内以子系统村落为评价单元以及各村内部以其人口结构与产业类型而构成的评价单元。第二，效果。在不同视角下审视遗址区整体的多样性，遗址区各个村落的类型虽呈现出明显的异质性但并未在可持续方面呈现出多样丰富的特征。2018年后环境整治、大棚房问题专项整治行动等政策的限制管控，促使整个系统遇见了小规模转型的机遇，但呈现出的是整体遗址区村落系统较于系统外部出现城中村现象的异质局面，以及村落子系统内部闲置用地不断增多、产业消退多样性降低的现象。就各村落子系统而言，目前遗址区每个村内部的多样性呈现出不同水平。2018年后，遗址区内部村落随着产业受到冲击，外来人口外逃，致使人口结构层面的多样性、原住民房屋租赁收入的经济多样性、人群社交参与的多样性等有所下降。相应的，位于遗址区外部和与城市相近的村落，因其主要发展商业和服务业，且非户籍人口主要为服务于城市为主的外来人口，使其多样性遭受到的冲击较小。由此可见，多样性越强的村落在遭遇冲击时其系统越稳定。第三，就价值层面而言，遗址区多样性多表现出"对居民的经济发展、社会活力有利，但对遗址本身尤其是对遗址环境和风貌保护不利"的窘况。然而，随着未央宫遗址区公园的逐步开发，遗址区内许多村落开展相关的文化行动，多样性得以提升。但从整个遗址区系统层面而言，外来人口的涌入造成人口结构的失衡，虽使趋于沉寂状态的遗址区暂时重振活力，但其带来的相关产业的发展，如一些小作坊式的非正规企业层出不穷，根本上是同种类型的存在。而且这些经济产业呈现出低端产业为主的发展态势，长此以往难以支撑该地区经济的多元发展与振兴。而在2018年后，相关政策的颁布责令整改了部分非正规企业并产生了不同比例的闲置用地，进一步降低了该区域的产业多样性。因此，在这些因素的影响下，造成了遗址区产业同质化严重的窘况，对未来遗址区的保护与利用十分不利。毕竟，"遗址保护低冲击型"产业以及多元丰富的遗址区产业景观才是遗址保护与民生发展的关键。

8. 韧性的其他属性

除了本节重点比照分析的鲁棒性、冗余性、适应性、自组织性、学习性、连通性、多样性这些遗址区村落所具备的典型特征之外，遗址区村落也表现出其他一些如模块化、灵活性、创新性、协作性、包容性、地方性、社会资本等一系列韧性属性特征。本研究对这些属性特征讨论主要分以下三类情况：

第一类如模块化，这一系统属性在一些韧性文献中提及较多，然而遗址区现有的模块化韧性属性特征的显现却明显不足。追本溯源，模块化属性需要系统中有多个相互连接的子系统，这些子系统能够自主地满足其基本需求，并在作为一个整体工作时增强系统功能[1]。因此模块化可以保障系统中其他功能或者区域停止运转时，整体不受影响，这要求每个子系统均应该具有完整的组织结构和独立的运作功能[2]。

在本研究中，模块化的运用在村落子系统中多体现于各种相互协作又具有独立功能的群体与组织，如工作小组、志愿者团队等。扬善村村委会成立的涵盖区—街道—村三级的工作专班与小组，在"环境整治""防霾治霾"以及"城中村"整治行动中将任务再下分至具体项目小组，使其对所负责网格大量且多次完成重复性的工作；在应对疫情等突发公共事件时，村落内党员积极报名建立比较完备的志愿团队，在一次次疫情冲击下，解决必要的应急物资供应、核酸检测和核酸排查等工作，落实遗址区系统以及村落子系统的安全保障。

总体而言，模块化的作用使系统拥有一定的"模块"结构，如相关组织、团体等，使其在面临风险时能及时运作解决问题。模块化与冗余度有一定的重叠功能，一定程度的重复和备用设施模块，通过在时间

---

[1] Dastjerdi M. S., Lak A. and Ghaffari A., et al., "A Conceptual Framework for Resilient Place Assessment Based on Spatial Resilience Approach: An Integrative Review", *Urban Climate*, Vol. 36, No. 3 - 4, March 2021, p. 100794.

[2] 卡特琳娜·巴克、安琪·施托克曼：《韧性设计：重新连接人和环境》，《景观设计学》2018 年第 4 期。

和空间上分散风险，减少扰动状态下的损失。但目前以相关事件来看，遗址区系统或是内部的村落子系统模块化特征是不足的，难以支撑遗址区抵御风险的能力。

第二类如灵活性，创新性、包容性，这些属性相关的一些事件在某种意义上也显现于（鲁棒性、适应性、自组织性、学习性、连通性、多样性）之中。实质上，这些韧性属性概念本身在"韧性的相关文献讨论"中就存在一定的相似性。例如灵活性和适应性、灵活性和多样性，创新性和学习性，包容性和多样性。以灵活性为例。

灵活性意味着系统可以根据不断变化的环境进行改变、演变和调整[1]。灵活性常与多样性有一定的关联，例如在城市系统中，基础设施运行体系的灵活性体现在可以有多种方式或行为路径[2]；多样性与灵活性系统包含多种变量和多种应对模式[3]。

在本研究中，一方面，遗址区村落不乏真正积极的灵活性事件，如前文适应性事件中多次提及的"在遗址区禁止栽植深根性树种，居民自发的泡沫箱栽植、水盆绿化以及屋顶绿化这些插绿方式提升绿化率等措施"均为灵活性的表现。另一方面，针对遗址保护管理规定和环境保护要求的灵活性应对也是灵活性的体现，这些在表象上的体现可能是"正面积极"的灵活性事件，长久来看与遗址保护政策以及遗址区可持续发展相悖，如在整治行动下侥幸存在的"违规产业"。

由此可见，灵活性与适应性、多样性有一定的相似之处，灵活性着重强调其根据已变化的既定事件进行快速运用相关资源进行响应、应对和调整，或是能够应对不同地区的独特条件。正如前文适应性、学习性中所描述的，一些遗址区的灵活性属性特征是对村落混乱和环境污染的改变和技术创新。但多数灵活性则是一种"上有政策下有对策"的应

---

[1] City Resilience Framework, *Report of the Arup*, London ARUP Document, January 1, 2014.
[2] 倪晓露、黎兴强：《韧性城市评价体系的三种类型及其新的发展方向》，《国际城市规划》2021年第3期。
[3] 冀剑雄：《汉长安城遗址周边乡村聚落韧性发展研究》，硕士学位论文，长安大学，2020年。

变，这种应对方式虽短暂解决了居民经济问题，但却为遗址保护和生态环境留下了隐患。

第三类是在韧性属性相关文献中出现较少，但其含义概括度较高，如社会资本这个概念：它被定义为集体规范、信任和联系网络，可以降低交易成本，增加人们获取信息和资源的机会，产生信息溢出效应，促进知识传播，并促进集体行动[1]。它所产生的基础是对地方嵌入的强烈感知，自我调节的道德准则，以及社区层面上个人和群体之间存在的规范、互惠和信任。

本研究中，因原住民的老龄化以及年轻人口的向外迁移导致以前紧密联系的村落结构解体，失去了对村落发展方向的控制，进一步可能会导致村落子系统、地方领导群体的解体，使之前有力的以地方为基础的"横向"治理结构越来越多地被较弱的"纵向"治理模式所取代[2]。但从另一个角度来看，外来人口的涌入带动了各种服务业的发展，激发了各类主体的创业精神，增加了人力资本，使其更好地应对人口减少和老龄化的挑战。此外，因未央宫国家考古遗址公园的建设吸引了系统外部分社会资本的投资，打破了系统内外资源间的壁垒，对遗址公园附近村落的经济产生一定的辐射作用。同时，外来人口的多元化以及彼此交织形成的社会网络将会进一步加强主体层面的社会资本。

社会资本也指能够支持创新活动中的创业精神，获得信贷、劳动力、人力资本、外部市场和外部知识，用于学习和创新；并且具有强大社会资本的农村社区被认为是包容性和参与性的，它们被认为具有更强的应对外部干扰的能力[3]。因此，社会资本的属性实质上与自组织性、

---

[1] Westlund Hans, *Social Capital in the Knowledge Economy: Theory and Empirics*, Heidelberg: Springer (Advances in Spatial Sciences Series), 2006, p. 222.

[2] Wilson G. A., "Community Resilience, Globalization, and Transitional Pathways of Decision-Making", *Geoforum*, Vol. 43, No. 6, November 2012, pp. 1218–1231.

[3] Yuheng Li, Westlund H and Yansui Liu, "Why Some Rural Areas Decline While Some Others Not: An Overview of Rural Evolution In The World", *Journal of Rural Studies*, Vol. 68, No. 1, May 2019, pp. 135–143.

学习性、创新性、包容性、连通性和适应性均有所交叠，而社会资本通常与经济资本、文化资本相提并论，因此，社会资本通常被用作一个总括术语，它不仅包括社会互动过程，还包括文化和政治资本，故而本章不考虑将此概念作为主要韧性属性特征进行讨论。

第九章 基于韧性属性特征的汉长安城遗址保护与民生发展协同策略研究

第一节 基于鲁棒性的遗址保护与民生发展协同对策研究

对于鲁棒性而言，保持遗址区村落和村落系统的稳定是其策略研究目标，汉长安城遗址区的鲁棒性提升对策主要体现于几方面：

首先，对于遗址区整体而言，保持汉长安城遗址村落系统的稳定性是其基础。

遗址区村落开始于隋唐、形成于宋元，明清时期已成规模，村落是影响汉长安城物质空间形态的最主要因素[1]。在历史性城市景观视角下，村落与遗址存在正当的层积性关系，遗址区村落是汉长安城遗址完整性和真实性的重要体现。有鉴于此，通过现有村落搬迁与调整实现遗址和村落理想的空间关系业已成为维系遗址区村落系统稳定性的重要前提，考虑到《汉长安城遗址保护总体规划》社会调控规划专项对于聚落搬迁与安置的渐进性安排与分期部署，这种调整不仅涉及少数"整村占压遗址的聚落整体搬迁"，也包括多数村落"针对部分区域与遗址叠置，村落内部的用地调整与置换"[2]。实际上，此项工作可以较好地

---

[1] 辛士午：《汉长安城遗址区聚落空间治理研究》，硕士学位论文，长安大学，2021年；翟斌庆、徐博：《汉长安城的历史形态演变与遗址区村落保护》，《中国园林》2019年第6期。
[2] 陈稳亮、励娜：《大遗址保护与新农村建设的协同——以汉长安城遗址区周家河湾村新农村规划为例》，《规划师》2011年第1期。

第九章　基于韧性属性特征的汉长安城遗址保护与民生发展协同策略研究

结合当下村落的闲置用地整治和区内外农业用地流转,进而促成地下遗址和村落非建设用地耦合。如此,一个村落和遗址"愈加友好和真实的空间关系"将构成遗址区村落系统稳定性的基本面。

此外,进一步研究遗址区村落的历史形态演变和系统演进,村落与原汉长安城的固有形态之间以及村落之间都存在紧密的共生关系。有鉴于此,一方面,应结合遗址区"八街九陌"的道路格局和汉代道路系统,梳理遗址区不同时期的水系和路网,渐进对现有道路进行调整、优化和升级,以增强村村之间空间关联。另一方面,应进一步深入挖掘各村之间的文化关联和历史渊源,并据此建立现代村落之间社会与产业关联,以有效增加村村之间的黏性。如此,村村之间空间和要素更紧密的联系将构成遗址区村落系统稳定性的有效保障。

其次,对于当下遗址区村落而言,应努力在保障文物安全的基础上进行人居环境的建设,努力在物质层面加快遗址区村落的基础设施及相关公共服务设施的建设,这是遗址区村落稳定发展的关键。

其一,遗址区基础设施建设应严格按照《汉长安城遗址保护总体规划》基础设施专项规划的要求,一方面,在人居环境建设上,推进遗址区村落给排水和燃气管网覆盖和普及,管网应与市政给排水管道和燃气管网有序衔接。另一方面,基础设施建设还应着重考虑未来的展示和利用相结合,沿复原保护的汉代道路外侧埋设给水管道、供气供暖的管道、电力输送电缆和通讯光缆等,在改善遗址区整体人居环境质量的同时,为日后国家文化公园发展提供必要的基础设施。

其二,在遗址区层面,随着耕地指标更多地流入区内,农业用地、生态用地和文保用地的协调尤为重要。如此,如农业大棚、小型的垃圾站和污水处理厂等遗址低冲击性的设施的配给等,均需在保障地下文物安全的基础上提上日程。

其三,应满足遗址区村落基本公共服务设施要求,在满足小型村落医务室、幼儿园、村级养老院基本要求和均好性的基础上,着力加强公共空间、儿童友好空间、老人食堂、康体健身器材等场地与设施的建设，以满足居民基本的生活需求。而在防疫常态化的背景下，村内的卫生所和街道层面的防疫设施布局同样应予以重视。

其四，在信息化背景下，应着力发展互联网和物联网科技，像徐寨村那样注重监控系统的普及和其他智慧化信息安全网络建设，在保障村域内地下遗址和文物安全的同时，有效保障村庄社会治安。

最后，遗址区村落系统鲁棒性的提升在保障措施层面还需注意以下几点：

其一，针对当下各村对城中村改造资金多用于立面整治等工程的窘况，应借助未央区将汉长安城遗址区域作为城市更新与高质量发展"五大片区"的契机，在对遗址区村落进行基本政策和财政支持的同时，进一步加大乡村发展的"规划设计咨询"这类科技支持。例如，将西安市城市规划设计研究院新近为遗址区量身定做的村庄规划与每个村的人居环境建设资金结合，进而保障遗址区村庄建设的科学性，使得遗址区乡村振兴少走弯路。

其二，前文已经述及，《汉长安城遗址保护总体规划》的规划期限为2009年至2025年，该规划对遗址区村落系统鲁棒性和稳定性的维持发挥了重要作用。为此，应结合未央区的国土空间规划，有序开展新一轮的《汉长安城遗址保护总体规划》编制工作，并在该规划中全面统筹生态、农业、聚落调控、旅游发展等专项，将此作为遗址区各类政策制定和实施的依据，进而为遗址区未来基础设施建设、公共服务设施建设等提供合理的政策导引。

其三，面对不断变化的扰动，制度设计的动态性和适应性是加强鲁棒性和弹性的关键保障①。对于汉长安城遗址区系统而言，在建立遗址区村落治理体系并提升其治理能力的基础上，遗址保护制度设计与实施应摒弃过往单一"将文物保护与乡村发展对立起来"的静态保护方式，

---

① Anderies J., Janssen M. and Ostrom E., "A Framework to Analyze the Robustness of Social-Ecological Systems from an Institutional Perspective", *Ecology and Society*, Vol. 9, No. 1, November 2004, p. 18.

第九章　基于韧性属性特征的汉长安城遗址保护与民生发展协同策略研究

着力将村落文物保护这一被动型工作和遗址展示与旅游、生态环境保护与景观营造、闲置用地的临时性景观改善、基本农田保护与农业景观营造等相结合。

此举将在有效保护遗址安全和历史环境的同时，进一步提升遗址区村落系统的稳定性。

第二节　基于连通性的遗址保护与民生发展协同对策研究

连通性是韧性的主要性质之一，代表了不同内容间的通达程度。当连通性涉及不同尺度时，相应地会产生多尺度连通性等概念，而多尺度连通性代表了一定区域中各个层级内以及不同层级间的跨尺度通达程度，它能在区域中各个层级之间建立功能的联系和物理的联系，从而使该区域获得正面或负面的跨尺度作用。

在汉长安城遗址区中，连通性有许多层次的体现。例如，在村落子系统层面，同一子系统内部和不同子系统内部人与人之间的交往连通；在遗址区系统层面，各个村落子系统连通，子系统与遗址区系统间的连通以及子系统与系统外（城市间）的连通；在更大系统层面上可考虑跨尺度间的连通，如子系统内部的主体与遗址区系统、系统外（城市、省份间）的跨尺度连通等。因此，在汉长安城遗址区中要合理利用连通性的跨尺度影响作用，趋利避害，使遗址区实现正向的长远发展。针对遗址区系统，根据连通性尺度大小，作者提出以下策略。

一　遗址区村落系统与城市的连通

遗址区和城市的关联又包括村落系统和城市的关联，以及"单个村或若干个村"和城市的关联。

（一）遗址区与城市的连通（物质）

首先，遗址区与城市的连通应建立在国土空间层面：汉长安城遗址区及其聚落空间应纳入未央区的国土空间规划体系中，与西安市国土空间总体规划相衔接，将遗址区聚落空间治理和城市区域发展有机结合。

其次，除了建立遗址区与城市"交通和路网"的更多连通外，很重要的一点是对汉长安城历史格局（外部的历史环境）的复原与利用——如城防设施、宫城轴线与水系的复原与利用，等等。这些历史格局的复原可结合未来遗址区蓝绿空间规划与景观设计来进行。由于汉长安城遗址区周边本身布局了较多的污水处理厂和废水排放地，因此遗址区的水系复原可考虑与西安市西北片区的污水治理相结合，同时兼顾浐河、汉城湖、渭河桥遗址局部的水景复原。城防设施、宫城轴线可以利用现有的道路规划和绿道设计予以强化。此举既可加强村落和城市的现代联系，亦能助力汉长安城整体环境与风貌的保护与复原。

（二）"单个村或若干个村"与城市的连通（物质）

"单个村或若干个村"与城市联系，除了交通的联系，还应聚焦于产业的联系和人的联系。

在空间上，应重点考虑利用现有道路并且结合历史道路进一步提升村落和城市的连通性；对于内部村落而言，则应着力提升其和遗址区边缘性村落的交通联系。在此导向下，一方面，应结合街巷整治设置清晰通达的村内外道路，并与城市道路连通；另一方面，则应结合遗址区旅游景区的发展，合理布局公交站点，提升交通便捷度，方便居民出行。

其次，可通过对遗址区现有土地的流转和闲置用地的治理，来提升村落和城市的联系。在制度层面，完善土地流转制度，建立长期稳定的闲置土地奖惩补偿机制，用于支撑遗址区闲置土地的提升工作。此外，在政策支持下，通过拆除违章建筑推进遗址区土地集约利用，引入休闲娱乐、文化展示等业态以进一步承担城市功能。在此基础上，尽量利用提升后的闲置用地，增加遗址区内的公共活动空间数量，建立优美宜人的城市绿廊；还应完善基础设施，多举办一些事件性的活动，以此来提高土地利用率和场地可达性，与城市形成有机互动，满足遗址区居民和周边市民的康体休闲需求[①]。

再次,通过产业的规范、转型、优化、升级,提高村落与城市的连通性。在产业上,多鼓励一些遗址友好型产业入驻遗址区(如特色景区、帐篷酒店、运动场、跑马场等)。同时,将非法的、不利于遗址环境的产业(如物流、汽车维修、机床制造等)予以关闭,以保护遗址风貌。

最后,应进一步加强对遗址区内部人员、外部人员的交流连通性。近年来,外来人口涌入,在一定程度上提升了遗址区村落与外部的连通性,但这些互通多体现于原住民外出打工的早出晚归和外来人口来此租房、租地以及不具规模的市民来遗址区游赏、休闲。有鉴于此,加强城市和遗址区居民的互动应重点考虑以下两点。一方面,加强村落对于外来人口的吸引。第一,增强遗址区景观建设及公共空间建设,以优美的风景与完备的基础设施以及良好的场地通达性,增强对休闲群体的吸引;第二,增强遗址区对城市运动群体和专业爱好者的进一步吸引,例如,多多吸引市民到"凤鸣球场"康体健身;第三,现有产业的转型和更多遗址友好型产业的发展,也将进一步吸引西安市的创业群体和就业群体,以促进遗址区人口结构的优化,例如,遗址区内文化创意产业发展对于城市创客和科技精英、文化精英的吸引。另一方面,加强村落原住民与外部联系。主要目的是提升原住民素质,向城市输入人才。可以想见,原住民在城市中工作,通过与城市人群的交谈以及通过社交圈展示村落文化与景观,可以有效提升村落与遗址区的知名度,进而促进"城市和文化村落的联系"。

(三)遗址区与城市的连通(非物质)

出于增强对村落系统发展的间接影响,遗址区系统和周边城市区域(包括更大尺度的西安市、陕西省、国家、世界)的非物质联系也应被考虑。

[①] 刘文辉:《汉长安城遗址区村落闲置空间活化利用研究》,硕士学位论文,长安大学,2021年。

应努力将世界遗产地、国家重点文物保护单位、国家公园、陕西省重要文化遗产这些名号变现，积极利用要素的"差异化""特征化"，打造未来遗址区发展的品牌。在要素层面切实建立汉长安城遗址和"西安市、陕西省、国家、世界"的关联。例如，在机构设置上，建立国家大遗址保护特区、中国汉文化研究院；在事件组织上，可以定期举办世界刘姓宗亲会、丝绸之路历史文化展示；在产业宣传上，可利用互联网，在未央区、西安市、陕西省甚至全国全球范围内，形成以汉长安城遗址为中心，联系周边区域以及其他大遗址的网络平台，提升遗址与其他尺度文化要素的关联，进而提升汉长安城的知名度。

二 遗址区内部的连通

主要包括村落与遗址的连通以及村村之间的连通。

（一）村落和遗址的连通

其一是功能上的连通。要促进村落—景区—遗址在功能上的互动与协同。以阁老门村的保护与发展为例：要依据其所在区域的遗址分布情况与历史环境特征，以村落与汉城湖、长乐宫的关联为指针，合理布局村落功能，将遗址融入村落未来景观规划之中，将遗址格局（城墙、护城河、宫墙、宫内道路等）的复原与乡村的绿地、绿廊和水系建设相结合，将村域范围内的地下遗址保护与乡村公共空间营造结合，在改善村落景观的同时，有效提升阁老门村的生态承载力。

其二是文化上的关联。要进一步挖掘史料，提升遗址与村落的文化连通性。一方面，探究村落历史与遗址的关联；比如通过讲武殿村与讲武台、武库遗址的关联发展遗址旅游；另一方面，将新建景区或田园风光等与周边遗址综合关联，比如楼阁台村宣平里景区与宣平门遗址两者的文化呼应。

其三是机制上互通。要通过建立汉长安城遗址区聚落空间治理机制、汉长安城遗址区聚落空间治理监督实施平台，将遗址区聚落空间治理成果与基层干部领导的任务和政绩挂钩，使村落和遗址间形成村落—

遗址的共管，以促进村落和遗址的关联①。

（二）村落和村落的连通

其一，要进一步促进村村间空间和功能的联系。在历史道路格局与水网格局的基础上，提升村落之间的交通连通度。要结合原有的村落肌理，串连村村之间的"断头路"并在主路上设立公交站点；要随着遗址旅游的进一步展开，在汉长安城遗址区内开通旅游环线并配给电瓶车。

其二，要进一步加强村村之间情感和要素的联系。原本为一个整体的村落，由于历史、政策等因素而发生了行政区划调整和空间分离，为此可结合村落历史沿革，从生活习惯、民风民情等非物质层面发掘村村之间的默契和渊源，进而建立内在联系；可以加强经济和产业的合作，如建立景区共同承接城市产业等；也可以组建以历史村名冠名的秧歌队、足球队等，以建立新的社会联系。

三 村落内部的连通

村落内部的连通主要是体现在制度与人际关系层面上。在互联网社会背景下，可利用网络建立居民网上门户，统计居民的基本信息，并实时发布与居民生活相关的信息②；要努力构建"政府组织、精英引领，居民融入"的村民参与治理模式。在此基础上，努力搭建以亲朋、邻里、老乡、同事等个人关系网为基础的、与政府组织相结合的社会网络，促进村内原住民与外来人口的良性互动和连通。

第三节　基于冗余性的遗址保护与民生发展协同对策研究

结合前文对遗址区村落系统冗余性的分析，其冗余度提升具体包括

---

① 辛士午：《汉长安城遗址区聚落空间治理研究》，硕士学位论文，长安大学，2021年。
② 周飞：《汉长安城遗址区民生发展的现状、问题与策略研究》，硕士学位论文，长安大学，2018年。

"补强"与"挖潜"两大策略。

"补强"主要是结合鲁棒性策略，加强遗址区村落基础设施和公共服务设施建设。考虑到遗址区文物保护政策的限制，对于满足居民基本生产生活需求的基础设施和公共服务设施的补充是其当下首要考虑的问题。基础设施补强策略，可考虑在保障遗址及其环境安全的基础上，结合"未来国家文化公园建设对旅游基础设施及公共服务设施的需求以及周边城市对区域性设施的配给需求"，展开不同空间尺度需求导向下的基础设施和公共服务设施建设。此外，结合数字城市和智慧社区，对与遗址保护不冲突的数字基础设施的建设可较早提上日程并率先在遗址区推广，其冗余性也应该得到较早显现。

与"扩"和"补"的策略相对应，遗址区村落冗余性提升还包括在遗址环境整治导向下人口容量的有序控制和渐次疏解。可以想见，随着外来人口的优化和疏解，遗址区村落基础设施和公共服务设施的冗余度也将得到提升。

"挖潜"主要是针对遗址区村落系统现有的资源禀赋，在文化冗余度、空间冗余度、生态冗余度、景观冗余度、农业冗余度等方面的潜力挖掘与提升。

首先，对于文化冗余度而言，应考虑在遗址区层面通过考古研究、价值评估、文化策划，进一步建构汉长安城的文化谱系，使得遗址区丰厚的文化在未来西安市的发展中发挥作用；在村域层面也应充分发掘本村各类文化资源并梳理其类型与特征，力图借助冗余的、丰富的文化资源助力遗址区村落未来的乡村振兴。

一方面，相比"现今仅有少数村落开展低水平、同质化的文化旅游的实践"，如同亏缺的基础设施，汉长安城遗址的文化资源利用还远远不够。实际上，这些低质量的文化旅游实践，更多表现为资源类型和开发模式上对其他遗产区域的简单效仿。若各村潜心研究并深度挖掘其村落的文化特色和价值，其遗址旅游与文化策划同样会卓尔不群。因此，以"冗余性"为指针，在遗址区村落系统文化资源利用中展开更为精

第九章 基于韧性属性特征的汉长安城遗址保护与民生发展协同策略研究

深的考古研究与价值分析,即便是早期可能会出现重复和同质,但通过不断尝试,"哪些村适合做文化,哪些文化模式又适合这些村"等命题将会被理清。这也是日后各村文化研究与探索的第一步和未来文化旅游升级和优化的基础。

另一方面,这些看似重复且略显冗余的汉代文化资源,实质上放在西安市或更大范围内将显得较为稀缺,更容易发挥其集聚优势。相比唐文化,汉文化的开发和利用还任重道远,汉文化虽然丰富但现多作为隐匿的未利用资源而无人知晓。从2011年的世界园艺博览会到2021年举办的第十四届全国运动会,这些西安发生的大事件的文化策划与宣传中,汉文化毫无存在感可言。因此,目前遗址利用不应过度纠结于同质的汉文化而带来的竞争,而是应以冗余性为导向,致力于挖掘与利用其丰厚和多样的汉文化资源。不难想象,随着日后西安作为国际旅游目的地和国家的文化中心,势必需要更多的文化支撑,而"对这些冗余的、多样的、丰富的文化资源发掘和文化谱系梳理"必将成为有效彰显汉文化并克服低水平、同质化文化利用的基础。这些冗余的文化资源亦将成为村落、遗址和城市协同发展的关键前提。

其次,作为占地面积37.8平方公里的大遗址,汉长安城遗址区村落拥有城市较为稀缺的大面积的空间资源及其所藏匿的丰富的生态资源和景观资源。

在经历了遗址保护、环境整治、农业"大棚房"治理等一系列的专项行动之后,闲置用地成为了近些年来以上行动的一个遗留问题。然而,辩证地看,这些闲置用地也是未来遗址区发展冗余的空间、生态和景观资源。应该说,对于西安主城区而言,遗址区是少有的一个"城中村",其低密度的建成环境和闲置的土地均构成冗余的空间资源,以及未来潜在的生态资源和景观资源。为此,应充分探究遗址区的多元功能,并发挥其空间、生态、景观方面的冗余性。在保障遗址保护、生态保护及耕地保护要求的基础上,着力通过闲置用地规划与统筹,创造多样的空间并发挥其多元功能。例如,未央宫遗址区公园在不同时节营造出多样"果蔬和植被"景观并策划了丰富的节事活动，中秋前后连续推出的"云赏粉黛乱子草、柿子红了、不负秋光"等项目，并已产生较好的社会效益和环境效益。若经过合理整治与精心策划，遗址区多数村落的闲置用地均可创造同样的景观效果与生态效应。如此，现有看似冗余的闲置用地，实质上在未来遗址区和西安市的发展中将成为重要的弹性发展空间和活力场所。

此外，西安市为保护遗址、保护耕地并协调区域性土地资源，一些遗址区外的农业用地正在向汉长安城遗址流转。据此，面对未来冗余的农业用地，组织专业的农业科技力量，对遗址区耕地保护及其农业发展进行专门化的协同研究，克服土地污染与地下遗迹保护等桎梏，推广蔬菜大棚和无土栽植等对地下文物冲击较小的农业，在保护耕地与保护遗址的同时，发挥这些农业用地更多的冗余功能，进而实现其经济价值和景观效应。

第四节　基于适应性的遗址保护与民生发展协同对策研究

遗址区村落系统的适应性策略主要体现于以下两个方面：第一，对于文物保护与利用、遗址环境整治、考古勘探和发掘、景区开发等重要事件的适应和调节；第二，表现在对于现有遗址区，多数村落非正规产业转型过程中的适应。

首先，前文已经发现，对于重要事件，遗址区表现出了诸多不适应性，并产生了强烈的阵痛感。为此，提升这类事件的适应能力尤为重要，该类事件的应对方式具体包括以下几点：

其一，作为遗址区村落，常年来受到遗址保护政策的管制，充分考虑系统的动态性，在民生导向下，应该借助遗址区拟建国家文化公园的契机，将当下遗址区基础设施建设，与未来国家文化公园基础设施建设，耦合在一起。例如，现在从樊寨村到讲武殿村沿着历史道路铺设排

第九章 基于韧性属性特征的汉长安城遗址保护与民生发展协同策略研究

水管网,既可满足村民近年来的生活需求,也为未来道路遗址利用提供了基础。日后,随着各级政府对于遗址区村落资金投入进一步加大,可进一步推动该类工程,并推进村庄的环境整治,以渐进改善遗址区村落的基础设施状况。一方面,将近期村庄基础设施建设和中远期遗址文化旅游的配套设施建设结合;另一方面,将村庄的环境整治、闲置用地整治、公共空间营造与国家文化公园生态修复工程、景观提升工程结合。

其二,环境整治对遗址区既有不规范产业进行大规模清除,其拆除后留下的闲置用地,应借助临时性景观对其进行过渡。遗址区内的临时性景观可从场地类型、事件类型、人群类型、季节类型等方面进行景观绿地的分类,从临时性建筑、临时性设施、临时性艺术装置等角度入手,借助遗址区中的地形地势、植物花卉等营造临时性景观空间。可以想见,兼具有动态性(短效性)、生态性、灵活性、多样性、展示性、社会性、经济性等特点的临时性景观将为遗址区公共空间活力再现、生态环境改善、区域文化植入以及场地适应性提升提供可能。

其三,随着汉长安城考古工作的进一步开展,遗址区可能由于考古勘探和发掘,有新的重要遗址和遗迹发现。针对这类考古工作渐进性等时间动态问题所产生的不确定性,需建立动态评估和长效监测机制[①],以确保政策制定及时反映考古实时信息。在此基础上,在遗址区层面应建立针对动态考古工作的土地调整和储备应急政策。例如,近期一些村落开展的将区外耕地向区内进行土地流转与置换的探索,在一定程度上增加了非建设用地;而在流转和置换过程中,尝试将新确认的地下文物埋藏区和这些非建设用地叠合,可以降低居民生产生活对遗址的干预和扰动。

其四,不论是考古遗址发现,还是未来越来越多的遗址公园建设和

---

① Hughes T. P., Bellwood D. R. and Folke C., et al., "New Paradigms for Supporting the Resilience of Marine Ecosystems", *Trends in Ecology and Evolution*, Vol. 20, No. 7, June 2005, pp. 380 – 386; Duan Biggs, Franck Courchamp and Rowan Martin et al., "Legal Trade of Africa's Rhino Horns", *Science*, Vol. 339, No. 6123, March 2013, pp. 1038 – 1039.

景区开发（比如，国家公园导向的长乐宫和桂宫等），势必会有一些村落由于遗址开发或是原有聚落空间承载力不足而面临搬迁。在这些过程中，一方面，要关注原住居民与常住于此的非户籍人口在过渡期的保障，另一方面，则要充分考虑到村落搬迁后给周边村落带来的环境变迁和临时性人口承载问题。要有序部署搬迁村落周边区域临时性与过渡性的交通组织，在过渡期着力维持周边村落的社会秩序，合理吸纳搬迁村落的居民，积极配套物质和情感的双重性保障的政策与措施。

其五，随着遗址区越来越多的遗址公园建设，当部分村落面临发展机遇时，应激励各村进行主动适应和转型，将村内的遗址和文化与遗址公园的建设形成协同发展，而非像当下阁老门、夹城堡以及讲武殿等村落那样抑或准备不足、抑或还在"纸上谈兵"。

其次，适应性还表现在对于现有遗址区多数村落非正规产业转型过程中的适应。

随着遗址区村落产业的规范，许多村落非正规产业面临冲击需要转型，建议在该过程中充分利用现有的组织和模块（多数以村委为主）进行有序转型。这些组织和模块多以村委会成员或当地乡绅为主，同时也包括非户籍人口以亲缘和业缘形成的新的核心组织，通过自上而下激励和自下而上动员，充分发挥这些群体在转型过程中在过往的"小盆中"所积累的适应性、组织性、学习性与灵活性等局部韧性的经验。

需要注意的是整个的适应性提升过程中，在时间维度上对于以上适应措施还应该实施韧性监测、评估、实施及管理工作平台构建，通过数据的实时更新较为灵活的及时的修改应对策略[①]。在此基础上，在村一级也应通过建立社区应急防御机构对相关适应措施进行动态的监督、管理、纠偏、提升，进而提高居民个体及组织的适应能力。

---

① 冀剑雄：《汉长安城遗址周边乡村聚落韧性发展研究》，硕士学位论文，长安大学，2020年。

第九章　基于韧性属性特征的汉长安城遗址保护与民生发展协同策略研究

第五节　基于自组织性的遗址保护与民生发展协同对策研究

遗址区系统的自组织性提升主要包括遗址区层面村落系统自组织性的提升和在个体村落中乡村内部自组织性的提升。

就系统自组织性而言：以下几方面问题应成为遗址区村落系统提升的关键。

就遗址区村落系统而言，首先应在治理结构上为自组织留有一定的接口和通道。为此，遗址区应在规范"世界遗产组织—国家文物局—陕西省文物局—西安市文物局—汉长安城遗址区文管所"这一自上而下的遗址监管体系的前提下，着力疏通自下而上的社会治理通道，进而构成双向互动的跨层级管理体系；在此基础上，遗址区还需在地方层面进一步加强各村落内不同微观主体、各村之间、村委会—文保部门—地方政府之间的短程沟通与多边联动，进而通过横向互动与纵向联通的相互支撑，建构遗址区多层次、立体化并具有自组织空间的治理结构。

其次，为进一步提升遗址区治理体系的自组织力量，遗址区可考虑在建构立体化治理结构的基础上，借鉴社会网络理论[①]，培育一个链接各尺度不同利益群体的社会网络。社会网络的嵌入可考虑先以论坛、研讨会等形式吸纳各层级的不同相关利益群体以及不同角色的参与者进行定期的会晤与讨论；在交流信息、促进学习、建立信任、并识别相互依存关系的基础上，可借助遗址区办公室、生态博物馆等形式建立由各层级利益代表所组成的正式的可信中介机构。机构成员不仅包括世界遗产组织、国家、省市等各级文物部门的代表，也包括与遗址区相关的地方

[①] Bodin O. and Crona B. I., "The Role of Social Networks in Natural Resource Governance: What Relational Patterns Make A Difference?", *Global Environmental Change*, Vol. 19, No. 3, June 2009, pp. 366 – 374; Newman L. and Dale A., "Homophily and Agency: Creating Effective Sustainable Development Networks", *Environment, Development and Sustainability*, Vol. 9, No. 1, February 2007, pp. 79 – 90.

各部门的代表；不仅包括各相关专业的专家学者、企业代表，更包括市民、地方精英、村领导以及各村的居民和外来人口等核心利益相关者的代表。有鉴于遗址区层次性和嵌套性系统结构特征，社会网络分析也应关注以村为焦点的子网络。与此相应，网络节点应增设次一级的桥接组织（分机构、分论坛或分会场等），必要时甚至于可以专门就某一典型村落的保护与发展举办专题论坛。

就个体村落而言，乡村内部自组织性的提升也需关注以下几方面。

首先，对于我国目前的制度环境而言，基层党组织是社区治理领导核心。为此，遗址区各村应通过发挥党组织的号召性，整合村内党员、返乡精英、企业人员等优秀人才，或通过社会组织和乡村精英"一肩挑"制度，培育和发展社会党员更好地服务于村民，以服务实现党建引领乡村社区治理[①]。需要注意的是，党建引领还应积极贯彻"党风廉政建设"的相关要求，遏制并监督村领导的贪腐行为，以提升村领导这一体制内精英在民众心目中的公信力，建立地方信任[②]。

其次，遗址区街办和村委会应通过放权、归权、赋权，减轻政府压力。例如可通过购买服务、招商引资加大公共产品的投入，改善遗址区基础生活设施落后的局面；也可通过现有组织和模块（多以村委会成员或当地乡绅为主，也包括非户籍人口以亲缘和业缘形成的新的核心组织）的转型建立健全遗址区社会组织力量。例如以乡绅为主体建立村民委员会，以非户籍人口建立业主委员会和同乡联盟，通过保留与激活策略让这些自组织回归本位发挥平衡器、监督者、协调者的作用。这些遗址区村落社会组织既可在基层治理中协助基层党组织调解社会矛盾，整合社区资源，培养社区认同感和归属感；也可在未来乡村产业规范和转型中通过其"组织和模块"在过往的"小盆中"所积累的适应性、

[①] 刘想想、陈稳亮：《元治理视域下汉长安城遗址区玉丰村社区治理探究》，《小城镇建设》2021年第10期。

[②] 陈稳亮、赵达：《大遗址保护与区域发展的协调性规划探索——以汉长安城遗址保护总体规划为例》，《城市发展研究》2012年第4期。

第九章 基于韧性属性特征的汉长安城遗址保护与民生发展协同策略研究

组织性、学习性与灵活性等局部韧性经验,助力遗址友好产业发展。

再次,不论是政府放权、赋权还是社会网络建构,对遗址区居民(包括外来人口)热情的激发都尤为重要。目前,由于遗址不利用或利用不力,多数村落居民对于遗址的印象浅、情感淡,居民和外来人口之间也存在隔阂,这显然不利于遗址区村落社区内生力量的激发。为此,应在空间上积极推进村域遗址保护展示工程,通过村落内非物质文化的空间化推进文化地标建设,鼓励并倡导遗址区内当下一些村落已自发组织的保护古树、重建宗祠、编写村志等文化精神标识保护行动。

需要注意的是,以上文化利用活动应有效和遗址区绿色空间、公共空间、休闲康体空间和设施的营建相结合。例如非物质文化空间化和"闲置用地治理与临时性景观建设"结合,文化地标建设和农业大地景观设计结合。可以想见,以上文化利用活动在保护工程和空间营建过程中势必会引起包括外来人口在内的居民的关注,进而激发其属地精神和文化自豪感,从而自发参与社区文化建设与发展。而这些空间行动所营造的文化空间势必会发挥其社会效应,为居民间、原住民和外来人口间交往和沟通提供平台。在此基础上,依托这些公共文化空间举办一些秧歌、赛诗会、社区角等公共活动,将进一步促进原住民和非户籍人口融合,增强遗址区乡村的社区邻里感与社区认同感,进而为遗址区村落社会组织的发展及其自组织性的提升打下坚实的基础。

第四,在当下互联网经济社会背景下,遗址区村落自组织性的提升应适时利用微时代新媒体技术的展示与交流优势。例如可通过在社区人群中成立虚拟社区的方式,利用网络引导居民主动参与遗址保护利用;也可通过设置移动 App 等方式,借助互联网移动终端为遗址区居民提供参与基层社会治理的平台和机会。最后,结合"互联网+"建立多元沟通渠道,扩充居民参与的范围、领域、深度,进而开启以人为本的精细化、智慧化遗址区村落韧性发展模式。

第六节 基于学习性的遗址保护与民生发展协同对策研究

对于遗址区村落而言,学习的对象既包括对于国外文化遗产地社区保护与发展协同的学习(如日本奈良县明日香村农用空间与考古遗址共存形式实现地域经济的整体发展),也包括对于国内大遗址保护区村落发展的学习(安阳殷墟的村落),同时也包括对陕西和西安市城郊范围内其他相似制度环境下的乡村振兴的学习(袁家村等村落)。这其中既包括村落系统整体模式的借鉴,也包括单个村落具体发展的学习(其中也包括内部村与村彼此的互鉴与学习)。而学习的内容涵盖如无土栽植这类适用性农业技术借鉴,也包括文化旅游产业模式,更包括在遗址区保护与利用过程中乡村发展机制体制的方方面面。例如,阁老门村学习采用新技术与新模式强化公众对遗址保护的认知与意识,如对考古探明的覆盎门、长乐宫遗址覆土标识化展示;应用3D打印、AI、AR等"新科技+"手段展示遗址保护工作及宫殿兴衰故事;建立青少年考古学习与体验基地;通过App、公众号、媒体平台等宣传历史传说、遗址保护工作、村史等。

相比"从哪学,学什么的问题",遗址区学习性更重要的体现在"学习方法"的选择和"学习能力"的培育、保障。

首先"学习方法"的选择包括基于自身的经验与教训的反思和借鉴他山之石的创新性探索。

基于自身的经验与教训的反思首先要建立形成长效的监督、管理、纠偏机制,以提高个体及组织的社会学习与转化适应能力。该能力具体体现为:适时监测并转化系统动力学的反馈,将村落受外界扰动产生的危机转化为乡村系统进一步发展的契机。例如对作为违章建筑的"鹿鸣"球场在文保部门的指导下进行改造与更新,以满足北郊市民的康体健身需求和村民依托球场外围开展地摊经济的民生诉求。需要注意的是，反思性学习过程应注重吸收在地性经验，对居民（包括长居于此的非户籍人口）意见保有充分的尊重。并将这一公众咨询贯穿学习和创新的全过程，在机动性纠错机制下对学习与创新的阶段性成果与居民对接，并及时对居民意见进行归纳、总结。

借鉴他山之石的创新性探索包括对外部经验吸收和村村互鉴。该过程应首先结合自组织性中的平台和社会网络，进一步通过沟通并在自我经验反思基础上展开一种集体的学习与探索。学习过程中针对整体模式、机制体制的借鉴和创新时，应善于发挥桥接组织和中介机构的智库作用，集思广益对"模式和经验"进行情景模拟和适用性研究，以保障这些对于遗址区村落的顶层设计能够在村落系统中落地。而村落层面的学习和探索，不论是对外部经验的学习还是对遗址区其他村经验的借鉴，都有必要结合村情进行灵活性的创新。

其次在"学习能力"维持和保障方面还应重点考虑以下三方面问题：

其一，在学习性提升的保障方面，应着力培育学习的主体，这里除却进一步吸纳城市和返乡精英外，也包括对原住民、部分外来人口以及基层公务人员和村领导的培训，该过程应充分利用西安市高校众多的科技资源优势，聘请文保、旅游、规划、景观、农业、经济等不同领域专家为其授课，以进一步提升其学习能力。

其二，"学习能力"除了培育人之外还要能留住人、吸引人。在此导向下应加强人才队伍（返乡精英、创客、大学生村官）建设机制，构建人才服务平台。在此基础上结合多样性产业设计和景观营造为这些人才创造良好的就业机会、创业环境；此外，结合前文所提及的村落与遗址区外的要素连通性，通过与企业、高校及科研院所合作，引入社会资本，建立长效的人才资金保障制度。

其三，在学习主体培育，人才吸引、建设的基础上，为"学习和创新"营造一个包容氛围和适应性的环境尤为重要。有鉴于此，应以原住民"熟人"社会关系为关系纽带，将原住民与房客；外来人与"老乡";村委、能人与学者、精英;社会团体、政府部门、研究机构、企业等团体进行有效组织,进而形成密切联系、层层递进的社会学习网络并构成牢固的契约关系。需要注意的是,学习和创新环境的塑造与适应性相似,可包容过往遗址区村落发展中"维持小球在小盆中局部韧性"的学习模块和组织方式,并保留其"相互借鉴学习、经验分享"的氛围,在规范其价值导向的基础上,探索"遗址友好"的发展模式并嵌入以上模块和环境中,在新的遗址区相关产业和文化创意产业中继续发挥该学习模块和组织方式"学习性、灵活性、适应性和创新性"的韧性特征。

第七节 基于多样性的遗址保护与民生发展协同对策研究

多样性对于遗址保护与民生发展协同策略研究的启示主要体现于对于遗址区村落系统而言的多样性以及作为子系统各村落内部的多样性。

首先,遗址区村落系统的多样性主要体现于以下两方面:

其一,就整体而言,每个村禀赋及立地条件不同,如此,应顺应现状条件,明确不同村落差别化的发展模式,考虑到遗址环境保护要求,需要摒弃现有以非正规产业为主导的产业格局。然而这种摒弃也并不意味着旋即不切实际的开展粗放的文化旅游,即便是曾经红极一时的宣平里,也因村集体低水平的文化资源利用而使得现有的文化综合体景区举步维艰。因此,做文化旅游,一定要审慎,并且有较好专家支持、制度保障,以及高水平文化旅游规划与设计和更为专业运营团队等多方条件满足后再展开。而在过渡期,也可保留一些遗址低冲击性的特色产业(如高庙村的芦荟种植、扬善村的印刷产业、阁老门村依托鹿鸣球场的运动产业等)。

其二,就文化多样性而言,每个村可以发掘的物质文化(汉代遗址、其他不同朝代的历史文化遗址)和非物质文化(汉代、其他朝代非汉代体系历史文化、每个村的地域文化），仅就汉代都城遗址而言，遗址区每个村落周边都有不同类型的遗址（不同的宫殿以及道路、河流、城墙这些线状遗址的不同节点和区段），因此只要尊重历史、潜心挖掘，以村落或若干村落群为单元的遗址区系统多样的文化谱系必将显现。需要注意的是，在文化多样性的表达上，在以经济导向酝酿文化旅游和遗址旅游的同时，应充分利用文化对于其村落景观和公共空间的塑造。例如未央区新近给每村的财政支持除了投入面子工程的村庄整治和洗脸拔牙式的建筑立面整治外，也应重视文化村落景观设计和旅游策划，并将资金投入到村落历史性环境的重塑和文化景观与公共空间的营造上。应该说智力资源投入给每个村子带来的可识别性的提升，对各村特色的保护和整个遗址区系统多样性的增强意义重大。

其次，遗址区村落子系统多样性保护与提升主要体现于以下三方面：

其一，各个村落的产业而言，一定要注重现有产业的多元化和多样性。以楼阁台村为例，村内除了宣平里景区外还有一些花卉种植，而宣平里景区内的文旅项目也有一定的复合性，除了历史遗址复原和展示及其相关展演活动外，还有古玩一条街、花卉大棚、儿童乐园、特色餐饮等，应该说这些不同层面的多样性，使得楼阁台村在近两年文化策划"江郎才尽"而引致文化旅游惨淡经营的情况下，依然维系着宣平里景区和乡村经济的基本运营。因此，一些村落完全可以在延续其传统产业的基础上，引入遗址环境友好型的多元化产业。如扬善村可依托其传统印刷业在东扬善村继续拓展目前的锦旗制作集群，并延续蔬菜批发等传统业态；与此同时可在西扬善村利用闲置用地开展以花卉种植为主的田园综合体建设。

其二，遗址保护与民生发展协同视角下，现有的产业多以非正规为主，然而对于多数村落而言，这些产业又是各个村落居民生计的关键。2018年后的环境整治和大棚房清理风潮给各村带来的阵痛和冲击是全方位的。由于产业的前后向关联，主导产业或主要产业受到冲击后，会影响一系列相关服务业的发展，不利于村落产业多样性的保护。针对这一教训，遗址区的产业策略，应该以产业间的共生为导向，采取渐进式、分阶段、软着陆的方法，按照对遗址扰动的程度，有序实施产业淘汰、转型、优化和升级。一方面，产业应该朝向遗址相关产业转型，如通过一些小作坊的转型与迭代发展文化创意产业。在保留原住民及部分精英外来人口的同时，通过多样化的遗址相关产业吸引大学生、创客、艺人等创意群体来此创业与发展。另一方面，应该扶持一些服务于城市的产业，进而发挥遗址区乡村产业的跨尺度效应，实现其功能在多个空间尺度的复合。例如高庙村拥有西安市一级的芦荟种植基地，阁老门村的鹿鸣球场一直是西安北郊重要的区域性足球运动基地。此外，景区周边村落如徐寨村和阁老门村的餐饮业也可结合不同服务对象，突破现有以城中村低端服务为主的业态，开展不同规格的、多样化的餐饮服务。例如面向外来游客的特色美食与高端餐饮服务，面向城市观光者的精品农家乐；面向居住于此、工作于城市的外来人口的中档餐饮；也应保留一些匹配于遗址区建设工人等低消费群体的实惠的便捷餐饮。

其三，应注重产业和人群的区域性服务功能，尤其是培养一些在城市工作中的群体，让扬善村、玉丰村那样的城中村更多地承担如城市住区的生活功能。该过程不仅将提升遗址区村落人群的素质和发展平台，为遗址区乡村产业发展和优化提供了基础，这些"城市人"的日常生活和消费也会进一步保证遗址区村镇服务业的活力和可持续性。需要注意的是，在这一产业多样性提升过程中，原住民不能再单一仰赖房租或地租为生，而应通过参加培训使其融入未来多元的遗址低冲击型产业中，融入不同层次的小微产业和服务业中。通过产业多样化发展进一步为原住民创造就业和自我提升的机会。而在该过程中也应保障居民决策权，鼓励政府引导下的公众参与，进而提升治理的多元化和决策主体的多样性。

第十章 总结与展望

第一节 主要结论

常年来汉长安城遗址保护与民生发展的矛盾一直存在，遗址区居民生计问题成为困扰遗产保护领域的一大难题。回顾数十年的发展历程，在文物保护与城市发展的共同影响下，汉长安城遗址区村落始终未能协调好自身发展和遗址保护的共生问题。近年来，受城市发展和未央宫"申遗"、汉城湖开发等遗址相关事件和一系列生态与社会治理攻坚行动的冲击，各村发展在更大程度上受到文物保护、城市扩张、世界遗产申报、景区建设、环境整治等诸多外部因素的交叠影响与耦合作用，遗址区各类"空间单元"实质上处于不同尺度管理要素和跨时空尺度变量的嵌套之中。不同村落在动态演化中呈现出明显的异质性景观并暴露出差别化的多元复杂问题。有鉴于此，本研究基于近20年来对遗址区民生问题的跟踪，在时空观的视域下借鉴"社会生态系统、韧性、多尺度分析等"与人地系统可持续相关的理论、方法对汉长安城遗址区村落系统相继展开了时空研究、机理研究和韧性对策研究，主要得出以下结论：

第一，由汉长安城遗址保护与民生发展的历程可以发现："20世纪90年代中期之前、20世纪90年代中期至2010年、2010年至2018年、2018年至今"构成了汉长安城遗址保护与民生发展典型的四个阶段。而20世纪90年代中期开始加速的城市化、2010年遗址总体保护规划颁布实施并开始筹备"申遗"以及2018年在遗址区开展的一系列环境整治政策，使得这三个时间成为遗址区民生发展的拐点。选用2005年末和2018年初五个相同村落居民满意度和保护态度的相关问卷进行了对比研究可以发现：遗址区12年来出现了"居民各项指标的平均满意度提升，邻里关系满意度不升反降；遗址区居民整体搬迁意愿变强，毗邻遗址公园村落居民搬迁意愿不降反升；遗址区居民对遗址保护的关注度下降"等趋势。与此同时，各个村落的变化情况在每项指标上存在"村与村之间"的明显差异。

第二，不同时间阶段，不同外部环境，村落的类型也会发生变化。从2018年初对五个典型村落的民生发展空间对比可以发现，遗址区不同类型村落的发展在不同的需求层面已产生了明显分异：外向性较好的扬善村和阁老门村的居住需求、情感需求的满意度较低；距遗址和景区较近的夹城堡村和阁老门村对就业需求满意度较低；在五村居民对参与和权利需求普遍较低的整体状况下，夹城堡村和徐寨村对参与和权利需求的满意度更低；受多种因素影响，位于遗址腹地的讲武殿村对休闲娱乐和交通需求的满意度极低。

第三，汉长安城遗址区村落民生发展差异性受到不同空间层面因素的影响，其中包括：宏观层面的文物保护政策限制、世界遗产地申报、乡村振兴战略实施、环境保护，中观层面的城市化、非户籍人口影响以及微观层面的乡村社区发展和景区开发。进一步从国家—地方—社区—个体等系列层面研究不同焦点所需要协同的重点问题发现，遗址保护与村落发展关联呈现出的情景可能性多、机理关系复杂等状况，需要展开时空耦合的系统研究，并探求不同时空尺度之间的跨尺度关联。

第四，作为一个复杂的社会生态系统，汉长安城遗址存在不同空间、不同时间和不同维度的跨尺度作用。就尺度间相互作用的轨迹而言，不仅遗址区与各村落存在分异，各典型村之间也存在显著差别；就尺度间相互作用的驱动力而言，城市层面的经济社会过程成为遗址区系统演化重要的驱动因素；就系统演化的趋势而言，遗址区村落系统未来不仅将经受更多动态跨尺度变量的扰动，还可能面对一些不确定的政策变化所引发的系统波动。多尺度分析较好揭示了遗址区复杂问题时空相互影响的轨迹和机理，对遗址区的系统动态进行了有效观察，该方法也较好地提示了处理遗址区村落复杂民生问题的路径。同时多尺度特征作为一个理论的桥梁，或者说作为韧性特征的一部分，已经较为明显地揭示了"遗址区复杂时空问题和韧性理论"结合的必要性和适宜性。

第五，不论就遗址区村落系统可持续发展目标而言，还是从时空观视角切入，抑或基于盆地模型对遗址区村落系统进行分析，均可推理和分析出"韧性理论对于遗址区村落系统的适用性"。有鉴于此，基于适应性、鲁棒性、连通性、多样性等韧性属性特征视角展开"遗址区村落相关事件的韧性判识、分析以及对策研究"，不仅更易于弥合"村落系统韧性"这一宽泛概念与遗址区村落系统具体事件的鸿沟，使遗址区现有的村落系统和各村落的时空现象得到具体的阐释与解读；也更有利于在管理韧性中使具体的属性特征与未来的协同策略相结合，使宏大的韧性管理目标得到具体的分解与落实。

第二节 研究展望

民生问题需要跟踪调查与动态研究，由于笔者自身的积淀和资料可获取性等综合因素，本研究在许多方面仅仅进行了有益的尝试，期望本研究能作为"汉长安城遗址区民生问题"系列研究的一个节点，对日后汉长安城遗址区保护与民生发展的协同有所启示。通过本书的研究心得，笔者认为后续研究还需在以下方面继续探索。

首先，在研究对象上，本研究仅仅关注了遗址区未搬迁的33个村落中的典型村落，对已搬迁村落的研究关注较少，实质上已搬迁村落居民的搬迁、安置及其相关生计安排问题同样是汉长安城遗址民生问题日后需要予以关注的重点。

其次，在研究方法上，本研究更多聚焦于多尺度分析模板建构和不同焦点多尺度的分析和模拟,主要还停留在单模板分析阶段,实质上多尺度分析还可进一步在单模板分析的基础上进行不同类型村落的多模板比对,以及将"即时性政令"带入多尺度分析模板,继而展开政策实施的情景预测、路径模拟和轨迹与效用分析。如此,遗址区系统各种要素相互作用的时空分辨率也将有效提升。多尺度分析的政策评估与动态监测功能也将被进一步释放。

最后,在对策研究上,本研究借助韧性属性特征较好地组织了韧性对策框架,然而韧性属性研究所提出的分项策略之间是否矛盾,如何在公共政策的框架下有序实施,并能持续发挥效应。据此,汉长安城遗址区民生问题研究未来还应专注于建立一套"模拟、评估、反馈、调节"的动态监测和管理机制,以应对即时性政令给遗址保护与民生发展协同所带来的不确定性挑战。

参考文献

Brian Walker、David Salt：《弹性思维：不断变化的世界中社会—生态系统的可持续性》，彭少麟、陈宝明、赵琼等译，高等教育出版社 2010 年版。

蔡定昆：《人性时空视角下区域发展的哲学探析》，《当代经济》2020 年第 11 期。

蔡庚洋、贺俏毅、姚建华：《时空视角下的地下空间规划编制体系及内容探讨》，《地下空间与工程学报》2017 年第 5 期。

陈丽娟：《汉长安城未央宫考古遗址公园使用状况调查与功能研究》，硕士学位论文，西安建筑科技大学，2020 年。

陈同滨：《中国大遗址保护规划的多学科研究》，转引自徐嵩龄《文化遗产的保护与经营：中国的实践与理论进展》，社会科学文献出版社 2003 年版。

陈稳亮：《大遗址保护与区域发展的协同——基于〈汉长安城遗址保护总体规划〉的探索》，西北大学出版社 2015 年版。

陈稳亮：《大遗址保护与区域发展的协同》，博士学位论文，西北大学，2010 年。

陈稳亮、冀剑雄、宋孟霖：《多尺度视域下的大遗址治理模式研究——基于汉长安城遗址的实证分析》，《城市规划》2021 年第 4 期。

陈稳亮、励娜：《大遗址保护与新农村建设的协同——以汉长安城遗址区周家河湾村新农村规划为例》，《规划师》2011 年第 1 期。

陈稳亮、孙圣举、高忠等：《共生还是绝离？——居民融入汉长安城遗址保护与发展问题探究》，《城市发展研究》2014年第11期。

陈稳亮、杨新军、赵荣：《城郊大型遗址区农村居民生活质量研究——以汉长安城遗址保护区为例》，《规划师》2007年第2期。

陈稳亮、张祖群、赵荣：《大遗址保护的PRED协调发展案例与模式——基于汉长安城的实证与思考》，《城市规划》2006年第7期。

陈稳亮、赵达：《大遗址保护与区域发展的协调性规划探索——以汉长安城遗址保护总体规划为例》，《城市发展研究》2012年第4期。

陈晓磬：《基于时空视角的旅游地理学内容研究》，《地理与地理信息科学》2011年第1期。

陈幺、赵振斌、张铖等：《遗址保护区乡村居民景观价值感知与态度评价——以汉长安城遗址保护区为例》，《地理研究》2015年第10期。

邓位：《化危机为机遇：英国曼彻斯特韧性城市建设策略》，《城市与减灾》2017年第4期。

杜金鹏：《新世纪中国考古新常态》，《华夏考古》2017年第4期。

段春娥：《论汉长安城遗址的保护与开发——从遗产地社区居民参与视角谈起》，《秦汉研究》第12辑，西北大学出版社2018年版。

樊海强、袁寒：《大遗址保护与利用互动发展新模式——汉长安城保护与利用总体规划》，《规划师》2008年第2期。

范承泰：《农村地区遗址保护利用问题的思考——以山东地区为例》，《中国文化遗产》2017年第2期。

范小青、张世超：《时空视角下中国撒拉族的族群身份建构》，《青海民族大学学报》（社会科学版）2020年第2期。

风笑天、易松国：《武汉市居民生活质量分析》，《浙江学刊》1997年第3期。

付立华：《社会生态系统理论视角下的社区矫正与和谐社区建设》，《中国人口·资源与环境》2009年第4期。

傅清远：《大遗址考古发掘与保护的几个问题》，《考古》2008年第

1期。

葛怡、史培军、周忻：《水灾恢复力评估研究：以湖南省长沙市为例》，《北京师范大学学报》（自然科学版）2011年第2期。

贺钰涵：《汉长安城遗址保护与文化产业集群协同发展研究》，硕士学位论文，西北大学，2017年。

贺云翱：《让文化遗产"活起来"》，《大众考古》2022年第2期。

洪波：《全球化时代人类命运共同体的时空景观》，《理论导刊》2022年第4期。

胡代光、高鸿业：《西方经济学大辞典》，经济科学出版社2000年版。

季佳慧：《汉长安城遗址区阁老门村保护与发展协同策略研究》，硕士学位论文，长安大学，2019年。

冀剑雄：《汉长安城遗址周边乡村聚落韧性发展研究》，硕士学位论文，长安大学，2020年。

冀剑雄、陈稳亮：《大遗址乡村社区的韧性发展研究——以汉长安城遗址区阁老门村为例》，中国城市规划年会论文，重庆，2019年。

焦陇慧：《基于特色文化空间构建的大遗址文化产业集群空间规划布局策略研究》，硕士学位论文，西北大学，2021年。

焦陇慧、朱海霞、倪俣婷等：《文化产业集群的空间规划与布局策略研究——以汉长安城遗址区为例》，《资源开发与市场》2020年第3期。

金晨：《景观生态学视角下汉长安城遗址区村落的可持续发展研究——以东部四村落为例》，《建筑与文化》2022年第2期。

金田明子：《城市大遗址区整体保护与更新研究》，硕士学位论文，西北大学，2009年。

景天魁：《时空社会学：一门前景无限的新兴学科》，《人文杂志》2013年第7期。

景天魁、邓万春：《发展社会学的时空视角》，《甘肃行政学院学报》2009年第6期。

卡特琳娜·巴克、安琪·施托克曼：《韧性设计：重新连接人和环境》，

《景观设计学》2018年第4期。

孔若旸：《大遗址保护的环境视野——以汉长安城未央宫遗址区为例》，《建筑与文化》2017年第7期。

李博宇：《基于分形理论的乡土聚落空间形态韧性解析与保护方法研究》，硕士学位论文，山东建筑大学，2022年。

李创新、马耀峰、王永明：《1993—2012年中国入境旅游时空地域格局分异与动态演进——基于全局K-Means谱聚类法的"典型区域"实证研究》，《资源科学》2015年第11期。

李帆、肖蓉、王晓敏：《西安汉长安城遗址区村落整治改造策略研究》，《城市建筑》2019年第36期。

李红波：《韧性理论视角下乡村聚落研究启示》，《地理科学》2020年第4期。

李帅：《基于韧性景观的城市公园空间安全规划设计》，《美与时代》（城市版）2020年第5期。

李彤玥：《韧性城市研究新进展》，《国际城市规划》2017年第5期。

李文勇、何花、王娜：《时空视角的少数民族传统社区文化变迁研究——以甲居和甘堡藏寨"建房换工"习俗为个案》，《西藏大学学报》（社会科学版）2017年第4期。

李文竹：《大遗址保护与村镇发展的矛盾与协同——以汉长安城遗址保护区内北徐寨为例》，《建筑与文化》2017年第4期。

李小建、乔家君：《居民对生活质量评估与区域经济发展的定量分析》，《地理科学进展》2002年第5期。

李小建等：《欠发达区乡村聚落空间演变》，科学出版社2019年版。

李亚娟：《汉长安城遗址保护视角下的乡村旅游开发》，《辽宁农业科学》2019年第1期。

李颖科：《文化遗产保护以人为本：意涵、目的及路径——遗产多重价值的实现与转化》，《中国文化遗产》2023年第2期。

李有发：《民生需求及其结构：一个社会学视角的理论分析》，《甘肃社会科学》2014 年第 5 期。

刘滨谊：《公园城市研究与建设方法论》，《中国园林》2018 年第 10 期。

刘婧荣、陈稳亮：《基于社会冲突理论下的遗产社区发展模式探究——以汉长安城内讲武殿社区为例》，《城市建筑》2019 年第 16 期。

刘军民、徐晶晶：《大遗址保护利用与区域发展的协同性研究——以西部欠发达地区为例》，《城市问题》2014 年第 12 期。

刘科伟、牛栋：《汉长安城遗址保护与开发利用的现状、问题及对策探讨》，《经济地理》1999 年第 5 期。

刘卫红：《大遗址区土地利用管理分析》，《中国土地》2011 年第 9 期。

刘卫红：《田园城市视域下的汉长安城遗址保护利用模式研究》，《西北大学学报》（自然科学版）2017 年第 2 期。

刘卫红、曹金格：《大遗址保护规划：对象、使命和内容框架》，《东南文化》2022 年第 1 期。

刘卫红、田润佳：《大遗址保护理论方法与研究框架体系构建思考》，《西北大学学报》（哲学社会科学版）2021 年第 1 期。

刘文辉：《汉长安城遗址区村落闲置空间活化利用研究》，硕士学位论文，长安大学，2021 年。

刘文辉、陈稳亮：《社区抗逆力视野下的遗产社区保护研究》，《城市建筑》2019 年第 14 期。

刘想想、陈稳亮：《元治理视域下汉长安城遗址区玉丰村社区治理探究》，《小城镇建设》2021 年第 10 期。

刘晓萌：《不同发展阶段的文化遗产类景区社区居民参与研究》，硕士学位论文，西北大学，2016 年。

刘焱序、傅伯杰、王帅等：《空间恢复力理论支持下的人地系统动态研究进展》，《地理学报》2020 年第 5 期。

刘扬：《列斐伏尔空间文化批判理论的再认识》，《文艺理论与批评》2016 年第 3 期。

刘志敏：《社会生态视角的城市韧性研究》，博士学位论文，东北师范大学，2019年。

陆建松：《中国大遗址保护的现状、问题及政策思考》，《复旦学报》（社会科学版）2005年第6期。

吕舟：《面对新挑战的世界遗产（43届世界遗产大会观察报告序）》，《自然与文化遗产研究》2020年第2期。

骆晓红：《大遗址保护中推进乡村振兴的路径探讨——以良渚遗址的保护为例》，《南方文物》2018年第1期。

M. Carmona、T. Heath，Taner O. C.：《城市设计的维度》，冯江等译，江苏科学技术出版社2005年版。

马凤芝、陈海萍：《基于时空视角的健康老龄化与社会工作服务》，《社会建设》2020年第1期。

马世文：《汉长安城遗址区居民点空间布局规划研究》，硕士学位论文，西北大学，2017年。

孟令君、运迎霞、任利剑：《基于RATA韧性评价体系的既有社区御灾提升策略——以天津市河东区东兴路既有社区为例》，中国城市规划年会论文，沈阳，2016年。

孟宪民：《梦想辉煌：建设我们的大遗址保护展示体系和园区——关于我国大遗址保护思路的探讨》，《东南文化》2001年第1期。

倪晓露、黎兴强：《韧性城市评价体系的三种类型及其新的发展方向》，《国际城市规划》2021年第3期。

裴梦斐：《汉长安城国家大遗址保护特区管理体制研究》，硕士学位论文，西北大学，2017年。

裴梦斐：《汉长安城遗址区未搬迁居民问题研究》，《秦汉研究》第10辑，陕西人民出版社2016年版。

邱明丽、刘殿锋、刘耀林：《乡村韧性理论框架与测度体系》，《中国土地科学》2021年第8期。

权东计、霍小平：《大遗址保护与旅游业可持续发展初探——汉长安城保护与利用规划》,《西北建筑工程学院学报》(自然科学版)2001年第4期。

权东计、倪俣婷、焦陇慧等:《遗址保护与乡村规划协同决策支持模型的构建与应用——以秦东陵遗址区军王村为例》,《中国软科学》2020年第S1期。

权东计、任宜欣、朱海霞:《共生视角下的大遗址区遗产社区生活圈营造策略研究——以杜陵遗产社区为例》,《中国软科学》2021年第S1期。

权东计、朱海霞:《汉长安城保护与利用发展战略研究》,《经济地理》2003年第3期。

任德新、楚永生、陆凯旋:《时空观视角:国家治理体系和治理能力现代化的阐释》,《江苏社会科学》2017年第4期。

茹彤:《汉长安城遗址村落文化空间基因修补与优化研究》,硕士学位论文,西安建筑科技大学,2021年。

邵亦文、徐江:《城市韧性:基于国际文献综述的概念解析》,《国际城市规划》2015年第2期。

单霁翔:《全球视野下中国文化遗产保护新发展》,《当代中国与世界》2022年第1期。

申佳可、王云才:《基于韧性特征的城市社区规划与设计框架》,《风景园林》2017年第3期。

沈崇麟等:《中国百县市国情调查第四批调查点问卷调查:调查报告和资料汇编》,中国社会科学出版社2001年版。

苏秉琦:《太湖流域考古问题——1984年11月17日在太湖流域古动物古人类文化学术座谈会上的讲话》,《东南文化》1987年第1期。

苏卉:《文化遗址资源的价值认知及价值提升研究——以陕西汉长安城遗址为例》,《科学·经济·社会》2017年第1期。

孙华:《我国大型遗址保护问题的思考》,《中国文化遗产》2016年第6期。

所萌：《城市边缘区大遗址保护规划研究》，硕士学位论文，中国城市规划设计研究院，2008年。

唐丽娟：《在地文化视角下汉长安城扬善村优化策略研究》，《城市建筑》2020年第5期。

唐龙、余洁：《大遗址保护中的土地问题》，《中国文化遗产》2008年第4期。

唐任伍、郭文娟：《乡村振兴演进韧性及其内在治理逻辑》，《改革》2018年第8期。

唐爽、张京祥、李沐寒：《时空视角下都市圈创新活动分布特征与对策——基于南京都市圈的实证分析》，《现代城市研究》2022年第8期。

王成、任梅菁、胡秋云等：《乡村生产空间系统韧性的科学认知及其研究域》，《地理科学进展》2021年第1期。

王俊、孙晶、杨新军等：《基于NDVI的社会—生态系统多尺度干扰分析——以甘肃省榆中县为例》，《生态学报》2009年第3期。

王璐：《以价值"延续性"为导向的新时代大遗址利用理念方法与活化路径》，《中国文化遗产》2022年第4期。

王鹏、赵君、闫晓娟等：《动态时空视角下黄河流域城市土地利用效率的集聚演化特征》，《中国地质》2023年第2期。

王群：《旅游地社会—生态系统恢复力研究》，博士学位论文，安徽师范大学，2015年。

王升平：《社会科学的发展趋势：分化抑或整合？——评沃勒斯坦等〈开放社会科学—重建社会科学报告书〉》，《社会科学管理与评论》2012年第2期。

王思雨：《基于韧性理论的商洛中心城区生态空间评价及优化研究》，硕士学位论文，长安大学，2021年。

王晓敏：《"生态博物馆"视角下的汉长安城遗址空间环境保护研究》，博士学位论文，西安建筑科技大学，2016年。

王新文、高建洁、付晓萌:《城市型大遗址社会价值研究》,《城市发展研究》2020年第9期。

王新文、张沛、张中华:《城市更新视域下大明宫遗址区空间生产实践检讨及优化策略研究》,《城市发展研究》2017年第2期。

王怡鹤、黄玲、高源等:《时空视角下白洋淀村庄空间规划与治理探索——以淀中四村为例》,《城市规划》2020年第10期。

王兆峰、龙丽羽:《时空视角下的旅游业驱动城镇化机制分析——以张家界为例》,《资源开发与市场》2017年第3期。

吴冲、余压芳、张建新:《社会空间视角下大遗址区乡村地域功能结构研究——以关中5处大遗址区为例》,《人文地理》2022年第4期。

吴浩田、翟国方:《韧性城市规划理论与方法及其在我国的应用——以合肥市市政设施韧性提升规划为例》,《上海城市规划》2016年第1期。

吴其付:《社区营造与乡村旅游社区韧性培育研究——以四川省成都市蒲江县明月村为例》,《旅游研究》2022年第1期。

吴亚娟:《汉长安城遗址区产业发展现状与策略研究》,硕士学位论文,西北大学,2015年。

吴亚娟、权东计、邹辉:《汉长安城遗址区产业发展模式探究》,《安徽农业科学》2014年第8期。

吴娅丹:《对中国城市更新的困境与挑战的再解读——以时空为视角》,《华中科技大学学报》(社会科学版)2016年第2期。

吴铮争:《基于博弈论的汉长安城遗址保护策略研究》,《城市问题》2012年第11期。

伍景琼、贺海艳、苏娜等:《云南省水果产业空间格局及其物流网络设计》,《经济地理》2019年第5期。

辛士午:《汉长安城遗址区聚落空间治理研究》,硕士学位论文,长安大学,2021年。

辛士午、颜鲁祥:《基于汉长安城遗址现代村落空间耦合的发展研究——以阁老门村为例》，中国城市规划年会论文，重庆，2019年。

辛宇：《沃勒斯坦理论中的时空观念研究》，博士学位论文，中国社会科学院研究生院，2012年。

徐明：《统筹发展和安全的时代阐释——基于马克思主义社会时空观视角》，《人民论坛·学术前沿》2022年第18期。

徐桐：《奈良+20：关于遗产实践、文化价值和真实性概念的回顾性文件》，《世界建筑》2014年第12期。

许龙：《新型城镇化背景下遗址型乡村发展建设矛盾、动力与规划策略刍议——以柳孜村运河遗址为例》，《小城镇建设》2016年第5期。

亚伯拉罕·哈洛德·马斯洛：《人性能达到的境界》，方世华译，北京燕山出版社2013年版。

严新明、童星：《社会时空观视角下的疫情防控与经济民生》，《社会科学研究》2021年第1期。

颜文涛、卢江林：《乡村社区复兴的两种模式：韧性视角下的启示与思考》，《国际城市规划》2017年第4期。

阳洁璐、陈稳亮、姚岚：《基于战术城市主义理论的汉长安城遗址区闲置用地研究》，《现代城市研究》2022年第9期。

杨海娟、周德翼：《西安汉城遗址保护区内发展都市农业的设想》，《西北大学学报》（自然科学版）2002年第1期。

杨建宇：《汉长安城国家考古遗址公园景观修复与再生策略研究》，《城市建筑》2021年第31期。

姚歌：《以阁老门村为例研究汉长安城遗址东线村落现行发展中存在的问题》，《建材与装饰》2017年第17期。

余洁、唐龙：《城郊区大遗址保护用地流转的制度分析——以西安市汉长安城遗址区为例》，《城市发展研究》2008年第5期。

余洁、唐龙、潘秋玲：《汉长安城遗址区发展方略》，《城市问题》2009年第3期。

喻学才：《遗址论》，《东南大学学报》（哲学社会科学版）2001年第

2 期。

袁梦帆：《大遗址区文化资源价值评估及提升研究》，硕士学位论文，西安建筑科技大学，2017 年。

翟斌庆、徐博：《汉长安城的历史形态演变与遗址区村落保护》，《中国园林》2019 年第 6 期。

翟媛丽、袁颖：《时空的社会视角及其当代意义》，《北京交通大学学报》（社会科学版）2014 年第 2 期。

张定青、赵一青、竺剡瑶：《城市遗址保护与利用的多元价值实现路径——以西安城区为例》，《现代城市研究》2022 年第 7 期。

张宏：《大遗址保护中聚落搬迁研究——以汉长安城为例》，《上饶师范学院学报》2009 年第 1 期。

张立新：《大遗址区人地系统脆弱性及其影响机制研究》，硕士学位论文，西北大学，2014 年。

张立新、杨新军、陈佳等：《大遗址区人地系统脆弱性评价及影响机制——以汉长安城大遗址区为例》，《资源科学》2015 年第 9 期。

张璐：《基于 DPSIR 结构模型的唐十八陵大遗址区的社区恢复力研究》，硕士学位论文，西北大学，2016 年。

张馨、裴成荣：《大遗址片区的特色生态城市建设研究——以西安市为例》，《生态经济》2018 年第 5 期。

张岩：《社区抗逆力视角下汉长安城遗址农村社区研究》，《城市建筑》2019 年第 13 期。

张颖、刘智磊：《偏僻农村腹地的大遗址景观资源保护与乡村旅游开发对策——以汉甘泉宫遗址区为例》，《安徽农业科学》2015 年第 34 期。

张颖岚：《秦始皇帝陵文化遗产地资源管理对策研究》，博士学位论文，西北大学，2008 年。

张忠培：《中国大遗址保护的问题》，《考古》2008 年第 1 期。

张祖群、陈稳亮、赵荣等：《大遗址保护中的破坏因素——汉长安城案例与思考》,《建筑知识》2005年第2期。

赵楠:《大遗址保护区域产业布局研究》,硕士学位论文,西北大学,2018年。

赵庆建、温作民:《社会生态系统及其恢复力研究——基于复杂性理论的视角》,《南京林业大学学报》(人文社会科学版)2013年第4期。

赵荣、李宝祥:《发展观光农业与汉城遗址保护》,《经济观察》1999年第1期。

赵宇鸣、赵荣:《大遗址保护中的外部性影响及其消除》,《西北大学学报》(哲学社会科学版)2006年第1期。

赵振斌、褚玉杰、郝亭等:《汉长安城遗址乡村社区意义空间构成》,《地理学报》2015年第10期。

郑育林、张立:《西安"大遗址保护特区"的构想与建设路径》,《西安交通大学学报》(社会科学版)2010年第4期。

郑震:《时空社会学的基本问题——迈向当代中国社会的研究路径》,《人文杂志》2015年第7期。

中国文化遗产研究院编著:《大遗址保护行动跟踪研究》,文物出版社2016年版。

周飞:《汉长安城遗址区民生发展的现状、问题与策略研究》,硕士学位论文,长安大学,2018年。

周剑虹、王建新:《解决大遗址区居民问题的"城中村"模式与"新农村"模式》,《西北大学学报》(哲学社会科学版)2011年第3期。

朱海霞、庄霆坚、权东计等:《后疫情时代基于特色文化空间构建的大遗址文化产业集群空间规划机制研究》,《中国软科学》2020年第S1期。

朱剑:《大遗址的保护与开发策略研究——以周镐京遗址及周边地区为例》,《中外建筑》2016年第5期。

朱晓渭:《基于考古遗址公园的城市文化生态系统研究——以西安市为例》,《人文地理》2011年第2期。

参考文献

左文妍、陈稳亮：《利益博弈视角下的汉长安城遗址闲置用地研究》，《山西建筑》2022 年第 15 期。

A Adam-HernáNdez and Harteisen U.，"A Proposed Framework for Rural Resilience-How Can Peripheral Village Communities in Europe Shape Change?"，*Journal of Depopulation and Rural Development Studies*，Vol. 2020，No. 28，2020.

Aaron Wildavsky，"Searching for Safety"，*Journal of Risk and Insurance*，Vol. 57，No. 3，1988.

Adger W. N.，"Social and Ecological Resilience：Are They Related?"，*Progress in Human Geography*，Vol 4，No 5，September 2000.

Ahern J.，"From Fail-Safe to Safe-To-Fail：Sustainability and Resilience in the New Urban World"，*Landscape and Urban Planning*，Vol. 100，No. 4，June 2011.

Allan P. and Bryant M.，"Resilience as a Framework for Urbanism and Recovery"，*Journal of Landscape Architecture*，Vol. 6，No. 2，2011.

Anderies J.，Janssen M. and Ostrom E.，"A Framework to Analyze the Robustness of Social-Ecological Systems from an Institutional Perspective"，*Ecology and Society*，Vol. 9，No. 1，2004.

Australia Icomos，*The Burra Charter：The Australia ICOMOS Charter for Places of Cultural Significance*，September 11，1999.

Beisner B. E.，Haydon D. T. and Cuddington K.，"Alternatives Table States in Ecology"，*Frontiers in Ecology and the Environment*，Vol. 1，No. 7，September 2003.

Berkes F.，"Understanding Uncertainty and Reducing Vulnerability：Lessons from Resilience Thinking"，*Natural Hazards*，Vol. 41，No. 2，2007.

Berkes F. and Folke C.，*Linking Social and Ecological Systems for Resilience and Sustainability*，*Linking Social and Ecological Systems：Management Practices and Social Mechanisms for Building Resilience*，Cambridge：Cambridge University Press, 1998.

Berkes F. and Ross H., "Panarchy and Community Resilience: Sustainability Science and Policy Implications", *Environmental Science and Policy*, Vol. 61, No. 4, 2016.

Binder C. R., Hinkel J. and Bots P. W. G. et al, "Comparison of Frameworks for Analyzing Social-Ecological Systems", *Ecology and Society*, Vol 18, No 4, December 2013.

Bodin O. and Crona B. I., "The Role of Social Networks in Natural Resource Governance: What Relational Patterns Make a Difference?", *Global Environmental Change*, Vol. 19, No. 3, 2009.

Brian Walker and David Salt, *Resilience Thinking: sustaining ecosystems and people in a change world*, Washington Dc: Island Press, 2006.

Brian Walker, Holling C. S., Carpenter S. R., et al., "Resilience, Adaptability and Transformability in Social-Ecological Systems", *Ecology and Society*, Vol. 9, No. 2, November 2003.

Brian W., Lance G. and Ann K., et al., "A Handful of Heuristics and Some Propositions for Understanding Resilience in Social-Ecological Systems", *Ecology and Society*, Vol 11, No 1, June 2006.

Cash D. W., Adger W. and Berkes F., et al., "Scale and Cross-Scale Dynamics: Governance and Information in a Multilevel World", *Ecology and Society*, Vol. 11, No. 2, 2006.

Cevat Tosun, "Host Perceptions of Impacts: A Comparative Tourism Study", *Annals of Tourism Research*, Vol. 29, No. 1, 2002.

Council of Europe, "The Declaration of Amsterdam", *Congress on the European Architectural Heritage*, October 21 – 25, 1975.

Cumming G. S., Allen C. R. and Ban N. C., et al., "Understanding Protected Area Resilience: A Multi-Scale, Social-Ecological Approach", *Ecological Applications*, Vol. 25, No. 2, 2015.

参考文献

Cumming G. S., Morrison T. H. and Hughes T. P., "New Directions for Understanding the Spatial Resilience of Social-Ecological Systems", *Ecosystems*, Vol. 20, No. 4, 2017.

Cumming G. S., *Spatial Resilience in Social-Ecological Systems*, Springer, 2011.

Cumming G. S. et al., "An Exploratory Framework for the Empirical Measurement of Resilience", *Ecosystems*, Vol. 8, No. 8, December 2005.

Cutter S. L., Barnes L. and Berry M., et al., "A Place-Based Model for Understanding Community Resilience to Natural Disasters", *Global Environmental Change*, Vol. 18, No. 4, 2008.

Dastjerdi M. S., Lak A. and Ghaffari A., et al., "A Conceptual Framework for Resilient Place Assessment Based on Spatial Resilience Approach: An Integrative Review", *Urban Climate*, Vol. 36, No. 3 – 4, 2021.

Duan Biggs, Franck Courchamp and Rowan Martin et al., "Legal Trade of Africa's Rhino Horns", *Science*, Vol. 339, No. 6123, 2013.

Falleth E. and Rydin Y., eds., *Networks and Institutions in Natural Resource Management*, UK: Edward Elgar Publishing, 2006.

Fingleton B., Garretsen H. and Martin R., "Recessionary Shocks and Regional Employment: Evidence on the Resilience of UK Regions", *Journal of Regional Science*, Vol 52, No 1, February 2012.

Folke C., Carpenter S. and Elmqvist T., et al., "Resilience and Sustainable Development: Building Adaptive Capacity in a World of Transformations", *A Journal of the Human Environment*, Vol. 31, No. 5, 2002.

Folke C., Carpenter S. R. and Walker B., et al., "Resilience Thinking: Integrating Resilience, Adaptability and Transformability", *Ecology and Society*, Vol. 15, No. 4, 2010.

Folke C., Pritchard L. and Berkes F., et al., "The Problem of Fit Between Ecosystems and Institutions: Ten Years Later", *Ecology and Society*,

Vol. 12, No. 1, 2007.

Folke C., "Resilience: The Emergence of A Perspective for Social-Ecological Systems Analyses", *Global Environmental Change*, Vol. 16, No. 3, June 2006.

Galaz V., Olsson P. And Hahn T. et al., *The Problem of Fit Among Biophysical Systems, Environmental and Resource Regimes, And Broader Governance Systems: Insights and Emerging Challenges*, Cambridge: MIT Press, 2008.

Gharai F., Masnavi M. R. and Hajibandeh M., "Urban Local-Spatial Resilience: Developing the Key Indicators and Measures, A Brief Review of Literature", *The Scientific Journal of Nazar Research Center (Nrc) for Art, Architecture and Urbanism*, Vol. 14, No. 57, 2018.

Gibson C. C., Ostrom E. and Ahn T. K., "The Concept of Scale and the Human Dimensions of Global Change: A Survey", *Ecological Economics*, Vol. 32, No. 2, 2000.

Godschalk D. R., "Urban Hazard Mitigation: Creating Resilient Cities", *Natural Hazards Review*, Vol. 4, No. 3, 2003.

Gracceva F. and Zeniewski P., "A Systemic Approach to Assessing Energy Security in a Low-Carbon Eu Energy System", *Applied Energy*, Vol. 123, No. 6, 2014.

Gunderson L. H., Holling C. S., *Panarchy: Understanding Transformations in Human and Natural Systems*, Washington, Dc: Island Press, 2002.

Gunderson L. H., "Ecological Resilience-In Theory and Application", *Annual Review of Ecology and Systematics*, Vol. 31, No. 0, January 2000.

Hobbs R. J., Eric Higgs and Harris J. A., "Novel Ecosystems: Implications for Conservation and Restoration", *Trends in Ecology and Evolution*, Vol. 24, No. 11, 2009.

Holling C. S., *Engineering Resilience Versus Ecological Resilience, Engineer-*

ing Within Ecological Constraints, National Academies Press, 1996.

Holling C. S., "Resilience and Stability of Ecological Systems", *Annual Review of Ecology and Systematics*, Vol. 4, No. 4, November 1973.

Holling C. S., "Understanding the Complexity of Economic, Ecological, and Social Systems", *Ecosystems*, Vol. 4, No. 5, August 2001.

Hughes T. P., Bellwood D. R. and Folke C., et al., "New Paradigms for Supporting the Resilience of Marine Ecosystems", *Trends in Ecology and Evolution*, Vol. 20, No. 7, 2005.

ICOMOS, *Charter for the Conservation of Historic Towns and Urban Areas*, October 1, 1987.

ICOMOS, *Charter for the Protection of Cultural Heritage Values*, September 4, 2010.

ICOMOS, *Delhi Declaration on Heritage and Democracy (Draft 2017 - 12 - 14)*, December 11 - 15, 2017.

ICOMOS, *Icomos International Charter for Cultural Heritage Tourism (2021): Reinforcing Cultural Heritage Protection and Community Resilience Through Responsible and Sustainable Tourism Management*, October 27 - November 3, 2022.

ICOMOS, *Krakow Charter*, October 26, 2000.

ICOMOS, *Natchekosh Heritage Landscape Declaration*, March 25 - 27, 2004.

ICOMOS, *The Icomos Charter for the Interpretation and Presentation of Cultural Heritage Sites*, October 4, 2008.

ICOMOS, *The International Charter for the Conservation and Restoration of Monuments and Sites*, May 25 - 31, 1964.

ICOMOS, *The Nara Document on Authenticity*, November 1 - 6, 1994.

ICOMOS, *The Valletta Principles for the Safeguarding and Management of Historic Cities, Towns and Urban Areas*, November 28, 2011.

ICOMOS, *Xi'an Declaration on the Conservation of the Setting of Heritage Structures, Sites and Areas*, October 17 – 21, 2005.

Janssen M. A. and Ostrom E., "Resilience Vulnerability, and Adaptation: A Cross-Cutting Theme of International Human Dimensions Programme on Global Environnental Change", *Global Environamental Change*, Vol. 16, No. 3, August 2006.

Jon Lovett, Fikret Berkes and Carl Folke, eds., "Linking Social and Ecological Systems, Management Practices and Social Mechanisms for Building Resilience", *Environment and Development Economics*, Vol. 4, No. 2, December 1999.

Krasny M. E. and Tidball K. G., "Applying a Resilience Systems Framework to Urban Environmental Education", *Environmental Education Research*, Vol. 15, No. 4, 2009.

Lak, Azadeh and Hasankhan, et al., "Principles in Practice: Toward a Conceptual Framework for Resilient Urban Design", *Journal of Environmental Planning and Management*, Vol. 63, No. 12, 2020.

Lebel L., Garden P. and Imamura M., "The Politics of Scale, Position and Place in the Management of Water Resources in the Mekong Region", *Ecology and Society*, Vol. 10, No. 2, 2005.

Liu J. G., Dietz T. and Carpenter S. R., et al., "Complexity of Coupled Human and Natural Systems", *Science*, Vol. 317, No. 5844, 2007.

Longstaff P. H., Security, *Resilience, and Communication in Unpredictable Environments Such as Terrorism, Natural Disasters, and Complex Technology*, Harvard University, 2005.

Maciejewski K., De Vos A. and Cumming G. S., et al., "Cross-Scale Feedbacks and Scale Mismatches as Influences on Cultural Services and the Resilience of Protected Areas", *Ecological Applications*, Vol. 25, No. 1, 2015.

参考文献

Maciejewski K. and Cumming G., "The Relevance of Socioeconomic Interactions for the Resilience of Protected Area Networks", *Ecosphere*, Vol. 6, No. 9, 2015.

Magis K., "Community Resilience: An Indicator of Social Sustainability", *Society and Natural Resources*, Vol. 23, No. 5, 2010.

Millar C. I., Stephenson N. L. And Stephens S. L., "Climate Change and Forests of the Future: Managing in the Face of Uncertainty", *Ecological Applications*, Vol. 17, No. 8, 2007.

Muller I. and Tempelhoff J., "The Application of a Resilience Assessment Approach to Promote Campus Environmental Management: A South African Case Study", *International Journal of Sustainability in Higher Education*, Vol. 17, No. 2, 2016.

Muro M. and Jeffrey P., "A Critical Review of the Theory and Application of Social Learning in Participatory Natural Resource Management Processes", *Journal of Environmental Planning and Management*, Vol. 51, No. 3, 2008.

Nemeth D. G. and Olivier T. W., *Innovative Approaches to Individual and Community Resilience: From Theory to Practice*, Academic Press, 2017.

Newman L. and Dale A., "Homophily and Agency: Creating Effective Sustainable Development Networks", *Environment, Development and Sustainability*, Vol. 9, No. 1, 2007.

Nostrand J. V., "Keeping the Lights on During Superstorm Sandy: Climate Change Adaptation and the Resiliency Benefits of Distributed Generation", *SSRN Electronic Journal*, Vol. 23, No. 1, 2015.

Nyström M. and Folke C., "Spatial Resilience of Coral Reefs", *Ecosystems*, Vol 4, No 5, August 2001.

Olsson P., Gunderson L. H., Carpenter S., Ryan P., Lebel L., Folke C. and Holling C. S., "Shooting the Rapids: Navigating Transitions to Adaptive Governance of Social-Ecological Systems", *Ecology and Society*, Vol. 11, No. 1, January 2006.

Ostrom E., "A General Framework for Analyzing Sustainability of Social-Ecological Systems", *Science*, Vol. 325, No. 5939, July 2009.

Otto-Zimmermann and Konrad, eds., *Resilient Cities: Cities and Adaptation to Climate Change-Proceeclings of the Global Forum 2010*, Springer Netherlands Press, 2011.

Pendall R., Foster K. A. and Cowell M., "Resilience and Regions: Building Understanding of the Metaphor, Cambridge Journal of Regions", *Economy and Society*, Vol. 3, No. 1, March 2009.

Pennisi, E., "Tracing Life's Circuitry", *Science*, Vol. 302, No. 5651, December 2003.

Peterson G., Allen C. R. and Holling C. S., "Ecological Resilience, Biodiversity and Scale", *Ecosystems*, Vol. 1, No. 1, January 1998.

Pierce S. M., Cowling R. M. and Knight A. et al., "Systematic Conservation Planning Products for Land-Use Planning: Interpretation for Implementation", *Biological Conservation*, Vol. 125, No. 4, 2005.

Pomeroy A. and Newell J., *Rural Community Resilience and Climate Change*, University of Otago, 2011.

Pressey R. L. and Bottrill M. C., "Approaches to Landscape and Seascape-Scale Conservation Planning: Convergence, Contrasts and Challenges", *Oryx*, Vol. 43, No. 4, 2009.

Reed S. O., Friend R. and Toan V. C., et al., " 'Shared Learning' for Building Urban Climate Resilience-Experiences from Asian Cities", *Environment & Urbanization*, Vol. 25, No. 2, 2013.

Scheffer M. and Carpenter S. R., "Catastrophic Regime Shifts in Ecosystems: Linking Theory to Observation", *Trends in Ecology & Evolution*, Vol. 18, No. 12, June 2003.

Schouten M., Heide C. and Heijman W. M., et al., "A Resilience-Based Policy Evaluation Framework: Application to European Rural Development Policies", *Ecological Economics*, Vol. 81, No. 3, 2012.

Schusler T. M., Decker D. J. and Pfeffer M. J., "Social Learning for Collaborative Natural Resource Management", *Society & Natural Resources*, Vol. 16, No. 4, 2003.

Sharifi and Ayyoob, "Resilient Urban Forms: A Macro-Scale Analysis", *Cities*, Vol. 85, No. 2, 2019.

Sharifi A. and Yamagata Y., "Principles and Criteria for Assessing Urban Energy Resilience: A Literature Review", *Renewable and Sustainable Energy Reviews*, Vol. 60, No. 7, 2016.

Simmie J. and Martin R., "The Economic Resilience of Regions: Towards an Evolutionary Approach", Cambridge Journal of the Regions, *Economy and Society*, Vol. 3, No. 1, June 2010.

Sundstrom S. M., Tarsha Eason and Nelson R. J., et al., "Detecting Spatial Regimes in Ecological Systems", *Ecology Letters*, Vol. 20, No. 1, 2017.

Suárez, M. and GóMez-Baggethun, et al., "Towards an Urban Resilience Index: A Case Study in 50 Spanish Cities", *Sustainability*, Vol. 8, No. 8, 2016.

Termeer C. J. A. M., Dewulf A. and Van Lieshout M., "Disentangling Scale Approaches in Governance Research: Comparing Monocen-Tric, Multilevel, And Adaptive Governance", *Ecology and Society*, Vol. 15, No. 4, 2010.

UNESCO, *Recommendation Concerning the Safeguarding and Contemporary Role of Historic Areas*, November 26, 1976.

UNESCO, *Recommendation on the Historic Urban Landscape Adopted by the General Conference at Its 36th Session*, November 10, 2011.

UNESCO, *The Convention for the Safeguarding of the Intangible Cultural Heritage*, June 2, 2003.

UNESCO, *The Hague Conventions*, May 14, 1954.

UNESCO, *Universal Declaration on Cultural Diversity*, November 2, 2001.

Walker B. and Salt D., *Resilience Practice: Building Capacity to Absorb Disturbance and Maintain Function*, Washington DC: Island Press, 2012.

Wamsler C., Brink E. and Rivera C., "Planning for Climate Change in Urban Areas: From Theory to Practice", *Journal of Cleaner Production*, Vol. 50, No. 50, 2013.

Wardekker J. A., Jong A. D. and Knoop J. M., et al., "Operationalising a Resilience Approach to Adapting an Urban Delta to Uncertain Climate Changes", *Technological Forecasting and Social Change*, Vol. 77, No. 6, 2010.

Washington D. C., *Millennium Ecosystem Assessment: Ecosystems and Human Well-Being-Synthesis Report*, USA: Island Press, 2005.

Westlund Hans, *Social Capital in the Knowledge Economy: Theory and Empirics*, Heidelberg: Springer (Advances in Spatial Sciences Series), 2006.

Wilson G. A., Hu Z. and Rahman S., "Community Resilience in Rural China: The Case of Hu Village, Sichuan Province", *Journal of Rural Studies*, Vol. 60, No. 0, 2018.

Wilson G. A., "Community Resilience, Globalization, and Transitional Pathways of Decision-Making", *Geoforum*, Vol. 43, No. 6, 2012.

Young O., King L. A. and Schroeder H., eds., *Institu-Tions and Environmental Change: Principal Findings, Applications and Research Frontiers*, England London Cambridge: MIT Press, 2008.

Young O. R., *The Institutional Dimensions of Environmental Change: Fit, Interplay, and Scale*, MIT Press, 2002.

Yuheng Li, Westlund H and Yansui Liu, "Why Some Rural Areas Decline While Some Others Not: An Overview of Rural Evolution in the World", *Journal of Rural Studies*, Vol. 68, No. 1, 2019.

Zhu J. M., "Making Urbanisation Compact and Equal: Integrating Rural Villages Into Urban Communities in Kunshan, China", *Urban Studies*, Vol. 54, No. 10, 2016.

附　录

附件1　汉长安城遗址保护区居民生活现状调查问卷

亲爱的受访者：

您好！这是一份西北大学城市与资源学系为了调查汉长安城遗址保护区居民生活现状所设计的问卷，你所填写的资料仅供学术研究之用，绝不对外公开，请你放心作答。

一　居民特征

1. 您是＿＿＿＿＿＿＿村的居民：
2. 性别：
①男　　　　　　　②女
3. 年龄：
①18 岁以下　　　　②18—25 岁　　　　③26—35 岁
④36—45 岁　　　　⑤46—55 岁
⑥56—65 岁　　　　⑦65 岁以上
4. 教育程度：
①大学本科及以上　②大专　　　　　　③中专或高中
④初中　　　　　　⑤小学　　　　　　⑥文盲或识字很少
5. 职业：
①工人　　　　　　②农民　　　　　　③商人

④企业管理人员　　⑤专业技术人员　　⑥公司职员

⑦公务员　　　　　⑧军人　　　　　　⑨离退休人员

⑩教师　　　　　　⑪学生　　　　　　⑫其他

6. 请问您的平均月收入为：

①2000 元以上　　　②1200—2000 元　　③800—1200 元

④500—800 元　　　⑤200—500 元　　　⑥200 元以下

7. 请问您的家庭住房面积为：

①200 平方米以上　②150—200 平方米　③100—150 平方米

④70—100 平方米　 ⑤50—70 平方米　　⑥50 平方米以下

二　居民心理感知调查

1. 生活满足感

①很满足　　　　　②较满足　　　　　③一般

④不太满足　　　　⑤很不满足

2. 工作和劳动条件满意感

①很满意　　　　　②较满意　　　　　③一般

④不太满意　　　　⑤很不满意

3. 邻里关系融洽程度

①非常融洽　　　　②较融洽　　　　　③一般

④不太融洽　　　　⑤很不融洽

4. 生活安全感

①安全　　　　　　②较安全　　　　　③一般

④不太安全　　　　⑤很不安全

5. 对家庭经济收入的满意度

①很满意　　　　　②较满意　　　　　③一般

④不太满意　　　　⑤很不满意

6. 对住房状况的满意度

①很满意　　　　　②较满意　　　　　③一般

④不太满意　　　　　　⑤很不满意

7. 对居住地卫生环境的满意度
①很满意　　　　　　②较满意　　　　　　③一般
④不太满意　　　　　　⑤很不满意

8. 对居住地交通条件的满意度
①很满意　　　　　　②较满意　　　　　　③一般
④不太满意　　　　　　⑤很不满意

9. 对业余娱乐生活的满意度
①很满意　　　　　　②较满意　　　　　　③一般
④ 不太满意　　　　　　⑤很不满意

10. 您认为现在住的地方购物方便吗？
① 很方便　　　　　　②较方便　　　　　　③一般
④不太方便　　　　　　⑤很不方便

11. 您认为现在住的地方上学方便吗？
①很方便　　　　　　②较方便　　　　　　③一般
④不太方便　　　　　　⑤很不方便

12. 您认为现在住的地方看病方便吗？
①很方便　　　　　　②较方便　　　　　　③一般
④不太方便　　　　　　⑤很不方便

13. 对自己身体状况的满意度
①很满意　　　　　　②较满意　　　　　　③一般
④不太满意　　　　　　⑤很不满意

三　居民遗址保护态度调查

1. 您是否认为遗址保护限制了您家庭经济的发展？
①是　　　　　　　　②否　　　　　　　　③不好说

2. 您是否认为遗址区和遗址区外存在差距？
①比区外好　　　　　②差不多　　　　　　③比区外差

附件1　汉长安城遗址保护区居民生活现状调查问卷

3. 您是否对遗址区未来的发展抱有信心？

①有信心　　　　　　②半信半疑　　　　　③没有信心

4. 您是否知道您现在住的地方或附近地下有大量的需要保护的文物遗迹？

①是　　　　　　　　②不清楚　　　　　　③否

5. 您是否认为您日常的生产、生活活动（盖房、修路、养鱼、种地等）破坏了文物遗址？

①是　　　　　　　　②不清楚　　　　　　③否

6. 您是否认为您日常的生产生活活动（盖房、修路、倒垃圾等）影响了遗址保护区的历史、生态环境？

①是　　　　　　　　②不清楚　　　　　　③否

7. 为了遗址保护，您是否愿意牺牲更好的工作？

①是　　　　　　　　②不好说　　　　　　③否

8. 为了遗址保护，您是否愿意牺牲更好的生活条件？

①是　　　　　　　　②不好说　　　　　　③　否

9. 为了遗址保护，您是否愿意迁离您现在的居住地？

①是　　　　　　　　②不好说　　　　　　③否

附件2　汉长安城遗址区内村落居民民生需求调查问卷

□扬善村　　□夹城堡村　　□阁老门村　　□徐寨村　　□讲武殿村

您好！我们是某某大学研究生，为了全面了解汉长安城遗址区内村落居民生活状况和对居民生活环境建设的要求，我们组织了这次调查，您所填写的内容仅用于学术研究，所有数据将经过处理，不会涉及私密信息。请您根据实际情况填写。衷心感谢您的支持和协助！

一　人口社会经济特征（请直接在选项前的□内打√）

性别：

□男　　　　　　　　□女

年龄：_____岁

家庭人口数：_____人

是否为原住民：

□是　　　　　　　　□否

1. 学历：

□小学及以下　　　□初中　　　　　　□高中或中专

□大专　　　　　　□本科及以上

2. 在本村居住的时间：

□半年以下　　　　□半年到一年　　　□一年到五年

□五年到十年　　　□十年以上

附件 2　汉长安城遗址区内村落居民民生需求调查问卷

3. 职业：

□农民　　　　　　　□半工半农　　　　　□外出务工

□专业技术人员　　　□教育工作人员　　　□个体经营

□商业、服务业人员　□自由职业者　　　　□无职业

□学生　　　　　　　其他_____

4. 家庭年收入：

□1 万元以下　　　　□1 万—3 万元　　　□3 万—5 万元

□5 万—10 万元　　　□10 万—20 万元　　□20 万以上

5. 您家的住房属于：

□自有产权　　　　　□租住

二　居民生活满意度调查

您现居住在哪个村落：

□扬善村　　　　　　□夹城堡村　　　　　□阁老门村

□徐寨村　　　　　　□讲武殿村

您是否为原住民：

□是　　　　　　　　□否

请您根据实际情况选择您对下列各方面的满意度

A. 很满意　　　　　B. 满意　　　　　　C. 一般

D. 不太满意　　　　E. 很不满意

题号	题项	满意度					题号	题项	满意度				
		A	B	C	D	E			A	B	C	D	E
1	现有住房条件	A	B	C	D	E	12	目前住所教育设施（如幼儿园、小学、中学齐全）	A	B	C	D	E
2	村庄居住环境	A	B	C	D	E	13	所在村镇的老年活动场所	A	B	C	D	E
3	目前家庭经济收入	A	B	C	D	E	14	目前住所的文化娱乐、体育健身等设施	A	B	C	D	E
4	目前住所附近的交通方便程度	A	B	C	D	E	15	目前住所的历史文化资源和景观的保护与利用	A	B	C	D	E
5	目前住所及周边的空气质量	A	B	C	D	E	16	目前住所地方传统民俗文化活动的展示与传播	A	B	C	D	E
6	目前住所村容村貌、卫生环境	A	B	C	D	E	17	目前住所的公共活动空间和休闲交流空间（如有方便游乐活动的广场、公园、绿地吗？）	A	B	C	D	E
7	目前住所给排水和环卫等基础设施（如污水、生活垃圾的处理是否规范）	A	B	C	D	E	18	目前住所邻里关系、社会交往	A	B	C	D	E
8	目前住所供电及网络通讯等基础设施	A	B	C	D	E	19	目前的工作（所从事的职业）	A	B	C	D	E
9	目前住所的治安状况	A	B	C	D	E	20	您对汉长安城遗址保护与旅游开发所创造的工作机会（多或少、优或劣）的整体评价	A	B	C	D	E
10	目前住所建筑防灾能力	A	B	C	D	E	21	参与（融入）汉长安城遗址保护的程度（如参与管理、经营、相关服务等工作）	A	B	C	D	E
11	目前住所医疗卫生等福利设施	A	B	C	D	E	22	感觉在工作中或"村内和自身相关的事"中有没有受到尊重（有相应的质询权或话语权）	A	B	C	D	E

附件2　汉长安城遗址区内村落居民民生需求调查问卷

三　不同民生需求调查（请直接在选项前的字母上打√）

（一）居住需求

1. 您目前的居住面积：

A. 小于 30 平方米　　　　B. 30—80 平方米

C. 80—120 平方米　　　　D. 120 平方米以上

2. 您目前房屋的厨卫总面积：

A. 小于 10 平方米　　　　B. 10—20 平方米　　　　C. 20 平方米以上

3. 您目前所在村落共享单车、滴滴打车等网约车使用情况？

A. 经常使用　　　　B. 一般　　　　C. 不经常使用

4. 城市的发展是否对您产生了影响？

A. 是　　　　B. 否　　　　C. 不好说

5. 您现在的生产生活和城市联系是否紧密？

A. 是　　　　B. 否　　　　C. 不好说

6. 您是否经常使用互联网_____？

A. 是　　　　B. 否

如果是，您曾用互联网做什么_____？（可多选）

A. 休闲娱乐

B. 购物、订餐

C. 信息搜索（如工作、农资信息等）

D. 工作需要

E. 网上炒股

F. 网上银行

G. 网上支付

H. 了解汉长安城遗址或本村相关信息

I. 出行相关（购买车票、预定住宿等）

如果否，您不常使用互联网的原因是？（可多选）

A. 互联网环境不安全

B. 比较喜欢传统的方式了解外界资讯（报纸，电视等）

C. 没有条件使用互联网（没有电脑或家住的地方没有互联网覆盖）

D. 资费过高，不能承担

7. 您认为互联网是否对您的生活有帮助？

  A. 几乎没有帮助 B 帮助较小 C. 帮助很大

8. 您目前是否经常进行网上购物和使用手机微信、支付宝等软件进行消费？

  A. 经常使用 B. 一般 C. 不经常使用

9. 您认为村里最需加强的基础市政设施是（请填写您觉得最急需的三项）：

  A. 环卫设施 B. 道路交通 C. 给水设施

  D. 电力设施 E. 燃气设施 F. 污水

  G. 雨水设施 H. 防灾设施 I. 网络通讯设施

  J. 其他_____

10. 您认为目前所在村落建设最需加强的公共服务设施为（请填写您觉得最急需的三项）：

  A. 幼儿园 B. 小学 C. 文化娱乐设施

  D. 体育设施和场地 E. 商业零售设施 F. 餐饮设施

  G. 卫生室 H. 公园绿化 I. 养老服务

  J. 其他_____

（二）情感需求

1. 如果能够搬迁目前住所最让您留恋的地方是？

  A. 遗址 B. 村落 C. 房屋

  D. 熟人 E. 其他

2. 您对目前住所感觉比较好的方面是？

  A. 环境好 B. 地方好（风水）

  C. 气氛好 D. 发展前景好

3. 请选择您认为村庄在今后的发展中，需要保留传承的东西

附件2　汉长安城遗址区内村落居民民生需求调查问卷

（多选）：

  A. 传统文化、工艺　　　B. 传统民居

  C. 遗址、遗迹　　　　　D. 传统街市

  E. 农田景观　　　　　　F. 没什么有价值的东西

  G. 其他_____

（三）就业需求

1. 您认为汉长安城遗址（以下统一简称为遗址）已有的保护与利用是带动了还是限制了本村落的经济发展？

  A. 带动　　　　　　　　B. 限制　　　　　　　　C. 不好说

2. 您认为遗址保护与利用是否为当地人提供了更多的就业机会？

  A. 是　　　　　　　　　B. 否　　　　　　　　　C. 不好说

3. 您是否参加过与遗址旅游相关的就业技能培训？

  A. 是　　　　　　　　　B. 否　　　　　　　　　C. 不好说

4. 您认为本村是否有潜力开发遗址旅游的相关产业？（农家乐、民宿、文化产品经营等）

  A. 是　　　　　　　　　B. 否　　　　　　　　　C. 不好说

5. 如果让您参与遗址开发建设发展中，您更愿意参与哪类工作？

  A. 遗址管理　　　　　　B. 交通运输

  C. 餐饮　　　　　　　　D. 旅游住宿

  E. 娱乐产业　　　　　　F. 特色文化产品经营

  G. 清洁环境　　　　　　H. 安全保卫

  I. 其他

（四）遗址参与需求

1. 您是否关注过遗址保护？

  A. 长期关注　　　　　　B. 偶尔关注　　　　　　C. 从未关注

如果关注过，您通过哪种方式关注？

  A. 手机（APP）　　　　B. 电视　　　　　　　　C. 互联网

  D. 村委会广播　　　　　E. 报纸杂志　　　　　　F. 其他

2. 您是否知道汉长安城未央宫遗址已被纳入世界文化遗产？

    A. 是   B. 否

3. 您希望所在村落应该通过何种方式促进经济发展？

    A. 观光旅游或遗址文化产业   B. 发展都市农业

    C. 发展商贸和其他服务业   D. 其他_____

4. 有没有相关人士（政府）咨询过村落居民们关于遗址保护与开发的意见？

    A. 是   B. 否   C. 不清楚

5. 是否有人组织村落居民参与遗址保护与开发的相关产业？他们是（可多选）？

    A. 村落领导   B. 其他村内的能人   C. 熟人

    D. 外来人   E. 其他人   F. 没有人组织

6. 村中是否有能人？

    A. 是   B. 否   C. 不好说

能人是否发挥了带动大家致富的作用？

    A. 有   B. 没有   C. 不清楚

7. 村委会对于村落的发展起到什么样的作用？

    A. 很大   B. 比较大   C. 一点

    D. 没有作用   E. 反作用

8. 您是否意识到自己有参与到当地遗址旅游发展、分享旅游收益的权利？

    A. 是   B. 否   C. 不好说

（五）对遗址保护的感知

1. 您认为遗址保护对居住环境有什么影响？

    A. 积极影响   B. 没什么影响   C. 消极影响

2. 遗址保护是否促进了村落公共设施的建设？

    A. 是   B. 否   C. 不知道

附件2　汉长安城遗址区内村落居民民生需求调查问卷

3. 遗址保护是否丰富了居民的文化娱乐生活？

A. 是　　　　　　　　B. 否　　　　　　　　C. 不好说

4. 您对现有遗址保护政策是否满意？

A. 是　　　　　　　　B. 否　　　　　　　　C. 不好说

5. 您认为对您生活影响最大的遗址保护政策是什么？

A. 控制建造建筑物

B. 限制遗址保护区内工厂建设

C. 限制地下排水管道、道路灯基础设施的建设

D. 遗址保护区内不能进行取土、挖坑等生活生产活动

（六）遗址保护配合态度

1. 您是否愿意为遗址的保护和发展搬迁？

A. 是　　　　　　　　B. 否　　　　　　　　C. 不好说

2. 您不愿搬迁的原因？

A. 不愿失去承包地　　　　　B. 喜欢乡村生活

C. 需要就近工作　　　　　　D. 舍不得近邻关系

E. 城里工作不好找　　　　　F. 城里消费水平高

G. 城镇空气环境质量差　　　H. 城镇生活不习惯

I. 其他_____

3. 您理想的搬迁安置地：

A. 城市中心　　　　　　　　B. 遗址区内其他地方

C. 现在村落的周边　　　　　D. 西安市其他地方

E. 农村　　　　　　　　　　F. 其他_____

后　　记

　　本书是笔者主持的国家社科基金西部项目"时空观视角下的汉长安城遗址保护与民生发展协同性研究"（项目批准号：17XKG005）的最终成果。

　　汉长安城遗址在我国大遗址保护与利用的研究中具有突出的代表性和典型性。笔者对于汉长安城遗址民生发展的研究已逾二十年。2004年7月笔者在西北大学攻读城市规划与设计专业硕士研究生阶段开始接触导师赵荣教授主持的《汉长安城遗址保护总体规划》的编制工作，并负责社会经济发展评估专项。为能进一步了解遗址区的区域社会经济发展状况，笔者深入遗址区对55个行政村进行了"关于居民生活质量与遗址保护态度"的问卷调查，完成了题名为《汉长安城遗址保护与区域发展研究——基于居民生活质量与保护态度的视角》的硕士学位论文。为能继续大遗址保护与区域发展的协调性研究，笔者于2007年开始攻读西北大学考古学及博物馆学专业（文化遗产保护管理方向）博士学位。读博期间不仅继续参与导师王建新教授领衔的《汉长安城遗址保护总体规划》后期编制与协调工作，更从规划视角对大遗址保护与区域发展进行了一系列的相关研究，完成题名为《大遗址保护与区域发展的协同——基于汉长安城遗址保护总体规划的探索》的博士学位论文。

　　2010年，笔者进入长安大学建筑学院并从事城乡遗产保护规划的相关教学与科研工作，工作后笔者充分利用长安大学毗邻汉长安城遗址的区位优势，继续从事汉长安城遗址保护与利用的专门研究，组织城乡规划专业本科生和研究生团队在遗址区开展经济社会问题跟踪调研，主持并完成教育部人文社会科学研究青年项目"基于居民参与的汉长安城遗址保护与发展模式研究"（12YJCZH016）。

近年来，汉长安城遗址受西安市城市扩张及未央宫遗址"申遗"等内外部因素影响，遗址区外来人口增多，原住民进一步融入城市，各村居民生计状况也因其区位差别而出现显著分异。一些地处遗址区腹地的村落，面临村庄发展滞后、活力缺失，人口老龄化加剧等现象；一些村落则因毗邻主城区或交通干道，而渐变为外来人口云集、环境恶化的城中村；一些因"申遗"而整体外迁的村镇更被世界遗产未来的发展彻底边缘化。面对日益多元复杂的民生问题，汉长安城遗址保护与民生发展协同性探索有必要开展"与其所存在的空间地理（区位）的对应研究"和"与其所发生的时间历史的对应研究"。

硕博阶段的研究经历和工作初期的资料积累成为开展时空研究的基础，笔者从2017年6月开始主持国家社科基金西部项目"时空观视角下的汉长安城遗址保护与民生发展协同性研究"。2017年9月笔者赴伦敦大学学院（UCL）应用考古中心进行了为期1年的访学，通过和国外学者交流和相关文献的延伸阅读，笔者再一次认识到遗址区保护与民生发展所面临的是一个复杂的系统性问题。对于人地矛盾突出并容易产生"公地悲剧"的区域（自然保护区、旅游地、湿地、流域等）的治理研究，国外学界倾向于从不同空间、时间和维度等多尺度去系统分析其关联。受此启发，笔者在对遗址区从不同尺度（区域、城市、遗址区、村落）进行变焦分析的基础上也试图探究遗址区不同尺度（时间、空间、时空）之间的跨尺度影响。

回国后，笔者于2018年10月在陕西省宝鸡市陈仓区进行了为期2年的挂职，当时分管文旅工作，在对一些欠发达区域乡村进行调研后发现，以文旅赋能乡村振兴的路径选择在现实中面临诸多情境约束；而在一些村落自下而上的、灵活的、适应性的文化资源利用与民生改善结合的理念和方法也被笔者所关注。受此启发，针对汉长安城遗址区所面临跨尺度相互作用的系统难题，以渐进、弹性、多样性等韧性思想为要义的治理模式被笔者视为当下应对遗址区复杂、动态、不确定性问题的有效抓手。

本研究借鉴社会生态系统、多尺度分析、韧性管控等一系列"系统"理论和方法去探索汉长安城遗址保护与利用问题，仅仅是一个尝试和阶段性探索。如今，我国的经济发展进入新阶段，汉长安城遗址还面临着非正规空间和闲置土地治理、遗址展示与多元价值实现等诸多挑战，如何系统、全面地解决汉长安城遗址复杂多元的保护与利用问题，仍待致力于文化遗产保护规划和管理的研究者更多的投入和坚持。

希望本书的出版能对新时期汉长安城遗址保护与利用的系列研究有所助益。本书的问世也由衷感谢课题组成员（武联、刘军民、吴铮争、王晓敏、杨宇峤、陈斯亮、晁舸）在研究期间进行了多次学术探讨、调查、搜集、整理了大量数据，撰写并发表了数篇学术论文。该项研究还要感谢硕士研究生周飞、季佳慧、张岩、冀剑雄、辛士午、姚岚、蔚洪波、杨曼、吴彬、陶静谊、王梦茹、谢泽华、李怡睿、陈妍霏做了相关基础工作！最后，更感谢中国社会科学出版社的老师们为本书顺利出版所付出的辛勤劳动！

陈稳亮
2024 年 8 月